地域でつくる・地域をつくる

メディアと
アーカイブ

松本恭幸 [編]
Matsumoto Yasuyuki

大月書店

まえがき

松本恭幸

今日，人口減少と高齢化が進む日本の各地の自治体では，地元出身者のUターンに限らない移住・定住者の受け入れとともに，関係人口の創出・拡大が大きな課題となっている。各自治体とも移住・定住，関係人口拡大に向けて様々な取り組みをしているが，その多くは十分な成果を挙げているとは言えない状態である。

3大都市圏の人材が3年間，地方で委嘱された仕事に就いて地域協力活動に取り組み，任期終了後はその地方で起業して定住し，可能なら新たな雇用を生み出すことを目的とした「地域おこし協力隊」は，2009年度に制度化されて今年で14年目を迎え，一定の成果を挙げているが，受け入れ先自治体とのミスマッチによる任期途中での離職や，任期終了後に任地で就業できずに離れるケースが半分であり，起業による新たな雇用を創出して地域を活性化するまでなかなか至らないケースが多い。

各地方に他所からの移住・定住者が増えない，また一度，大都市圏に出た地方出身者がUターンしない理由として，雇用確保の問題があるが，リモートワークによって中長期的にはそれが解決されようとするなか，今後，大きな問題となるのは，教育環境，社会インフラの維持とともに，地域の情報（魅力）を地域の内外に発信して地域を活性化し，地域の記録と記憶を地域コミュニティに伝えて継承していく情報メディア環境の維持である。

今日，多くの地域では，地方紙・地域紙は購読部数を減らして宅配網の維持が難しくなり，地方出版社・書店が数多く廃業し，自治体が運営する図書館・博物館も十分な予算が確保されずに内容更新ができず，運営を廃止するところも出ている。またコミュニティFM，CATV局も，経済的に厳しい状態に置かれ，地域を盛り上げる役割を十分に果たせていないところも多い。

現在の状況が続くと，こうした地域のメディアが5年先，10年先になく

なる地域も多く生じるが，地域を盛り上げるメディアがなくなることは，地域の衰退を加速化させ，移住・定住，関係人口の確保もより困難になる。そして近い将来に発生することが予想される東南海地震のような大規模災害に際し，地域の情報のハブとなるメディアが存在しないと，被災した人に必要な情報を伝える災害対応面でのマイナスはきわめて大きい。また関係人口をどれだけ確保できているかが，被災地にどれだけ災害ボランティアで関わる人を確保できるかにつながる。

　そのため今後，各地方では，移住・定住，関係人口の確保，そして将来的に予想される大規模災害対応のためにも，地域のメディアやアーカイブ等の情報メディア環境を維持して育んでいくことが急務である。

●

　この本では，持続可能な地域社会のデザインに向けて，地域のメディアやアーカイブが果たす役割や課題について，全国各地の様々な事例をもとに見ていく。

　全体は3部構成になっている。第Ⅰ部では地域の情報環境整備について，自治体と地域コミュニティとの連携による地域情報化に向けた取り組みや，シビックテックによるオープンデータの活用，図書館や書店の減少が続く地方での読書環境の維持に向けたNPOの取り組み，地域の情報拠点としての図書館に期待される役割，地域で新たに誕生する市民がつくる書店について紹介する。

　第Ⅱ部では地域からの情報発信と交流の場づくりについて，地域情報サイトでの市民による情報発信や地域ジャーナリズム，市民メディア関係者の交流の場としてのメディフェス，コロナ禍で拡大する市民によるウェビナー，地域のNPOによる情報発信と市民の交流の場づくり，市民による地域映像祭やアートフェスティバルの取り組み，大学を拠点にした学生による地域の映像制作について紹介する。

　第Ⅲ部では地域の記録と記憶の継承について，自治体や市民による地域のコミュニティアーカイブや震災アーカイブの構築，地方紙や地方局の持つコンテンツのアーカイブ化と二次利用，地域の記録と記憶を語り継ぐリレー型デジタルストーリーテリングについて紹介する。

地域の情報環境整備，地域からの情報発信と交流の場づくり，地域の記録と記憶の継承の3点について，どのように活動の担い手を地域で確保し，地域のメディアやアーカイブを活用してその仕組みを構築するのかが，持続可能な地域社会のデザインに向けた重要な課題となろう。

　なお，本書全体を通して，敬称は略させていただいた。

第 I 部

地域の情報環境整備

第1章

官民連携による
地域のコミュニケーションデザイン

松本恭幸

　従来，自治体による情報発信は主に広報部門が担ってきたが，近年，その役割は単に自治体の様々な取り組みに関する情報を，その地域をカバーするメディアに流したり，広報誌やウェブサイトを通して住民に直接伝えたりするだけにとどまらなくなっている。

　2011年3月に発生した東日本大震災では，津波で大きな被害を受けた東北地方の沿岸部の自治体で，被災した多数の人が避難所に避難し，また自宅にとどまった人も停電や断線等でテレビ，電話，ネット等が利用できないケースが多く生じるなか，こうした初期段階で地域の情報を伝えるうえで重要な役割を担ったのが，自治体の広報部門による張り紙や広報誌の号外だった。これによって大規模災害時の対応を含む防災面での自治体広報の果たす役割が，クローズアップされるようになる。

　またこうした防災面での役割だけでなく，地方の多くの自治体で少子高齢化や大都市圏への流出にともなう人口減少が進むなか，自治体広報の役割が移住・定住につながる交流人口，関係人口の創出拡大に向けた地域プロモーションに至るまで幅広いものになっている。さらに地域情報化の潮流のなかで，既存の広報部門に限らず自治体の様々な部門が，住民と協働での地域づくり活動等を通して地域のコミュニケーションに関わるようになった。

　この章では，かつての行政主導の一方向的な自治体広報ではなく，近年の官民協働の地域づくりのなかでの地域のコミュニケーションデザインについて，いくつかの事例をもとに紹介したい。

1 地域づくりのための情報ポータルサイト

　かつて官民連携による地域のコミュニケーションデザインの試みとして，2000（ゼロ）年代前半には電子会議室，2000（ゼロ）年代後半には地域SNSがブームとなったが，いずれも数年で終息している。

　そうしたなか，地域の様々な情報を地域コミュニティ内で共有する仕組みとして，一部の自治体が構築したのが，地域づくりに特化した住民のための情報ポータルサイトである。その一つとして，熊本県天草市の「A-map」について見ていきたい。

　熊本県の天草諸島の主島の上島・下島にまたがって位置する天草市は，2006年3月に2市8町が合併して誕生した，人口7万3千人余りの県内第3位の規模の自治体である。また面積は683平方キロメートルと県内最大である。

　このように10の自治体が広域合併して誕生したことで，天草市には住民自治組織として旧自治体を単位とした10の「まちづくり協議会」と，小学校区等を単位とした51の「地区振興会」がある。天草市はこうした住民自治組織による地域の特色を活かした地域づくり活動を支援するため，地域振興部まちづくり支援課が，天草市まちづくりポータルサイト「A-Map」を立ち上げた。

　天草市では地域の魅力を伝える通常の地域ポータルサイトとして，2009年4月に「天草Webの駅」を立ち上げている。「A-Map」はそれとは別に，市内の様々な地域づくり情報を市民が共有するため，「まちづくり協議会」，「地区振興会」がそれぞれの活動について伝えるページを設け，それを網羅してリンクするとともに，「まちづくり協議会」，「地区振興会」の過去の事業，視察研修，講演会の実績やその地区の振興計画を，すべて「地域づくりデータベース」にまとめて提供する内容のサイトとなっている。

　「A-Map」が誕生するきっかけとなったのは，広域合併から6年目を迎えた2011年に，まちづくり支援課の職員が「まちづくり協議会」，「地区振興会」の関係者と地域づくり活動に関する意見交換をおこなった際，各地区の活動情報の共有に関するニーズが示されたことである。それ以前も各地区で

は，「天草 Web の駅」の仕組みを利用して情報発信することはできたが，そうした情報発信を積極的におこなっているところとおこなっていないところに分かれてしまっていた。そのため各地区の様々な取り組みが一覧可能なポータル機能を持つサイトを新たに構築することで，地域づくり活動の情報発信を活発にし，そこに過去におこなわれた事業，視察研修，講演会等の情報を検索して参照可能なデータベース機能を装備することで，新たな事業の実施等に役立つものにするという構想が生まれた。

こうして「A-Map」構築に向けた動きが具体化するのが2011年11月からで，まちづくり支援課や総合政策部情報制作課で何度か打ち合わせをおこなった後，翌2012年5月にデモサイトを制作し，それをもとに同年8月から9月にかけて「まちづくり協議会」，「地区振興会」へのアンケートや活動状況調査をおこなった。この調査をふまえて，「A-Map」が完成して公開されたのが，2013年3月である。

「A-map」は，「まちづくり協議会」，「地区振興会」で独自に各地区のページの「お知らせ」，「日記」等の情報更新をおこない，その最新記事が「A-map」のトップページで自動的に表示される仕組みとなっている。情報更新は，各地区のコミュニティセンターの指定管理者の職員が，必要に応じて市の職員（コミュニティ主事）のサポートを受けておこなっている。また「地域行事カレンダー」のコーナーでは，各地区より記事の提供を受けてまちづくり支援課が随時掲載し，「今週の地区振興会」のコーナーでは，51の「地区振興会」を週替わりで紹介している。さらに各地区の事業，視察研修，講演の実績やその地区の振興計画が収録された「地域づくりデータベース」を，まちづくり支援課の職員が更新している。

「A-map」のアクセス数は年間数万件程度だが，地域のプロモーションを主な目的としたものではなく，（全国各地に散らばる天草市出身者も含め）天草市内の各地区の情報を必要とする人がチェックするサイトとしては，一定のアクセス数を確保しており，市内の各地区で他の地区の地域づくりの取り組みを相互に参考にし，地域コミュニティ同士の関係強化につながる仕組みとして機能していくことを，まちづくり支援課では期待している。

この「A-map」を地域内の各地区単位の情報を必要とする人が共有する

仕組みとして提供するとともに，さらにそれと連動して天草市が，より広範囲に地域の魅力を伝える地域ポータルサイトとして運営しているのが，「天草 Web の駅」である。「天草 Web の駅」では，天草市在住の市民に限らず，天草出身者や天草に関わりのある団体が会員登録して，自由にサイトを立ち上げて天草に関連する情報を発信することができる。こうしたウェブサイトの充実は，地域での情報の共有以外に，天草出身者をはじめとした天草に縁のある人たちからのふるさと納税の拡大にとっても，大きな意味を持っている。

　かつて多くの自治体がテコ入れして運営した電子会議室や地域 SNS は，今日，その市民参加による情報共有の役割を Facebook，Twitter 等の大手 SNS が取って代わっているが，そうしたなかで「A-map」のような地域づくりのための情報ポータルサイトは，大手 SNS が代替できない独自の役割を担っている。

2　自治体シンクタンクが担う役割

2-1　地域課題に関する調査研究と情報発信

　今日，都道府県，政令指定都市をはじめとする大規模自治体では，地域政策の調査研究をおこなう自治体シンクタンクを抱えているところが数多くある。民間シンクタンクと異なり非営利であり，自治体の一つの組織として設置される以外に，調査・研究に一定の独立性を担保することが可能な公益財団法人として設置されているところも少なくない。

　こうした独立型の自治体シンクタンクでは，自治体からの受託研究事業以外に，自主研究事業を積極的に手がけ，そうした調査研究の成果を地域の市民に直接情報発信したり，市民研究員制度を設けて，地域づくりの担い手となる市民の人材育成に取り組んだりしているところもある。

　愛媛県松山市にあるえひめ地域政策研究センター（ECPR）は，愛媛県が出資して1976年に設立された愛媛県社会経済研究財団と1986年に設立され

た愛媛県まちづくり総合センターという2つの財団法人が，2000年に統合して誕生した。もともと愛媛県社会経済研究財団では県内の社会経済の諸課題についての調査研究と政策提言をおこなっており，また愛媛県まちづくり総合センターでは様々な地域づくり活動の支援をおこなっており，その両者が統合したことで，地域の課題解決に向けた調査研究と地域づくり活動を相互に連携させることが容易になった。

　スタッフは事務員以外，愛媛県の職員を中心に県内の市町，企業（金融機関，電力会社）からの出向者が研究員を務め，他にECPR内にある愛媛ふるさと暮らし応援センターの移住コンシェルジュ等がおり，また元愛媛大学社会共創学部の教員が特別研究員を務めている。調査研究については，県内の地域課題を対象にするだけでなく，愛媛県と同様に少子高齢化，過疎化にともなう様々な課題を抱える地域での先駆的な取り組みについても情報収集し，それを県内の地域づくり活動にどう活かすことができるのかを考えている。また自治体のアプローチだけでは解決が難しい地域課題については，企業や教育機関によるアプローチも交えて，各現場出身のスタッフが協力して取り組んでいる。

　こうしたECPRが，正会員となっている県内の各市町，賛助会員の企業や団体，そして市民に向けた情報発信のため，自らのサイトと併せて発行しているのが，調査研究情報誌の『ECPR』，情報誌の『舞たうん』と『えひめイベントBOX』である。

　調査研究情報誌『ECPR』は，愛媛県社会経済研究財団が1987年に創刊した『社経研レポート』を継承し，ECPRの自主財源で発行しているものである。年2回，4月と10月に発行しており，毎回交代で担当する編集長を含めて数名のスタッフで，県内に限らず全国各地で起きている様々な社会問題について特集を組み，そのテーマに沿ってECPRの研究員以外にその分野の専門家に論文の執筆を依頼している。こうして発行された『ECPR』は，自治体の政策立案の際の参考資料や，知事への提言等にも使われている。毎回の特集のテーマは，ECPRの研究員が県内の各地域と関わるなかで直面した課題や，他県の動向をふまえてタイムリーなものが編集会議で選ばれている。

『舞たうん』は，愛媛県まちづくり総合センターが1987年に創刊し，ECPRで引き継いで発行しているものである。年4回，1月，4月，7月，10月に発行しており，毎回交代で担当する編集長を含めて数名のスタッフで，地域づくり活動の事例集として編集会議でテーマを決めて特集を組み，地域づくり活動の参考になる県内外のユニークな取り組みの事例を紹介している。また「地域おこし協力隊　リレーレポート」というコーナーを設け，県内に100名余りいる地域おこし協力隊員のなかから，他の地域づくり活動にとってヒントになるような取り組みをしている人に，どのような視点で地域を見つめ，地域資源をどのように見出し，それを活用することにどのように関わっているのかについて紹介してもらっている。

　『えひめイベントBOX』も，愛媛県まちづくり総合センターが1987年に創刊し，ECPRで引き継いで発行しているものである。年1回，4月に発行しており，こちらは掲載する情報量が多いため，ほぼすべての10数名のスタッフが編集に関わっており，県内の各地域の主要なイベントを網羅して紹介している。

　各媒体の制作費は，スタッフの人件費は各出向元が負担しているため，それを除くと取材費や印刷費で年間800万円程度かかっており，その一部を公益財団法人愛媛県市町振興協会からの助成で賄っている。そして配布先は，政策立案（『えひめイベントBOX』については観光振興）に役立ててもらうため行政の各部署に配布する以外に，賛助会員となっている地域振興と関わりの深い企業や団体，図書館，そして特に『えひめイベントBOX』は県内外の観光・交通関係機関に配布している。他に地域づくり活動に関わる市民をはじめ，県内外から要望があれば配布している。ただ紙媒体の制作には印刷コストがかかるため，同じ内容のものをECPRのサイトでPDFファイルでダウンロードできるようにもしている。

　ECPRでは上記の定期刊行物以外にも，調査研究の成果をいくつか出版物にしている。なかでも2011年，2012年の2年間，愛媛県教育委員会からの委託でおこなった「近代化えひめ歴史遺産総合調査」では，調査報告書をもとにその普及版として，『えひめの近代化遺産〜続・愛媛温故紀行　明治・大正・昭和の建造物を訪ねて〜』という，県内の近代化遺産を写真と記事と

地図で紹介する出版物を制作して販売し，大きな反響があった。今日，地方出版が衰退して，地方の出版社がこうした地域の近代化遺産を網羅したカタログ的な出版物を独自に企画して発行することは難しくなっているなか，ECPRのこうした取り組みは重要である。

またECPR内にある愛媛ふるさと暮らし応援センターでは，えひめ移住支援ポータルサイト「e移住ネット」を運営し，愛媛県の暮らしの魅力を県外に向けて発信している。若い世代の大都市圏への流出にともなう少子高齢化，過疎化が進む愛媛県では，移住促進が重要課題であり，その際に県内出身者ではなく，県外からの移住者の視点での発信が必要と考えた。そこで，県外から移住してきた情報誌の編集業務経験者に移住コンシェルジュの仕事を委嘱し，移住を検討している県外の人が最も関心のある各自治体の支援策，実際に移住した人のライフスタイルの紹介といった情報を発信している。

そしてサイト以外にも，『えひめ暮らし』という移住希望者向け冊子を作成しており，首都圏，関西圏で開催される移住フェアで配布するとともに，県内各自治体に配って活用してもらい，愛媛県への移住者を増やすことに努めている。

他にECPRが関わっているのが，地域づくりに関心のある県内外の市民のネットワークを通した情報交流である。そうした組織として1987年に「えひめ地域づくり研究会議」が立ち上がり，ECPR内に事務局を置いて，情報誌『風おこし』を発行している。またECPRでは愛媛県からの委託で，県内の地域づくり活動を推進するため，地域づくりに関心のある市民の受講生を募り，県内各市町で地域づくり活動に取り組む現場の関係者の講演やワークショップを通して，地域課題解決の道筋について学び，相互のネットワーク構築を図る事業をおこなっており，また別途，地域づくり団体向けの研修事業もおこなっている。

以上，ECPRの多様な取り組みについて見てきたが，そのなかでECPRの研究員は様々な地域課題に直面し，紙媒体では紙面の制約もあってそれらをすべて網羅して取り上げるのは難しく，また紙媒体で伝えるまで時間がかかるという問題もある。そのため現在中心となっている定期刊行物での情報発信以外に，SNSを含めたネットでの情報発信や講演会に力を入れるとと

もに，各地域で様々な地域課題に取り組む多くの行政，企業，NPO関係者が，客員研究員のような形でECPRの活動に関わり，そうした現場の人たちが即時に情報共有できるような仕組みも必要になろう。

2-2　地域づくりの担い手の育成

　愛媛県のECPRでは，調査研究の成果を紙媒体やウェブメディアを通して市民に伝えるとともに，地域づくりの担い手を育成する講座もおこなっているが，これをさらに進めて自ら地域課題について調査研究までおこなうことのできる地域づくりのリーダーを育成する取り組みとして，福岡県福岡市の公益財団法人福岡アジア都市研究所（URC）の市民研究員受入事業がある。

　URCは，福岡市が出資して1988年に設立された福岡都市科学研究所と，1992年に設立されたアジア太平洋センターという2つの財団法人が，2004年に統合して誕生した。1980年代後半から自治体間競争のなかで，都市政策策定のための調査研究をおこなう自治体シンクタンク創設ブームが起きて，福岡市でも福岡都市科学研究所が設立された。その後，市制100周年をきっかけに1989年にアジア太平洋博覧会（よかトピア）が開催され，それをきっかけに，アジア太平洋地域に関する学術研究，情報発信，相互交流を目的としたアジア太平洋センターが設立された。この2つがアジアの拠点都市としての福岡の都市政策について調査研究するシンクタンクをめざして合体した。

　URCでは福岡市からの受託研究を中心に一部，産学官民で構成される福岡地域戦略推進協議会からの受託研究をおこなうとともに，基幹調査研究（都市政策に関する調査研究）はすべて自主研究としておこなっている。調査研究に携わるのは，一部，プロパーと民間からの出向者を除くと，公募による任期制の専門分野を持ったスタッフである。

　URCが地域づくりのリーダー育成をめざして市民研究員受入事業をスタートしたのは2000年度で，2017年度までの18年間に108名の市民研究員を受け入れた。2018年度は見直しを兼ねて1年間休み，2019年度から市民まちづくり研究員に名称を変えて再スタートした。

市民研究員の受け入れは，だいたい毎年，4月にテーマを決めて，5月に福岡市の広報誌の『福岡市政だより』やネットで募集を開始し，6月に選考（これまでの地域づくり活動の経験，研究計画書等による書類選考，面接）があって5名ほどが採用され，そして採用された市民研究員は7月から翌年3月までの9ヵ月間で研究をおこなって論文にまとめるといったスケジュールで，これまでおこなわれてきた。市民研究員の応募条件は，福岡市またはその近郊に在住，あるいは福岡市内に通勤・通学している18歳以上で，毎月の定例研究会（原則として平日夜間に開催し，福岡市の都市政策に関するレクチャーと研究指導がおこなわれる）に参加することができ，かつ「まちづくり」に関心を持って各自の研究テーマについて自主的に研究活動ができるという比較的緩いもので，これまで職歴のある一般の市民以外に，大学院生や大学生が採用されたこともある。

　市民研究員は9月までに研究作業計画書を作成し，それに基づいて調査研究をおこなって，11月にはこれまで市民研究員となったOB等を招いて中間報告会で報告し，2月に報告書に掲載する論文を提出して，3月に研究成果発表会で報告する。報告書は福岡市に提言するため市の各部局に配布するとともに，図書館や情報プラザで市民が閲覧できるようにしている。また研究成果発表会には，市民研究員のOBだけでなく一般の市民も参加できる。福岡市に提言できることが，地域づくり活動に取り組む市民が市民研究員へ応募する際の重要な動機の一つになっている。

　このURCの市民研究員制度は他の自治体シンクタンクからも注目され，かつて大阪府堺市の財団法人堺都市政策研究所が同様の取り組みをする際にヒアリングに来ている。また市民研究員経験者で，その後，福岡市総合計画審議会の委員になったり，自ら発起人となって「福岡路地市民研究会」のような民間の研究会を立ち上げたりするOBも出ており，地域づくりのリーダー育成という点で，一定の成果があった。また市民研究員の多くが，その後，URCの賛助会員（個人会員）となったり，URCの企画するセミナーやイベントに積極的に参加したりすることで，URCの活動を支えている。

　市民研究員募集の際のテーマ設定は，特定の知見を持った人に限らず誰でも応募しやすいものになっているが，ただ市民研究員が取り組む研究分野に

ついては一定の知見がないと，最後に研究成果を論文の形にまとめるのが大変である。多くの市民研究員は過去に論文を書いた経験がないため，指導する側ではデータの収集の仕方から論文のフォーマットまで細かくレクチャーする等，かなりのマンパワーをかけている。実際，市民研究員が地域課題の解決に向けて思いついたアイディアは，すでに行政側で長い年月をかけてそうした地域課題に取り組むなかで検討していることも多く，1年（実質9ヵ月）という短い期間で一定のクオリティの論文にすることの難易度から，人材育成という面では調査や地域課題の議論に時間をかけたほうがよいのではという考え方もある。

とはいえ，同様の市民研究員制度を設けていた堺都市政策研究所が2020年度で解散するなか，URC にはこの全国的にユニークな市民研究員制度を今後ともぜひ継続していってほしい。

3　自治体と民間シンクタンクの協働

佐賀県佐賀市で2010年3月に設立されたローカルメディアラボは，メディアコンサルティング事業，オープンデータ戦略の企画立案事業等をおこなう民間の地域シンクタンクである。ローカルメディアラボ代表取締役の牛島清豪は，1994年に佐賀新聞社に入社し，16年間の地方紙勤務の後，佐賀新聞と地元の IT 企業のデジタルコミュニケーションズ佐賀から出資を得て，ローカルメディアラボを設立した。

佐賀新聞で牛島は，デジタルチーム戦略チーム長だった2006年10月に，地方紙として初めて地域 SNS「ひびの」を立ち上げた。だが紙媒体の制作に最適化された新聞社の組織で，地域のウェブメディア制作をおこなうことに限界を感じて独立することになった。ローカルメディアラボ設立に際して牛島が考えたのは，地方紙のような既存のローカルメディアと ICT を組み合わせることで，両者のタイアップやローカルメディア同士のより広域な横の連携によって何ができるのかを追求することと，東京一極集中から地方分散型に向かう ICT を活用した情報発信の仕組みを構築して，地方活性化に

つなげることだった。

　そしてローカルメディアラボが
立ち上がった後，大きな転機とな
ったのは，2011年から牛島が九
州広域における情報化を産学官連
携のもとで推進する九州テレコム
振興センターの活動に関わるよう
になり，牛島自身が九州各地の中
山間地域に入り，地域の人たちと
一緒に ICT を活用した地域づく

ローカルメディアラボの牛島清豪代表取締役

りを考えるようになったことである。

　「最初から ICT の導入を前提に地域に入ってもうまくいかず，むしろ 6 次
産業化や地域産品のブランディングについて一緒に考え，そのなかで必要に
応じて ICT の活用を考えるほうがうまくいくことに気づいた」(牛島)

　もう一つ大きな転機となったのが，2013年にオープンデータの活用によ
る地域活性化の可能性に注目し，2014年 2 月に仲間とともに，オープンデ
ータの活用による市民協働の地域課題解決を目的とした「Code for Saga」
を立ち上げたことである。

　ローカルメディアラボの主な事業は，地方紙，ローカル局や CATV 局等
のローカルメディアのデジタル展開のコンサルティング，ウェブを活用した
一般企業の広報・マーケティングや自治体の広報・シティプロモーションの
アドバイザーとウェブ制作やシステム開発，そしてオープンデータ関連のワ
ークショップの企画やファシリテーションである。

　ローカルメディアラボが佐賀市協働推進課からの受託業務で2013年度か
ら運営のサポートをしている地域コミュニティサイト「つながるさがし」は，
市内32の小学校区ごとに市民ライターを育成して，市民が自分たちの地域
の情報をアップする仕組みをつくり，そこにタイムスタンプがついてカテゴ
リー分けされた情報が蓄積されることで，結果として地域のデジタルアーカ
イブが構築されるというものである。今日，県域単位，あるいは市町村単位
のローカルメディアは数多くあるが，より狭い小学校区のような生活圏を対

象にしたハイパーローカルメディアは少なく，そのため「つながるさがし」のようなサイトを，市民自らがデジタルアーカイブとして育むことの意味は大きい。

この「つながるさがし」に最もアクセスが集まるのは，3月末から4月頭にかけての引っ越しの時期で，新たに佐賀市内に移り住む人が，自分が暮らす街の様々な情報を求めてアクセスしていることが予想される。

「新聞のようなメディアは，多くの人がすぐに必要としている情報を伝えることが重要だが，市民が育む地域のデジタルアーカイブは，いつか誰かに役立つかもしれない情報を継続してアップしつづけることが重要で，地域の人たちだけでなく，地域の外の人たちにとっても役立つことが多々ある」（牛島）

他にもローカルメディアラボでは，佐賀県有田町の移住情報サイト「アリタカラ」の構築に取り組むなか，有田町の地域おこし協力隊の人たちと協力して取材や地域づくりに向けた各種ワークショップをおこない，その成果を「アリタカラ」で公開されている有田町の「移住プロモーション映像」の制作にも活かした。また地域の人たちと協働での，ICT活用にとどまらない地域づくりに向けた各種ワークショップ等を，熊本県湯前町でも展開している。こちらは一緒に活動している九州地域情報化研究所の横山正人代表取締役とともに，湯前町をはじめとした奥球磨地域の地域づくりを目的とする一般社団法人奥球磨スマートタウン研究所を現地に立ち上げて，長期的に取り組もうとしている。

ローカルメディアラボのめざすこれからの方向として牛島は，「今日，企業や自治体の立ち上げた地域情報サイトは数多くあるが，生活圏を対象にしたハイパーローカルメディア，あるいは地域ジャーナリズムの機能を担うメディアはほとんどなく，今後，ICTを活用してこうした役割を果たす新しいローカルメディアを構築していきたい」という。

これまで多くの自治体の広報は，地方紙やローカル局で報道されることを目的としたプレスリリースの発想で広報資料を作成しており，それをそのまま自治体サイトに載せても，地域の人たちにうまく伝わらないという問題を抱えている。「都道府県庁が自らのサイトに載せている情報を，AIを活用し

てコストをかけずに整理し，データビジュアライゼーションにより相互に比較可能な形でまとめることができれば，それだけで既存のメディアの世界を本質的に変える新しいメディアになる」と牛島は語る。

　また2016年12月に官民データ活用推進基本法が施行されたものの，自治体によってはいまだに自らの持つ公益性の高いデータの公開に積極的でないところも多い。

　牛島は，「オープン・バイ・デフォルト原則により，すべての公益性の高いデータが公開され，そのデータに意味を見出した企業や個人が，商業利用も含めて情報に変える仕組み（メディアやアプリ）をつくれるようにして，多くの市民がそれを活用できることが重要だ。それが企業のオープンイノベーションやシビックテックによる地域課題解決へとつながっていく」と指摘する。

　こうした自治体のICTを活用した地域活性化と，その現場からの情報発信をコンサルティングするローカルメディアラボのような地域シンクタンクの果たす役割は，自らシンクタンク機能を持たない小規模な自治体にとって，今後，住民の生活圏を対象にしたハイパーローカルメディアの構築や，オープンデータの活用を推進するうえで，きわめて重要なものになろう。

4　オープンデータの活用に向けて

　近年，自治体の持つ様々な公共データをオープンデータ化し，その活用を通して地域の課題解決につなげる取り組みの重要性が注目されるようになっている。佐賀県では2014年に，ローカルメディアラボに事務局を置く「Code for Saga」が誕生し，オープンデータを活用した地域課題の解決に取り組んでいるが，こうした「Code for コミュニティ」は現在，全国各地に90余り存在する。また官民データ活用推進基本法の施行から5年余り経って，自治体によるオープンデータを活用した地域情報化の取り組みも活発になってきた。

　そうしたオープンデータ活用に向けた取り組みと普及啓発に向けた課題に

ついて，神奈川県横須賀市の事例を紹介したい。横須賀市では，早くから地域情報や行政情報の GIS による可視化や，市の予算のオープンデータ化について，小林伸行市議会議員が独自に取り組んでおり，また2020年から横須賀市経営企画部都市戦略課と「Code for Yokosuka」によるオープンデータの普及啓発事業がスタートした。

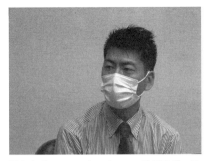

横須賀市でオープンデータの普及啓発に取り組んできた小林伸行市議会議員

まず小林議員の取り組みから見ていくと，かつて情報誌『ぱど』等を経て長島一由衆議院議員の秘書をしていた小林は，「見える」「わかる」「変わる」を基本政策に掲げて2011年4月に横須賀市議会議員となった。ちなみに福井県鯖江市が他の自治体に先駆けてオープンデータの提供を開始したのは2012年1月，国の「電子行政オープンデータ戦略」が策定されたのが2012年7月で，横須賀市では当時，オープンデータの重要性についてほとんど注目されていなかった。

そんななか，小林が横須賀「みえる化」プロジェクトとして最初に取り組んだのが，「横須賀ハコモノ研究会」である。これは市民の視点から公共施設のあり方を考えようとする取り組みで，小林は2012年4月から市民の誰もが参加できる研究会を開催するとともに，横須賀市の公共施設に関する様々なデータを，大学生インターンの協力を得て Google マップを使ってデータマップにして可視化した。この取り組みは同年，第7回マニフェスト大賞で優秀賞を受賞する。またこうした「横須賀ハコモノ研究会」の活動は，横須賀市が翌年，『横須賀市公共施設マネジメント白書』を作成することへとつながる。

そして小林は2013年8月，横須賀市の公共施設に関する情報以外に，市民にとって関心の高い横須賀市の人口や公共サービス等のデータも加え，GIS を活用した「横須賀データマップ」を作成して公開した。2016年8月には，横須賀市の予算（議員への2016年度当初予算説明資料の歳出）を，大学生インターン，および NPO 法人 I-CAS から派遣された高校生インターンの

協力を得てデータに打ち込み，「市の予算，勝手にオープンデータ化プロジェクト」として公開した。これは海外で広くおこなわれている「WHERE DOES MY MONEY GO?」（税金はどこへ行った？）という，自治体の税金の使い道をオープンデータをもとに可視化する取り組みを参考にしている。さらに2020年2月には，早稲田大学マニフェスト研究所が公開した「議員報酬＆議員定数の全国データ2020」の作成にも協力している[1]。

　こうした小林の取り組みに続いて，横須賀市で2017年に「Code for Yokosuka」が誕生した。ちなみに市民が主体となってICTを活用して地域の課題解決に取り組むシビックテックコミュニティとして誕生した「Code for コミュニティ」は，2013年5月に設立された「Code for Kanazawa」が最初だが，それから4年後の2017年5月，「Code for Kanazawa」の取り組みを知って横須賀市でも同様の活動を立ち上げたいと考えた初代代表の伊藤侑果と，出身地の会津の「CODE for AIZU」の取り組みを知って関心を持っていた鈴木広之（エンジニア担当のボードメンバー）が知り合い，意気投合して「Code for Yokosuka」を立ち上げた。そして当時，ウェブエンジニアとして独立したばかりの鈴木が，拠点にしていたインキュベーション型シェアオフィス「16Startups」で知り合った人を中心に声をかけ，10数名ほどのメンバーが集まり，2017年9月，第1回目のイベントとなるアイデアソンが開催された。

　「Code for Yokosuka」はその後，毎年，アイデアソン，ハッカソン，セミナー等を開催し，2020年7月には，横須賀市におけるオープンデータの活用を促進して市民の利便性向上を図ることを目的に，横須賀市と協働でオープンデータ普及啓発事業実行委員会が発足した。こちらでは横須賀市の市民協働モデル事業として各種オープンデータ普及啓発事業を，2020年度から2022年度にかけて実施していく予定である。

　このオープンデータ普及啓発事業の一環として，2020年10月に開設されたのが，「よこすかオープンデータベースポータル」である。ただ横須賀市

1）他に小林の取り組みのなかで同僚の議員からも注目されたのは，2019年の統一地方選の際に，小林の事務所の学生インターンの手で，選挙ポスター掲示場の情報を Google マップでデータマップにして，候補者のポスター掲示の負担を軽減したことである。

ではこれまで市のサイトの「オープンデータライブラリ」のコーナーで，オープンデータについて公開しており，内容面で重複しているため，オープンデータ普及啓発事業実行委員会の事務局を務める横須賀市経営企画部都市戦略課では，まだ積極的に PR しておらず，今後，オープンデータを活用した横須賀市独自のサービス・アプリがアップされた際に，あらためて PR する予定である。[2]

　「Code for Yokosuka」の八幡守（エンジニア担当のボードメンバー）によると，「Code for Yokosuka」のメンバーは本業の仕事の傍らで活動に関わっているため，マンパワー不足ということもあり，「現在はどのようなデータがあれば市民にとって日常生活により便利なアプリの開発につながるのか，横須賀市と協力して市民向けオープンデータアイデアソンのようなイベントを開催し，そこで市民の潜在的なニーズの聞き取りをおこなっている段階で，新たなサービス・アプリの実装についてはまだ具体化していない」という。「よこすかオープンデータベースポータル」のサイトには，「こんなオープンデータが欲しい」という市民が欲しいデータを依頼するコーナーがあるが，先ほど述べたような事情でサイト自体を積極的に PR していないため，市民からのリクエストはまだ届いていない。

　横須賀市のほうでも，多くの市民にオープンデータの有用性を理解してもらい，積極的な活用につなげていくため，オープンデータ普及啓発事業を通して市のほうで公開すべきオープンデータを確認したいと希望しており，現在は今後のオープンデータの活用促進に向けた準備段階といえる。

　ただ今日，市民の多くが利用するグルメサイトが，保健所の飲食店営業許可のオープンデータをもとに開店情報の更新をおこなうなど，オープンデータは市民の身近な領域で活用されるようになっている。そのため自治体側では，オープンデータを出すのにそれなりのコストがかかることもふまえつつ，商業利用も含めた活用する側のニーズを適確に把握し，活用される可能性のあるデータを可能なかぎり迅速に公開していくことが望まれる。自治体のな

2）2021年10月現在，サービス・アプリとしてサイトにアップされているのは，「WHERE DOES MY MONEY GO?」（税金はどこへ行った？）というウェブアプリと，「Code for Kanazawa」が開発した居住地域ごとにゴミの回収日を確認できるウェブアプリの横須賀版のみである。

かには，間違ったデータを提供した場合のリスクを考えて公開に慎重になってスピード感がないケースもあるが，データの信頼性の保証についても，市民と協働で，データを使う市民の側で確認したことを自治体にフィードバックするといった形で信頼性を高めていくことが必要になろう。

　横須賀市に限らず自治体がオープンデータを公開するうえでもう一つ重要な点として，データ形式の問題がある。市民に見せることを考えて，エクセルで表にしてそれをPDF化したものをサイトに掲載するといったことがおこなわれているが，これだと機械判読をおこなうのが難しいため，CSV形式等，機械判読が容易な形での提供が望まれる。ただこの点については，政府が2017年10月にオープンデータの公開とその活用のためのフォーマットの標準例等を記載した推奨データセットを自治体に提示したことで，近年では解消されつつある。

　そして最大の課題は，オープンデータを活用する市民の意識を高め，「Code for Yokosuka」をはじめとするシビックテックコミュニティに，多くの市民が参加する仕組みをつくることだろう。これはオープンデータ普及啓発事業実行委員会が最も苦労している点でもある。

　そんななかで昨年度，「Code for Yokosuka」の企画したイベントに地元の久里浜中学校の先生が参加したことをきっかけに，「久里浜中学校からの依頼で，総合的な学習の時間にオープンデータを活用した地域の課題解決をテーマにゲストスピーカーとして授業をおこなった。多くの子どもたちが関心を持つ様子を見て，学校での防災や地元の商店街の活性化等をテーマにしたアイデアソンや，オープンデータを教材にした地域学習をきっかけに，子どもから話を聞いたその父母にもオープンデータについて関心を持ってもらい，裾野を広げていくことができるのではないかと考えた」（八幡）という。

　実際，教育現場でのオープンデータの活用は，他の一部の地域で活発におこなわれているところもあり，ぜひ今後，横須賀市のオープンデータ普及啓発事業のなかで力を入れて取り組んでほしい分野である。

格差のない読書機会を
享受できる社会へ

荒井宏明

　北海道は，日本全土の 5 分の 1 強の面積を占めており，179市町村という全国最多の自治体から成る。市部の平均面積は401.95平方キロメートル，町村部は363.45平方キロメートルと，ともに全国 1 位である。とりわけ町村部の平均面積は全国平均の 4 倍以上あり，人口密度20人／平方キロメートルは，全国平均の 8 分の 1 以下である。ほぼ全域が亜寒帯に位置しており，道都・札幌の年間降雪量は 5 メートルを超える。寒暖差も激しく，道内でこれまでに観測された最低気温と最高気温の差78.8℃は全国 1 位である。厳しい気候条件だが，それを補って余りある魅力的な大自然と，人混みと無縁のゆったりとした暮らしは道民の誇りでもある。

　一方で，広大さや人口密度の薄さ，気候条件の厳しさが，物流網の構築や施設整備における費用対効果，受益者負担での制度設計の障壁となり，様々な社会資本の整備を難しくしている。北海道の読書環境が全国ワーストレベルであることも，そのことと無縁ではない。一部から「学習意欲が低く，知的資源を軽視する道民性によるもの」などと的外れな解釈が持ち出されることもあるが，実に憂慮に堪えない。筆者がフィールドワークで道内各地を訪問した際にも「このまちの子どもたちは本なんて読まないから」「読書したいという町民なんて少ないはずですよ」などと言ってのける住民（なかには議員や教師も含まれる）も少なくない。全国ワーストレベルである読書環境のなかで，北海道の児童・生徒の読書意欲は全国平均を超えている[1]という事実を彼らは知らないのだろう。整備すべきを整備しない理由を，勝手に読み手の問題にすり替えてはいけない。

本章では，北海道における読書環境の現状をふまえながら，私が代表理事を務める一般社団法人北海道ブックシェアリング（以下，本会）が進めている読書環境の整備支援活動について述べていく。

1　北海道の読書環境の現状

1-1　読書環境の充実を測る3つの指標

　本会は「すべてのひとが格差のない読書機会と読書環境を享受できる社会づくり」を目的に，2008年に教育関係者と図書関係者が設立したNPO（非営利型一般社団法人）である。教育・福祉施設などへの再活用図書の無償提供を軸に，学校図書館の支援や，図書イベントの企画運営などの活動を進めている。

　専任の事務局員2名を中心に，コア・ボランティア8名と一般ボランティア22名で事業にあたり，統治・監査機関として理事会，評価機関として外部評議員会を置いている。団体の維持や活動の財源は，バザーの売り上げと個人や企業からの寄付を主としており，図書と読書に関する自主自立型のシンクタンクとしても活動している。

　本会は，自治体における読書環境の充実の目安として，①公共図書館の整備率と質，②学校図書館の整備率と質，③書店数，の3点を指標としている。以下，順に道内の状況を見ていく。

1）文部科学省総合教育政策局調査企画課学力調査室「令和元年度全国学力・学習状況調査都道府県別調査結果資料」
　https://www.nier.go.jp/19chousakekkahoukoku/factsheet/19prefecture-City/01_hokkaido/index.html
　設問（21）読書は好きですか。
　当てはまる（小学校）　全国平均44.3%　北海道45.6%
　当てはまる（中学校）　全国平均38.9%　北海道42.6%

1-2 図書にアクセスする権利を守れない──北海道の公共図書館

　北海道の179自治体のうち，公共図書館を設置しているのは103自治体であり，設置率は57.5%である。全国平均の77%を大きく下回っているのも憂慮すべき点であるが，とりわけ問題として取り上げたいのが偏在性である。

　北海道は面積が広大なため，他の都府県にはない「振興局制」を採用しており，14のブロックに分けられている。この振興局ごとの格差が無視できないほど大きい。根室市を中心とする根室振興局では5市町すべてに公共図書館があり，北見市を中心とするオホーツク総合振興局内では18市町村中16市町村（設置率89%），帯広市を中心とする十勝総合振興局内では19市町村中16市町村（同84%）と高い設置率を示す一方，留萌市を中心とする留萌振興局では8市町村中1市のみ，小樽市を中心とする後志総合振興局では20市町村中3市町にしか設置されていない。

　後志総合振興局の面積は東京23区（2021年9月現在，公共図書館数228館）の6倍以上である。ここで暮らす人たちの多くは，日本国民なら誰もが有している「公共図書館の利用」という権利の行使がきわめて困難な状況に置かれている。

　公共図書館が機能しえない地域をサポートする機関は何か。日本図書館協会は「公立図書館の任務と目標」（1989年1月確定公表。2004年3月改訂）の第3章「都道府県立図書館」において，「都道府県立図書館は市町村立図書館と同様に住民に直接サービスするとともに，市町村立図書館の求めに応じてそのサービスを支援する」としている。つまり公共図書館のサービスがおこなわれていない市町村において，その課題解消にあたるのは北海道立図書館（以下，道立図書館）ということになる。しかし，道立図書館の年間予算を道民一人当たりに換算すると16.27円となり，これは大阪府の14.97円に次いで

2）北海道立図書館「道内公共図書館一覧」（2021年9月末現在）
　　https://www.library.pref.hokkaido.jp/web/librarys/list.html
3）公益社団法人日本図書館協会「日本の図書館統計」2020年の公共図書館数
　　http://www.jla.or.jp/Portals/0/data/iinkai/chosa/pub_shukei2020.pdf
4）北海道立図書館「道内公共図書館一覧　振興局別マップ」（2021年9月末現在）
　　https://www.library.pref.hokkaido.jp/web/librarys/branch/index.html

全国で2番目に低い。最高額である高知県（704.48円）の43分の1であり，全国平均（93.1円）と比べても5分の1以下である。[5]北海道の公共図書館の整備状況を考えると，道立図書館にはとりわけ手厚い予算づけがなされるべきと思われるが，現状，そういった議論や機運は見られない。あるいは，面積の小さな県から合計していけば21県分の広さを持つ北海道に，道立図書館が1つしかない，という状況の是非から始めるべきかもしれない。

　公共図書館は「図書館法」を根拠法として設置される。公民館の一角などに配置される小規模な図書コーナーは一般に「公民館図書室」と呼ばれ，人員が配置されていない施設も多い。公共図書館のない自治体でも公民館などに図書室を設置するように努めており，なかには専門員を配置したり，資料選定基準や廃棄基準を定めるなど，平均的な公共図書館よりも充実した公民館図書室もある。逆に運営基準が曖昧で，配架や新刊の購入が行き当たりばったり，という公共図書館もある。つまり公共図書館の設置率だけを見ても，地域の読書環境の実態を完全に捉えることはできない。これは後述する学校図書館や書店にも同じことがいえる。

1-3　本来はセーフティネットのはずなのに——学校図書館

　学校図書館は学校図書館法，そして教育基本法第3条および4条，さらに加えるなら憲法第26条が謳う「格差のない教育」の実現のための環境整備が定められている。本会が読書環境の目安として挙げる3つの指標のなかでも，最も公平性が保たれているはずの学校図書館であるが，実態はおよそ異なる。

　学校図書館の運営は「館内や資料などの環境整備」を基点とし，授業や自主学習，読書活動などで使われ，年間の利用状況をふまえたうえで次年度の環境整備計画を策定する，というサイクルになっている。しかし，その基点がないがしろにされているケースが多い。理由の大半は人手不足である。多くの学校では司書教諭という教員の校務分掌（ぶんしょう）を設けているが，担任や教科授

5）日本図書館協会「数字で見る日本の図書館　その83」
　　http://www.jla.or.jp/Portals/0/data/iinkai/chosa/todoufukenritsu2021_210817.pdf

業，他の分掌なども併せ持つ場合がほとんどで，学校図書館の整備を専門的に担うことは難しい。そのため文部科学省（以下，文科省）は2015年度から小中高の各校に対し，学校司書を配置する努力を求めている。

　北海道の小学校の学校司書の配置状況は24.8％（全国平均は69.1％）で全国ワースト3位，中学校は33.9％（同65.9％）で同8位，高校は6.2％（66.4％）で同2位である。高校の学校司書の配置は，31都府県が90％以上（うち22が100％）であり，北海道においては順位云々よりも，6.2％という数字そのものが深刻な問題である。[6]

　図書の整備状況を見ると，児童生徒数に見合った蔵書数として文科省が提示する「学校図書館図書標準」を達成しているのは北海道の小学校では49.4％でワースト5位，中学校で48.8％でワースト8位である。[7]しかし，古すぎたり傷みがひどいなど，全く手に取られない本も蔵書としてカウントできるので，学校図書の整備状況を正しく反映しているとは言いがたい。本来は「基準から外れた本を適切に除架・廃棄しているか」「そもそも廃棄基準が校内で共有されているのか」という調査が必要なのだ。

　北海道においてとりわけ懸念されるのが「新刊図書の購入予算の措置」である。文科省が2007年に実施した「学校図書館図書関係予算措置状況調べ」では，北海道の学校図書予算の措置率は小学校で45.7％，中学校で40.8％と，本来の予算額の半分以下しか措置されていない。[8]これは全国ワースト2位である。その後，同様の調査はおこなわれていないが，学校図書館の関係者の多くは「この状態が続いているか，もしくは悪化しているだろう」と話す。1980年代半ばまで学校図書館の図書購入費は補助金として交付され，児童生徒の規模に応じた基準に合わせて各校に配分されてきた。しかし地方交付税扱いになった現在は，自治体の裁量で増減された額が措置される。そのた

6）文部科学省総合教育政策局地域学習推進課「令和2年度学校図書館の現状に関する調査結果について
　　──公立高等学校における司書教諭発令状況及び学校司書配置状況」
　　https://www.mext.go.jp/content/20210727-mxt_chisui01-000016869_02.pdf
7）文部科学省総合教育政策局地域学習推進課「令和2年度学校図書館の現状に関する調査結果について
　　──全市町村における学校図書館図書標準の達成状況」
　　https://www.mext.go.jp/content/20210727-mxt_chisui01-000016869_02.pdf
8）文部科学省児童生徒課「学校図書館図書関係予算措置状況調べ（平成18，19年度）の結果について」
　　http://www.mext.go.jp/b_menu/houdou/20/04/08041815/001.pdf

め，図書の更新が不十分となり，児童生徒から「古すぎて触りたくない」「かび臭い」，ひどいときは「怖くて近寄れない」などの声が上がる学校図書館も少なくない。

　北海道に限った話ではないが，「学校図書館がない学校」「学校図書予算のない学校」も，筆者が把握しているだけで道内に数校ある。「もともとはあったが，他の教科で使っているうちに，いつの間にかその教科の部屋になった」「転任した学校図書館担当の後任がいつまでも決まらず，物品庫として使われるようになった」「なぜ学校図書館も学校図書予算もないのか，理由も経緯も誰もわからない」など理由は様々だが，当該校ではそれをさしたる問題としていないのも衝撃的である。

　2020年度に小学校で始まった新学習指導要領には，学校図書館のさらなる活用が盛り込まれている。北海道の学校図書館を改善・向上していくためには，問題や課題の先送りをどこかで断ち切らなければならない。

1-4　本を買う習慣を失う人が増えていく──無書店自治体

　2016年頃から雑誌やインターネットのニュースで「無書店自治体問題」を取り上げることが多くなった。無書店自治体とは「まちに一軒の本屋もない」という市町村のことで，ゼロ書店自治体とも呼ばれる。2017年8月24日の「朝日新聞」（朝刊）によると，北海道の無書店自治体は50市町村で，全国で最も多い。

　無書店自治体を扱った記事の多くは，書店数や無書店自治体数の推移を取り上げて都道府県ごとに示したり，悲観派（書店がなくなると地域の文化が衰退し，まちのポテンシャルも下がる）と楽観派（電子書籍やEC販売サイトもあるし，全文が電子テキストになる時代も来るだろうから，無書店を嘆くのは単なるノスタルジアである）の両極の意見を紹介する，というスタイルが多い。

　しかし事態の把握にはもう少し深い考察を必要とする。1999年に2万2千店舗だった国内の書店の数は2020年には1万1千店舗へと半減している。[9]

9）公益社団法人全国出版協会出版科学研究所「日本の書店数」
　https://shuppankagaku.com/knowledge/bookstores/

アマゾンをはじめとする EC サイトの隆盛やコンビニでの雑誌の取り扱いといった流通チャンネルの多様化，電子書籍や電子コミックを手軽に読める新たなプラットフォームの誕生，さらには後継者不在や少子化による学習参考書類の取り扱いの減少など，書店の減少には様々な要因が挙げられる。なかには図書館など大口納品先が大手の企業に代わったことや，不況による万引きの多発を機にシャッターを下ろす店もある。

　書店の減少とともに，出版と読者にも変化が生まれている。出版産業は販売金額 2 兆 7 千億円だった1996年をピークに，2020年は電子出版を含めても 1 兆 6 千億円と 4 割以上，規模を縮小している。また，小学生の読書量は1989年度調査で月平均9.1冊だったが，現在は 3 冊になっている。[10]

　書店不在が地域に与える影響は大きい。道内の小規模自治体を訪問すると，「（学校図書館あるいは公共図書館の）質の低下が始まったのは，地域から書店がなくなったのがきっかけだった」という声が多く聞かれる。書店主や書店員は，そのまちにおいて図書に関する，数少ないスペシャリストでもあったのだ。

　あらためて北海道の無書店自治体について考えてみる。各媒体が無書店自治体を調べる方法はいろいろあるが，タウンページで地域内の「職業分類・書店」で調べる場合が多い。しかし店名や企業名を載せても実際は営業していない店が多く，データとしての信憑性に欠ける。本会の調査でも「書店として掲載されている店に行ってみたら，違う業種（燃料店や家電店など）の看板しかなく，本は 1 冊も置いていない」というケースはいくつもあった。

　そこで本会は独自の調査方法として，日本図書普及株式会社がサービスを提供している「図書カード NEXT」の加盟店舗を調べてみた。カードリーダーを置いているからには当然，本も売っているだろう，とのヨミである。また，加盟店一覧の更新が早いという利点もある。2021年 9 月現在，北海道の179市町村のうち，無書店自治体は79自治体で，無書店自治体率は44％である。同じ方法で 3 年前に調べた結果に比べると，無書店自治体は 1 つ増えているだけで，下げ止まったとの感もある。気になるのは市部での減少

10）学研教育総合研究所「白書シリーズ Web 版小学生白書2020年 8 月調査」
　　https://www.gakken.co.jp/kyouikusouken/whitepaper/202008/chapter4/05.html

である。札幌市中央区と旭川市でそれぞれ4軒減り，函館市でも3軒減っている。

　現在の書店の苦境は，戦後から経済成長期にかけて組み上がった業界構造に起因するところも大きい。出版・流通・消費のいずれのセクターでも大きな変化の渦中にあり，先行きを見通すのは難しい。

2　北海道ブックシェアリングの活動

2-1　情報基盤社会を支える読書環境

　第1節で示したように，読書環境について様々な指標を見ていくと，北海道は全国ワーストの状況であることはほぼ間違いなく，さらに深刻なのは改善や向上よりも悪化・劣化のほうに傾いているということだ。これまで北海道において広範な領域での読書環境の状況が明らかにされたことはなかったことから，本会では調査や報告書などを積極的に提供し，課題の共有を進めている。

　電子政府や電子自治体構想，デジタルトランスフォーメーションによる産業構造の変革，さらには内閣府による，サイバー空間とフィジカル空間を融合させたSociety 5.0の提唱など，情報基盤社会が急速に進展しており，これからの社会を生き抜くには，必要な情報を選択し，読み解き，活用する能力，すなわち情報リテラシーの習得が欠かせない。読書はその基礎的な力を養成するとともに，高度な活用の場面に至るまで重要な役割を果たす。そのため読書環境の整備や読書習慣の涵養は，どの国においても重要施策となっている。

　本会は，すでに到来している情報基盤社会から北海道が取り残されることを懸念しており，NPOの立場から状況の把握や改善に向けた手法の提示，オール北海道としての動きにつながるような啓発活動を続けている。ときに「書籍愛好家らによる本好きのための活動」と矮小化した受けとめをされ，歯噛みをすることもあるが，多くのボランティアスタッフや賛同者に支えら

れながら13年にわたって活動を進めてきた。イギリスには「ブックトラスト」（本部・ロンドン）という，図書と読書に関する幅広い運動を展開している団体があるが，国内での類似の活動事例は少なく，本会の活動は試行錯誤の連続でもある。

　そのなかから①読み終えた図書の再活用，②被災地の読書環境の復興支援，③社会実験「走る本屋さん」，④学校図書館のサポート，の４つについて紹介したい。

2-2　読み終えた図書の再活用で活動をスタート

　ボランティアが気軽に参加できる活動によって，読書習慣を持続させたり，促進させる方法はないか，と考えたとき，「小規模図書施設の活性化」というアイディアが浮かんだ。そこで本会の設立とともに開始したのが「読み終えた図書の再活用事業」である。道内では財源不足などにより，図書の更新や図書コーナーの新設に悩んでいる教育・保育・福祉施設や公民館，私設文庫は数多い。そこで家庭や団体に呼びかけて，読み終えた図書を提供してもらい，それらを無償で提供しよう，という試みだ。

　この事業が新聞などで報道されると，札幌市教育委員会から長期的な協働の打診があり，2008年５月に市内の中学校の空き教室を使った「札幌市図書再活用ネットワークセンター（以下，センター）」を開設。これまでの13年間で約700施設・団体に，延べ約７万冊を無償提供している。

　読み終えた本は当会の事務所に郵送してもらったり，集荷日を週に一度設け，各家庭まで引き取りに回る。集められた本は毎週土曜の定期活動に集まる８〜15名のボランティアスタッフが一冊一冊の状態を点検し，ジャンルごとに分類して書架に並べる。センターには常時，２万冊以上の本が開架されている。図書を必要とする団体はセンターを訪れ，棚から必要な本を自由に選び，そのまま持ち帰ることができる。提供の上限は１団体120冊，ただし図書コーナーの新設や蔵書の総入れ替えなどの場合は240冊まで選ぶことができる。

　図書の「提供とニーズ」のマッチングは難しい。知己の公共図書館の担当

者も「市民から100冊の提供があった場合，再活用できる本が3冊あれば上々。ゼロであることも珍しくない」という。これまで他の団体がおこなっていた図書寄贈は，不要な本を箱に詰めて施設に送るものだったが，活用できる本はわずかで，ほとんどが必要とされないということが多かった。本事業においては，図書を必要とする施設の担当者や利用者が直接，棚から欲しい本を選ぶ，という方法によって，マッチングを100％に高めた。札幌市からの空き教室の提供と，毎週集まってくれるボランティアスタッフによってこの事業は維持されている。

再活用できないほど傷んだ本や内容が古い本は資源回収に出すが，その際，市内の古紙回収業者から1キロあたり3円の寄付金をいただいている。また長期間，引き取り手のない本や重複したタイトルはバザーで販売し，これらが活動維持の原資の一部となっている。

この事業では，提供先や提供冊数を集計することはできても，成果を数値化することは難しい。本を選んでいった担当者から後日届けられる「本を読む子が増えた」「高齢者が図書コーナーに集まるようになった」などの声が，事業を継続する力強い後押しになっている。

2-3　被災地の読書環境の復興支援で分室設置

本会は2011年の東日本大震災の被災地において，図書施設の復興支援を目的とする分室「みやぎ復興支援図書センター」を設置し，先述の「読み終えた図書の再活用」を中心とする支援活動を実施した。

震災発生後，被災地の図書施設の被害や，避難所に救援物資として届く図書の活用状況などについて調査するため，2011年5月と7月に宮城県を訪れ，公共図書館や避難所，役所などでヒアリングをおこなった。県教育委員会の担当者は「多くの被災自治体において，図書施設の復旧の優先度は低い。NPOやボランティアなど外部の力がなければ，早期の再開は厳しいだろう」と話し，自治体の担当者は「本は全国から大量に届いているが，それらを適切に選別・分類するノウハウがない」「せっかくの支援物資が，置き場所に困ったあげく，ゴミになるといったことは避けたい」などの悩みを打ち明け

た。宮城県女川町の図書室復旧の担当者に本会の「読み終えた図書の再活用」について説明すると、「これから各自治体が必要とするのは、まさにこのノウハウです」とうなずいた。

　北海道に戻ってから、長期の活動を視野に入れた現地滞在での支援を決め、ボランティアの宿泊施設やミニ図書館を備えた分室を設けることになった。地元の方々の協力のもと、宮城県石巻市の郊外に建設地を確保。室蘭市のハウスメーカーから提供を受けたログハウス3棟を自分たちで組み上げ、それぞれ「宿泊棟」「活動棟」「ミニ図書館」とした。札幌市内で複数回、ボランティア募集の説明会を実施し、以下の要項で参加を呼びかけた。

①活動期間は2011年10月〜2013年3月で、その間に3日以上、滞在して活動できる人。
②活動内容は、全国から届く本の仕分けとその配送や運搬、私設図書館の運営、地域交流のイベントの運営など。
③現地までの往復交通費およびボランティア保険の加入は自己負担。活動期間中の宿泊費・食事は団体が用意する。
④年齢は18歳以上で、性別や図書に関する経験、資格は不問。大学の単位認定のための参加も可能。

　現地での1年半の活動に参加したボランティアは延べ170名、うち140名が北海道からで、地元の方が15名。その他の地域から駆けつけた方もいた。最長の滞在者は5ヵ月、最高齢は84歳、男女比はほぼ半々だった。

　活動は、北海道から運んだ約1万2千冊の新刊や再活用図書をベースに、各地から届く支援図書を整理、分類した後、保育園や学校、公民館、福祉施設などに届けて回った。また、本を必要とする施設の担当者がセンターに来館して、欲しい本を選ぶこともできるようにした。1年半の活動で約80の施設に、延べ2万冊を提供したほか、仮設住宅の集会所に図書コーナーを設置したり、壊れた本棚を修繕したり、クリスマスには絵本のプレゼント会などを実施した。

　津波の直撃により建物が全壊し、図書館職員6人が全員死亡・行方不明

となった岩手県陸前高田市では，北海道で約1千万円の寄付を集め，札幌の大学生90人に現地に来てもらい，ログハウスの仮設図書館を建てて，同市に寄贈した。また分室のミニ図書館は，親子で絵本を借りていくほか，近隣の仮設住宅に住む高齢者がお茶を飲んで過ごす場所にもなった。

このように東日本大震災被災地において図書に関する支援活動を展開し，その経験は2018年9月6日に発生した北海道胆振東部地震においても活かされることとなった。

2-4　社会実験「走る本屋さん」で地域の本音を聞く

東日本大震災における図書施設の復興支援や被害の調査がいち段落した2015年，本会が図書施設の支援や読書イベントの手伝い，後援・レクチャーなどで訪れている道内の市町村をあらためて数えてみると，30にも満たないことがわかった。全市町村のたった6分の1で，しかも短いときは2，3時間の滞在でしかない。意見交換や情報の共有も，関係者とだけという場合が多かった。

住民の声にじっくりと耳を傾ける機会を持てないだろうか，と考案したのが，「社会実験：無書店自治体を走る本屋さん」である。社会実験と銘打ったのは，「移動書店」のビジネスモデルを探るのが目的ではなく，あくまでヒアリングの手法の一つとして臨時書店を開くという企画だからだ。道内の無書店自治体を回り，通りがかった住民と日がな一日，本にまつわる話をするという，のんびりとした事業である。

震災復興支援の縁で陸前高田市から譲っていただいた図書館車「やまびこ号」に，赤ちゃん絵本から一般書や文庫まで幅広いジャンルの本を約300冊と，読書用の椅子，テーブル，テントを積み込む。北海道新聞社が協力してくれることとなり，現地の新聞販売店が販売場所の提供や開催告知を手伝ってくれた。

あらためて感じ入ったのは，北海道の広さだ。最初に訪れた西興部村は，本会事務所がある江別市からの距離が東京〜名古屋間に等しい。未明に出発し，対向車も見かけないような山間の道をひたすら走る。現地に着くと図書

社会実験「無書店自治体を走る本屋さん」で訪れた喜茂別（きもべつ）町での大型絵本の読み聞かせ

館車を開け，本を売りながら，というか立ち読みを勧めながら，まちの人に「最近，どんな本を読みましたか」「やっぱり本屋があるといいですか」「なくても我慢できますか」「このまちで本屋が続けるには，どうしたらいいと思いますか」などと尋ね，生の声を聞かせてもらった。

　道内各地を回り，「まちに残った最後の本屋が店を閉めたら，本を読む習慣もなくなった」「公民館の図書室は無人なので行く気がしない」「孫と一緒に絵本を選んで買ってやるのが夢だが，叶いそうもないので悲しい」「月に一度，お父さんが2時間かけて大きな町に連れて行ってくれる。そこで本を買うのが楽しみ」「このまちは本屋だけでなく電気屋も薬屋も花屋もない。新しいものに触れる機会がない」「新しくできた公民館は，車でないと行けない距離にある。なので，サークルのミーティングはスーパーのトイレの前のベンチでやっている」など，書店の話題からまちの近況まで，様々な話を聞かせてもらった。

　特に印象に残ったのが，小学校高学年の女の子から「本屋も図書館もないし，学校にもおもしろそうな本がない」という不満の声が数多くあったことだ。「たまに札幌の本屋さんに行くと，地元に帰るのがイヤになる」などと漏らす。あくまで個人の感想だが，自分を取り巻く環境の外へと意識が広がる年齢にあって，想像力を古今東西につないでくれるツールである図書が十

分にないことに，かなりのフラストレーションを感じているのではないだろうか。このような不満を募らせた子たちが，進学や就職で都市部で暮らした後，地元に戻りたいと思うだろうか，子育てをしようと考えるだろうか。

　この社会実験は2016〜17年に，8つの自治体にそれぞれ3回から6回，滞在して実施し，ヒアリング内容や地域の概況は報告書にまとめた。それをもとに札幌で4回の意見交換会を開いて情報を共有したほか，現地でつながった方々にはその後の学校図書館や公共図書館の支援の際に協力していただいたりと，本会の活動への波及効果も大きかった。肝心の本の売り上げは1回当たり平均8千円前後で，商売としては全く成り立たなかった。

2-5　学校図書館の魅力づくりを後押し

　本会は2012年に道内の公立小中学校すべてに15の設問と自由記述欄からなる調査票を送り，協力をお願いしたところ，53.2％に当たる学校から回答が寄せられた。集計してみると，「毎年，蔵書点検をしている」のは小学校で38％，中学校で34％，「毎年廃棄を実施している」のは小学校で28.4％，中学校で17％にとどまるなど，文科省が提唱する「学校図書館の魅力と機能の向上」とは逆に，学校図書館の陳腐化（ちんぷか）が懸念される結果となった。また自由記述欄でも危機感をあらわにするコメントが数多く寄せられた。これらは報告書にまとめ，道内の学校図書館に関わる施設に提供した。

　「小規模（人口1万人未満）の自治体の学校を訪問して，担当教員や学校司書から聞き取りをしながら学校図書館の状況を調査・分析する」という事業プランに助成金がついたことから，本会は2020年に「学校図書館の訪問調査」をスタートした。コロナ禍の影響もあり，初年度は8校での実施にとどまったが，今後も継続していく考えだ。

　課題を抱える学校図書館に共通するのは，人手と情報が足りていないことで，2012年の調査結果とも合致する。また学校司書や司書教諭の経験不足を挙げる学校も多かった。そこで同年4月に，司書教諭や学校司書を支援する「北海道学校図書館づくりサポートセンター（以下，サポートセンター）」を開設し，ワンストップで相談を受け付ける体制をつくった。全国には県や

学校図書館向け図書をたっぷり読める学校図書館づくりサポートセンターの子ども開放日

自治体が設置する学校図書館支援センターが約30ヵ所あり，情報の提供やアドバイス，選書の支援などを実施しているが，北海道ではそのような動きはない。サポートセンターの開設はNPOの立場からのアクションであり，同様の施設が道内各地に誕生する呼び水になればと願っている。

　サポートセンターは，利用者の希望に合わせて随時開館し，司書教諭，学校司書，図書ボランティアのほか，社会教育や図書に関わる方なら誰でも無料で利用できる。機能は主に次の4つである。

①学校図書館向けの見本図書の常設展示

　絵本・児童書の新刊本や，授業で活用できそうな資料本，図鑑，辞典など学校図書館向けの本を約2500冊，常設展示している。これらを自由に手に取って読めるほか，希望があれば購入の注文も受け付ける。本会は取次との取引口座（帳合）を開いており，見本図書の常設展示も連携事業として進めている。

②学校図書館管理システムのデモンストレーション

　道内の学校図書館では，蔵書や利用者の管理を，手書き台帳や汎用の表計

算ソフトでおこなっているところが多い。近年，学校図書管理の専用システムの価格も下がり，操作も簡単になってきたことから，導入への関心が高まってきている。そこでキハラ株式会社の協力を得てシステムを常設し，体験操作ができるようにした。他社のシステムのパンフレットも設置しており，機能や価格の比較もできる。

③学校図書館のための装飾や館内サイン（案内看板）の提案・制作支援

　学校図書館に欠かせないのが，館内の装飾やサインなどの整備だ。壁や床に動線を示すだけでも使い勝手が大きく変わる。センターでは季節に合わせた装飾や，本を探しやすいような館内サインを提案し，希望があれば制作指導も受け付けている。

④データや情報の提供

　先述の「学校図書館の訪問調査」の記録をデータベース化し，学校図書館の魅力の向上に役立つよう，情報の整備を進めている。同じぐらいの人口のまちのデータや事例を参考にして，「どのような状態をめざして，何から始めるか」というロードマップをつくれば，担当者の交代などに影響を受けずに整備が進められる。

　図書との接点が失われつつある地域において，学校図書館は魅力あるセーフティネットでなければならない。そのためにも本会は今後も，学校図書館支援に力をそそいでいく考えだ。

3　おわりに

　公共図書館では指定管理者制度導入の是非や非専門職員の増加，学校図書館では学校司書の不安定な雇用問題やICT対応への遅れ，書店では高い返品率や粗利の低さなど，それぞれにおいて現在進行形の問題を抱えており，新たな動きや考え方とどのようにすり合わせていくかが課題となっている。

地域住民の交流の場でもある大麻銀座商店街ブックストリート

　緊縮財政下にある道内の多くの自治体において，人員と予算の削減の影響から，住民サービスが難しくなっている部署も多く，とりわけ図書や読書については軽視される傾向にある。

　しかし地域が次代を生き残るためには，考える時間とそれを支える図書と読書空間が不可欠である。本章はやや強い筆致で諸課題に言及したが，活動の場においては「本が読める環境は豊かな暮らしを下支えし，良き書物は師にも友にもなる」というゆるやかなスタンスで臨むことが多く，また稚気をともなった企画を心がけている。

　その一つが，毎月最終土曜に約3千冊の古書を並べて開催している「大麻銀座商店街ブックストリート」である。本会の事務所がある江別市大麻商店街は昭和40年代半ばに開業し，現在も昭和の風情を色濃く残す。その佇まいに古書をずらっと並べれば景観としても映えるだろう，との発想で始まったこの事業は，まもなく70回を迎え，江別市の名物イベントとして定着している。このイベントが呼び水となって空き店舗に5つのテナントが入るなど，地域への波及効果も生まれている。

　また4年前に始めた「夜の図書館バス」は，公営キャンプ場に図書館車を持ち込んで真夜中まで臨時図書館を開くという企画である。アウトドア代表のキャンプとインドア代表の読書がどれぐらいマッチするか，試行してみ

たが，予想をはるかに超える好評を得て，こちらも定期開催になりつつある。

　このように，課題は課題として訴えつつも，楽しさと好奇心を刺激するような「本にまつわる仕掛け」を考えながら，長きにわたって活動を続けていきたいと考えている。

地域の情報拠点としての図書館

嶋田　学

　2002年にクリント・イーストウッドが監督・主演した『ブラッド・ワーク』（原題：Blood Work）には，主人公の元 FBI 捜査官，テリー・マッケイレブが町の図書館で新聞記事データベースを検索するシーンがある。地名は映画から読み取れないが，西海岸の大都会ではない地方都市のなかにある小さな図書館での一コマである。退職前に関わった殺人事件に関連する情報を求めて，今は捜査権のないマッケイレブはタクシー運転手に「近くの図書館へ」と告げ，館内のパソコンで重要な新聞記事にたどり着くというシーンである。

　今でこそ，わが国でも新聞記事データベースを提供する公共図書館が徐々に増えてきたが，2002年の日本といえば，利用者用のインターネットパソコンを提供している図書館さえわずかな時代である。

　日本図書館協会が刊行した1963年の『中小都市における公共図書館の運営』と東京都日野市立図書館の活動，さらには1970年の『市民の図書館』に示された「貸出しサービス」「児童サービス」「全域サービス」という重点施策の展開により，戦後停滞していた日本の公共図書館はようやく，暮らしのなかにあって読みたい本を気軽に借り出せる施設となった。しかし，1990年代半ばからインターネットが普及しはじめ，情報が生活の質に及ぼす影響が大きくなるなか，公共図書館に期待される役割や機能は自ずと変化を迫られることとなった。

　2003年，ジャーナリストの菅谷明子が公共図書館でのビジネス支援サービスなどを紹介した『未来をつくる図書館——ニューヨークからの報告』[1]が

出版されたことを契機に，日本でも仕事や日常生活における課題解決に役立つ図書館をめざす機運が高まってきた。[2]「読書」を支える教育文化施設という役割に加えて，生活者を全方位的に情報で支援する「地域の情報拠点」としての機能が，新たに期待されることとなったのだ。

　なお，本章で「図書館」と表記したものは，特に断りのないかぎり公立図書館を指すものとする。

1　図書館の機能と役割

　『図書館情報学用語辞典』には，図書館とは「人間の知的生産物である記録された知識や情報を収集，組織，保存し，人々の要求に応じて提供することを目的とする社会的機関」と定義づけられている。また図書館は，「通時的に見るならば記録資料の保存，累積によって世代間を通しての文化の継承，発展に寄与する社会的記憶装置」であり，「共時的には，社会における知識や情報の伝播を円滑にするコミュニケーションの媒介機関としての役割を果たす」ともされている。[3]

　1950年に制定された「図書館法」の第3条には，公共図書館で展開されるサービス内容について次のように規定されている。

　　（図書館奉仕）
　　第三条　図書館は，図書館奉仕のため，土地の事情及び一般公衆の希望に沿い，更に学校教育を援助し，及び家庭教育の向上に資することとなるように留意し，おおむね次に掲げる事項の実施に努めなければならない。

1）菅谷明子『未来をつくる図書館——ニューヨークからの報告』岩波書店，2003年。
2）菅谷は，『中央公論』1999年9月号で，「進化するニューヨーク公共図書館」を公表しており，この論稿は図書館関係者に大きな影響を与えることとなった。また，文部科学省は，2000年12月に「地域電子図書館構想検討協力者会議」がまとめた『2005年の図書館像——地域電子図書館の実現に向けて』を刊行し，情報化社会における公共図書館の近未来像を示している。
3）日本図書館情報学会用語辞典編集委員会『図書館情報学用語辞典　第5版』丸善出版，2020年，174ページ。

「土地の事情」つまり地域性や，「一般公衆の希望」すなわち奉仕対象である住民のニーズに沿いながら「図書館奉仕」をおこなうよう示したうえで，具体事項を9つ例示している。その第1項に，図書館資料を収集し，提供することが掲げられているのだが，注目すべきはその語順である。

　　一　郷土資料，地方行政資料，美術品，レコード及びフィルムの収集にも十分留意して，図書，記録，視聴覚教育の資料その他必要な資料（電磁的記録（電子的方式，磁気的方式その他人の知覚によっては認識することができない方式で作られた記録をいう。）を含む。以下「図書館資料」という。）を収集し，一般公衆の利用に供すること。

　上記のように，郷土資料，そして地方行政資料が筆頭に示されている。これは，公立図書館が地方自治体の設置する図書館であることから，まずはその地域の歴史や文化，あるいは行政に関する資料を収集し，地域住民に提供することを法が期待していることを示すものである。

　1960年代以降の図書館をリードした日野市では，1977年に日野市立市政図書室を市役所庁舎内に開室している。市民，議員，職員をサービス対象とし，議会議事録や予算書，決算書，総合計画や個別施策の基本計画など，日野市だけでなく近隣自治体の行政資料も取り揃え，施策の比較検討や政策形成に寄与しようとする姿勢がうかがえる。

　『市民の図書館』で掲げられた「貸出しサービス」など3つのテーゼをもとに活発な活動を展開した日野市立図書館を，多くの自治体図書館が手本としてサービスを展開したが，なぜか，図書館法第3条の筆頭事項を実践した市政図書室の取り組みは追随されなかった。

　2010年代になって「行政支援サービス」が取り組まれはじめ，昨今では「議会支援サービス」という実践も注目されている。1977年の段階で地方行政資料の拠点としての役割を果たそうと，「貸出し」の先にあるサービスを模索した日野市の取り組みが，なぜ全国的に実践されなかったのか。「地域の情報拠点」としての図書館を考えるうえで重要な問いである。

2 「地域情報の拠点」としての図書館

　公立図書館は，自治体が設置，運営する公的機関として，「国民の教育と文化の発展に寄与する」（図書館法第1条）ことが目的とされている。それは，情報資源の提供やその探索支援を通しておこなわれるが，対象となる情報の範囲はまさしく森羅万象で幅広い。「地域の情報拠点」という表現には，「地域における情報拠点」と「地域情報の拠点」という2つの意味合いがある。本節では，主に後者について考えてみたい。

　図書館情報学の世界では，図書館で取り扱う地域の情報を「地域資料」または「郷土資料」と呼んでいる。『図書館情報学用語辞典』には，「図書館の所在する地域や自治体に関する資料。以前は，郷土史に関する資料とみなされた」とあり，見出し語は「郷土資料」とされ，本文で「地域資料ともいう」と記述されている。さらに，「その地域についての資料を責任を持って収集する」ことが業務として位置づけられているとし，資料内容としては，「郷土に関係した資料」や「郷土人や出身者による著書や郷土での出版物」，「古文書や出土品」なども含める場合があると説明されている。また，「行政資料を，郷土資料の一部とする場合と別に扱う場合とがある」とあり，事実，「図書館法」第3条では，「郷土資料，地方行政資料」と並列表記している。

　また，「地域資料」の範囲を考える際には，地理的な地域性にとどまらず，その地域らしさを構成している要素に着目した情報デザインも考えなくてはならない。たとえば，歴史学者の杉山清彦が示す「方法としての地域」という概念から地域資料の範囲を設定することも考えられる。「ある特定の範囲を『地域』として固定的に切り出して，その特徴や時系列史を積み上げていくのではなく，設定した課題にあわせて，大小広狭さまざまな範囲を『地域』として設定して，その重層的な構造や多重的な属性」を捉えていこうという考え方である。たとえば，ワインの産地である山梨県甲府市の勝沼図書館では，ワインとぶどうという共通項でつながる他地域の情報資源を地域資

4）同上，52ページ。
5）杉山清彦「人びとの『まとまり』をとらえなおす」『東大連続講義　歴史学の思考法』岩波書店，2020年，66ページ。

料としてコレクションしているし，群馬県草津町立温泉図書館では，まさに温泉というキーワードで全国の関連資料を収集している[7]。

2-1　図書館におけるデジタルアーカイブ

図書館では，地域資料サービスの一環として，地域の文化資源をデジタル化し，独自のウェブサイトを通して発信する取り組みが増えつつある。市内の幅広い歴史や文化情報を対象とした東京都調布市立図書館の「市民の手によるまちの資料情報館」は2005年度から発信され，大阪府の豊中市と箕面市が共同運用する「北摂アーカイブ」は，地域の昔の写真に特化したものとして2010年度から発信を始めており，地域の図書館アーカイブとして先駆け的存在である。いずれの取り組みも，市民協働によっておこなわれていることは特筆に値する。

県域でのデジタルアーカイブを提供している事例に，岡山県立図書館の「デジタル岡山大百科」がある。岡山県立図書館のイニシアティブによる「郷土情報ネットワーク」では，県立図書館が所蔵するデジタル情報だけでなく，様々な行政機関，大学などと連携しコンテンツを充実させる取り組みを進めている。たとえば，財政規模の小さな自治体では，単独でアーカイブサイトを設置，運営することが困難な場合がある。そのような場合に，県立図書館の設備備品により各自治体の地域・郷土資料をデジタル化し，「デジタル岡山大百科」のプラットフォームで公開するというスキームが「郷土情報ネットワーク」として提供されている。

最近注目を浴びている事例に「大阪市立図書館デジタルアーカイブ」がある[8]。大阪府大阪市立中央図書館が所蔵している古文書や写真，絵はがき，地図などの貴重資料の画像閲覧を可能としたサービスである。大阪市では行政資料のオープンデータ化を積極的に推進しており，デジタルアーカイブのうち著作権が消滅したデジタル画像情報を，CC（クリエイティブ・コモンズ）ラ

6）甲府市立勝沼図書館　https://www.lib-koshu.jp/theme/LoY2018katunuma.html
7）草津町立温泉図書館　https://ja.wikipedia.org/wiki/草津町立温泉図書館
8）大阪市立図書館デジタルアーカイブ　http://image.oml.city.osaka.lg.jp/archive/

イセンスにおける CC-BY4.0で提供を開始した。さらに，2019年10月から
は，二次利用の条件を CC0（CC0 1.0：全世界パブリック・ドメイン提供）に変更
し，出典表示を必須要件とせず自由に利用でき，改変・商用利用も可能とし
た。オープンデータ提供数は約7200点，画像にすると約13万枚にも及ぶ
（2020年7月現在）。このように，単に地域資料を検索，閲覧できるだけでな
く，自由度の高い二次利用条件で提供されることによって，図書館から発信
される地域情報が，新たな価値を生むクリエイティビティをも提供すること
につながっている。

2020年8月，国立国会図書館が提供する「ジャパンサーチ」が公開され
た。ジャパンサーチは，書籍，文化財，メディア芸術など，様々な分野のデ
ジタルアーカイブと連携して，日本で保有されている多様なコンテンツのメ
タデータをまとめて検索できる分野横断型統合ポータルである。2021年9
月の段階で，135のデータベースと連携し，約2300万件のデータ検索が可能
である。日本全国の「地域情報」を検索できるワンストップサービスとして
期待が高まっている。

2-2　ウィキペディアタウンという営みとコミュニティ

ウィキペディアタウンとは，「その地域にある文化財や観光名所などの情
報をインターネット上の百科事典『ウィキペディア』に掲載し，さらに掲載
記事へのアクセスの容易さを実現した街（町）」というのが元来の意味であ
るが，日本においては，「ウィキペディアを編集するイベント（エディタソン）
を『ウィキペディアタウン』と呼ぶ」ことが定着しつつある。とりわけ，図
書館が主催者となって開催される場合は，その所在地の地域関連の記事を編
集，あるいは新規に作成するケースが多い。たとえば，郷土出身の著名人を

9）澤谷晃子「図書館資料のデジタルアーカイブとその活用を考える」『図書館界』72巻3号，2020年9月，
　　134〜138ページ。
10）たとえば，ハチ食品株式会社（大阪市西淀川区）の販売している「大阪港カレー」のパッケージに，
　　大阪市立図書館デジタルアーカイブのオープンデータ画像「（大阪）貨船客船輻輳せる川口の盛観」が
　　活用されている。https://www.oml.city.osaka.lg.jp/index.php?key=jo4dffcpj-9509
11）ウィキペディアタウン　https://ja.wikipedia.org/wiki/ ウィキペディアタウン

対象とした記事や，地域の指定文化財についての記事，また当該図書館のページを新たに作成するといったアプローチである。図書館は取り上げるテーマに関連する地域・郷土資料を会場に用意し，どのような素材をコンテンツとしてウィキペディアに作成，編集するかを意見交換しながら，実際にページの編集作業をおこなう。

ウィキペディアタウンには，記事編集について全く知識がない人も参加することから，事前に「ウィキペディアン」と呼ばれる人々に声をかけてサポートスタッフとして協力を依頼することが多く見られる。イベントの冒頭には編集に際して，記事に関する検証可能な出典情報を記載することや，独自研究は載せない等，ウィキペディアについての基本的な知識や編集のセオリーについて説明し，具体的な編集スキルを伝授していく。ただ，すべての参加者がパソコンに向かってページを編集するという形ではなく，地域資料を紐解いて記述内容を整理する担当と，その内容をウィキペディアのサイトに入力，編集していく役割とに分かれておこなう場合もある。こうしたケースでは，前者の役割を郷土に詳しい比較的高齢の参加者が担い，後者をウィキペディアの編集に興味関心を持つ若い参加者が担うという様子がうかがえるが，両者がゆるやかなグラデーションのなかで協業する姿も見られる。

ウィキペディアタウンには，実際に町を歩き，参加者が興味を持った地域の風景や建物，あるいは暮らしの様子などを自ら撮影した素材を使ってページ編集をするケースもある。たとえば，午前中にその日のテーマに合わせて地域内の特定エリアを散策し，興味のある対象を撮影し，午後から図書館に集まり，地域・郷土資料を使ってその対象について調べ，記事を書き，撮影した写真を合わせて編集する，といった具合である。

ウィキペディアタウンは，地域を対象とした住民による地域探索であり，そこで目にとまった地域・郷土の対象を，図書館の地域資料を使って調査し，それをインターネットで世界に発信できるウィキペディアの記事として作成するという点において，きわめて公立図書館らしい取り組みである。地域の情報拠点としての図書館を活用しつつ，ネットワーク上にその地域の情報を

---

12) ウィキペディアの執筆者・編集者のこと。ボランティアとして各地のウィキペディアタウンを支援する人もいる。 https://ja.wikipedia.org/wiki/Wikipedia: ウィキペディアン

拡張していく取り組みが，住民参加でおこなわれる意義は大きい。

2-3 ローカルメディアとしての「リトルプレス」

　リトルプレスとは，「少部数で発行する自主制作の出版物」のことで，特定のテーマや地域を対象に制作されることが多い[13]。滋賀県東近江市立図書館には，全国津々浦々のリトルプレスを収集したコーナー「筏川」がある。さらに同図書館では，市役所職員と共同編集し東近江市の魅力を発信するリトルプレス『そこら』を発行している[14]。

　財源は，テーマによって市役所内で部局横断的に調達するなど，自治体ぐるみの取り組みとなっている。『そこら』とは，東近江の方言で「このあたり」という意味で，まさに東近江市の身近な魅力や話題を素材としている。サブタイトルに「東近江市のいいとこ・いいひと見つける本」とあるように，毎号，市内各所の自然や暮らし，市民活動など様々な角度から記事が編集されているが，財源を調達した部署の施策を紹介する記事もある。たとえば，第3号ではスポンサーの総務課の企画で「つどう家，住みつなぐ人～古民家から広がる新しいくらし～」と題した空き家対策を特集して取り上げている。記事の取材，編集は主に図書館員がおこなっているが，各部署の職員も参画しているという。

　この他，兵庫県伊丹市立図書館ことば蔵には，市民が中心となって地域の歴史や文化を編集し，発行する『伊丹公論』がある。図書館を編集室に10名程度の市民が参加しているが，編集メンバーは常に公募していて，途中からの参画も可能だという[15]。

---

13) デジタル大辞泉「リトルプレス」 https://kotobank.jp/word/ リトルプレス-690672
14) 野原海明「メディアとしての図書館」『ライブラリー・リソース・ガイド（LRG）』2017年秋号（21号），11～18ページ。
15) 同上，19～23ページ。

『そこら』（滋賀県東近江市）。創刊は2014年2月24日。刊行頻度は年1回。編集は，図書館職員，市役所職員で組織されている「そこら編集委員会」。東近江市の自然や風景，伝統産業や暮らしの営みなど，知られざる魅力を伝えるフリーペーパー。独自取材で地域の「もの・こと・ひと」を伝えている。最新号は，第8号（2021年6月発行）。

野原海明「メディアとしての図書館」『ライブラリー・リソース・ガイド（LRG）』2017年秋号より抜粋。

※現在は，図書館職員，市役所職員に加えて，まちづくりのNPO法人の職員なども編集に参画している。（筆者注記）

3　地域の情報拠点に求められること

　単に情報が集積され，利用される拠点というだけでなく，「図書館」に集積された情報が，住民の「学び」につながっていくことをデザインし，コーディネートしていくことも重要である。そのためには，図書館が資料収集や提供について自己完結的にふるまうのではなく，自治の担い手としての住民を協働のパートナーとしながら，地域の情報拠点としての図書館を育てていくべきである。たとえば，地域の文化や歴史，あるいは地場産業についての資料や情報を提供するには，その産業の従事者の声を聴くことはニーズ把握のうえで重要である。子育て情報や高齢者介護の問題も，サービス提供者はもとよりサービス利用者の声も理解しつつ，情報提供をデザインするべきである。たとえば大阪市立図書館では，「思い出のこしプロジェクト」という取り組みを市民からの情報をもとに作成し情報発信している。[16]

　また，地域が災害や非常事態に見舞われたときに，図書館が身近な情報拠点として役立つことも重要である。近年多発する地震や豪雨災害，あるいは感染症のパンデミックによる健康被害や経済活動の停滞など，市民が陥っている困難な状況に対して，有益な生活情報や支援情報を図書館が収集し，整理し，わかりやすく伝えていくことも重要である。また，即物的な支援情報

16）大阪市立図書館「思いでのこしプロジェクト」https://www.oml.city.osaka.lg.jp/index.php?page_id=1301

だけでなく，被災や避難で疲弊した市民の心身の癒しになるような，健康情報や心の支えとなる「ものがたり」も求められるのではないだろうか。

3-1　危機管理情報の発信

　危機管理上の情報発信として重要なのは，公共施設として大災害時にどのような役割を果たすかである。2011年3月11日，日常生活が営まれている午後2時46分に発生した東日本大震災では，開館中の図書館職員が犠牲になり，多くの資料が流失し，建物は壊滅的な被害を受けることとなった。宮城県気仙沼市立図書館では，高台にあったためかろうじて津波被害は免れたものの，床・壁・天井等に多くの破損が生じた。そのようななか，3月30日には開館業務を開始した。気仙沼市立図書館では，館内に仮設の掲示板を設置し，「生活を維持し，暮らしを復興させるための情報」を提供した。掲示内容は，医療，金融，交通，雇用等に区分され，病院からの診察受付の連絡，食料提供の方針についての市からの告知，通行止め情報，ペットの医療相談，破傷風予防の通知，巡回スクールバスの時刻表など，多岐にわたっている。

　衛藤廣隆らは，被災時の情報伝達基地としての図書館の長所を次のように整理している。1点目は，誰でも自由に出入りできる空間であること。避難所には多くの情報が集まるが，一方で自宅避難者には情報が届きにくいという課題を，図書館による情報提供で解決できる。2点目は，情報を仲介する図書館員がいて，情報機器もあるという点である。また，図書館に集められた生活情報等で不明な点があれば，担当部署に誘導するなどの対応も可能である。

　2016年4月14日夜と16日未明に発生した熊本地震は，最大震度7を記録し甚大な被害を及ぼした。県内の図書館では，避難所やそのバックヤードと

---

17) 衛藤廣隆，藤井広志，船倉武夫「大災害時における地域の公共図書館の役割とその支援体制」『千葉科学大学紀要』第5号，2012年，36ページ。
18) 同上，40ページ。
19) 同上。

熊本県菊陽町図書館のロビーに設置された災害支援情報掲示板（撮影：嶋田学）

しての役割を担ったところもあったが，菊陽町図書館では，震災で途絶した
ライフラインや生活情報等の災害支援情報センターの役割を，ロビースペー
スで担うこととなった。

　以上のように，災害時におけるライフラインや生活復旧関連の情報の発信
拠点として，図書館の役割は少なくない。

3-2　住民と創る地域資料と学び

　岡山県の瀬戸内市立図書館友の会「もみわフレンズ」は，地域資料を活か
した取り組みを図書館との協働でおこなっている。「もみわフレンズ」は，
瀬戸内市が「平成30（2018）年度協働提案事業補助金を活用した協働事業」
において協働目的に提示していたテーマのなかから，「文化の香るまちづく
り」を選択し，これを実現させる事業企画として「せとうちルネッサンス〜
市民からひろげる瀬戸内市の文化」を提案し採択された。

　提案された様々な文化事業は，地域の情報拠点としてきわめて意義深いも
のであった。たとえば，瀬戸内市の子どもたちの郷土学習に役立ててもらお
うと，「瀬戸内市ふるさとかるた」の制作を企画した。図書館の郷土資料を
活用し，「かるた」にする瀬戸内市の文化や地名，歴史などの題材選択と，
読み札をつくるワークショップを利用者とともにおこなった。学校でのふる

もみわフレンズが制作した「瀬戸内市ふるさとかるた」（左）と『瀬戸内市の常夜燈めぐり』

さと学習での活用を念頭に置いていたことから，図書館所属の学芸員と観光課の職員が監修者となり，図書館司書も協力して郷土資料を市民とともに調査し，かるたづくりを進めた。そして，助成金を活用し「瀬戸内市ふるさとかるた」100セットを製作し，市内の小学校4年生の各クラスに配布，活用されることとなった。また，希望のあった高齢者施設などにも配布したほか，瀬戸内市民図書館や岡山県立図書館にも寄贈し，利用者への貸出もおこなっている。

　翌年の「平成31（2019）年度協働提案事業補助金を活用した協働事業」には，協働先を社会教育課と図書館として，「発見！　発掘！　瀬戸内市の『お宝』」という企画で協働事業が採択された。この事業は，まだ指定文化財にはなっていないが，将来その可能性がある文化財を把握することを目的に企画された。市民に広く呼びかけ開催された「地域に眠るお宝発見自慢大会」で寄せられた情報は，学芸員が足で集めるには難しい幅広い地域資源リストとなった。図書館ではこのイベントの前に，文化財の重要性や魅力，活用可能性などを知ってもらおうと，関連する講演会やシンポジウムをおこなった。

　さて，この事業では市民の発意と参加によりユニークな資料集が発刊され

た。「もみわフレンズ」は，瀬戸内市の隠れたお宝として，地域の各所に設置されている「常夜燈」に注目し，これを会員が中心となって撮影し，「みんなでつくる　せとうちデジタルフォトマップ」[20]に投稿するという形で写真収集を開始した。同時に「もみわフレンズ」のFacebook[21]でも共有し，市民に「常夜燈」の設置場所，設置年等，わかる範囲の情報とともに「みんなでつくる　せとうちデジタルフォトマップ」への投稿を呼びかけた。図書館は投稿された「常夜燈」について，より詳しい情報を得るため，邑久，牛窓，長船の各町史による調査を「もみわフレンズ」に提案し，市内の「常夜燈」についてのまとまった記録ができた。これを助成金で予定していた資料集作成費用をもとに冊子として発行し，県内の教育文化施設などに寄贈したのである。

4　「地域における情報拠点」であることの意味

　図書館が収集，保存，提供する情報資源の主題範囲は，「日本十進分類法」に体系的に編成されている項目のごとく森羅万象である。図書館は，潜在的なものを含めて地域住民の多様な情報ニーズに応えるべく，多種多彩な図書，雑誌，新聞，視聴覚資料，その他資料を収集，保存し，ネットワーク上に存在する無数の情報資源をも含めて提供することが任務である。

　その地域で，図書館がどれだけの知的資源へのアクセスを保障できるかは，極論すれば，その地域住民の生活の質や人生設計，あるいは社会と向き合う際の価値観にも影響を及ぼす。財政民主主義の仕組みで維持される公立図書館は，憲法で保障された基本的人権としての「学習する権利」や「知る自由」を擁護するため，大きな責務を有している。

　さらには，都市圏と地方の文化格差を埋める方策として，提供する情報資源の選択とその構築はきわめて重要である。人口集中と過疎のアンバランス

20）みんなでつくるせとうちデジタルフォトマップ　https://www.setouchi-photomap.jp/
21）瀬戸内市立図書館友の会「もみわフレンズ」Facebook　https://www.facebook.com/momiwasetouchi

を解消するために取り組まれる移住，定住施策のなかで課題となるのは，地方での「教育と文化」への不安である。図書館は，単に「情報拠点」という機能性を超えて，雇用や消費の利便性では解消されない文化資本の格差を埋めるべく，その使命と役割を考えなければならないだろう。

4-1 課題解決支援サービスとしての情報デザイン

2006年，文部科学省が公表した『これからの図書館像――地域を支える情報拠点をめざして』では，「課題解決支援機能の充実」を提起しており，住民の読書を支援するだけでなく，地域の課題解決に向けた取り組みに必要な資料や情報を提供することが求められるとして，行政支援，学校教育支援，ビジネス（地場産業）支援，子育て支援等の課題を例示している。その他，医療，健康，福祉，法務等に関する情報や地域資料など，地域の実情に応じた情報提供サービスの必要性を訴えている。

　冒頭に紹介した菅谷明子の『未来をつくる図書館――ニューヨークからの報告』が，公共図書館界に小さくないインパクトを与えていたこともあり，この時期から各地の図書館で「課題解決支援サービス」が取り組まれるようになった。具体的には，商工会議所と連携したビジネス支援セミナーを開催したり，地域包括支援センターと連携した「認知症サポーター養成講座」，病院事業部との協働による「健康・医療セミナー」の開催など，単に図書館資料をコーナー展開して提供するだけでなく，図書館を会場にした講演や講座，セミナーなどが取り組まれるようになった。

　岩手県紫波町図書館は，基盤産業である農業にフォーカスした多彩な情報提供とイベント企画で，地域における図書館の存在感を高めている。たとえば，「農業関連本の棚」の展示，「農業専門データベース」の提供，「近隣のマルシェの食材に合わせたレシピポップの設置」，「絵本の中のクッキング」，「企画展示」，「肥料・農文協・地酒等，農業をテーマにしたトークイベント」など，農林課，町農林公社，JA，産直，農家，消費者を情報でつなぐ取り組みを多彩に展開している[22]。

　情報へのアクセスを保障する図書館の役割から，近年では館内 Wi-Fi の

整備やウェブパソコンの設置をおこなう図書館は増えている。また，新聞記事や企業情報のオンラインデータベースを図書館が契約し，利用者が無料で利用できるサービスも徐々に増えてきている。

2010年の iPad の登場とともに「電子書籍元年」というムーブメントも起きたが，図書館で利用者用に提供される電子書籍コンテンツは約8万5千タイトル程度で，導入図書館数も265館（272自治体）にとどまっている[23]（2022年1月1日現在[24]）。現状，システムの初期導入費用やランニングコストに加え，コンテンツ当たりの価格も冊子体書籍よりも高価なうえ，公共図書館でニーズの高い文芸書についてはほとんど提供されていない。こうしたことから，費用対効果の面からも「時期尚早」と導入を見送る図書館が多かった。

しかし，コロナ禍により感染拡大防止対策として一時休館を余儀なくされたことから，「非来館サービス」としての電子図書館に注目が集まった。導入館では利用が急増したし，「新型コロナウイルス感染症対応地方創生臨時交付金」を原資に導入する図書館が増加した[25]。2010年以降，図書館は単に本の貸出だけでなく，地域のコミュニティを活性化し，賑わいを創出する「場としての図書館」という機能も注目された。一方で，場所と時間に縛られないインターネット情報資源へのアクセスについて，図書館にはいくつもの課題があることが，2020年以降のコロナ禍によって露呈した。

コミュニティメディアとしての図書館を持続可能な地域社会のインフラにするために，図書館関係者だけでなく，当事者意識をもって参加する住民の協力が必要であろう。

5　おわりに

「地域の情報拠点」として，真に人々の信頼に応え，社会に欠くことので

22) 紫波町図書館の概要　http://lib.town.shiwa.iwate.jp/topics/media/20161109_01.pdf
23) 植村八潮ほか『電子図書館・電子書籍貸出サービス調査報告 2020』樹村房，2020年。
24) 電子出版制作・流通協議会　https://aebs.or.jp/Electronic_library_introduction_record.html
25) 電子出版制作・流通協議会　https://aebs.or.jp/pdf/E-library_introduction_press_release20210701.pdf

きない社会制度として機能するために，図書館は地域住民をパートナーとしながら取り組みを進めることが重要である。そして同時に，自治体が運営する公立図書館が，自己完結的にすべての機能を果たすことには限界があることも認識しなくてはならない。与えられた財源で，公的機関としての責務を果たすべく全力を尽くすことは無論だが，それですべての人々の知的関心に応えうると考えるのは独善ではないだろうか。

　そうした意味で，近年話題になっている「まちライブラリー」[26]の動きは，一人の市民の本への思いを起点としながら，本を通した人と人のつながりをつくろうとするものであり，新たなコミュニティづくりの営みとして注目したい。「地域の情報拠点」という価値を考えるとき，「まちライブラリー」はまさに，地域の人々によって営まれ，本という知的媒介が人同士をつなぐという深い意義を内在している。行政による規則も，迫られる目標もない，自由な「本のある広場」として，その可能性は無限大といえよう。

26）まちライブラリーについては，提唱者の礒井純充にいくつかの著作がある（たとえば『本で人をつなぐ──まちライブラリーのつくりかた』学芸出版社，2015年）。また，「まちライブラリー」のホームページを参照されたい。https://machi-library.org/

第4章

新しい地域メディアとしての
市民参加型「本屋さん」

鈴木賀津彦

　「みんなでつくる本屋さん」が全国各地で次々と「開店」している。本屋と言っても，一般の書店とは違い，本棚の一区画を借りた棚主たちがそれぞれ好きな本を持ち寄り運営するスタイルの「棚貸し書店」。本の販売を通して人と人とのコミュニケーションの場になっていて，地域を元気にする「拠点」づくりとして期待されている。各地に広がるきっかけ，モデルとなった東京・吉祥寺の「ブックマンション」が誕生したのが2019年7月。共感した人たちが自分たちの地域でもつくろうと準備を進め，2021年は「開店ラッシュ」と言っても過言ではないくらいに全国で急速に数が増えている。

　街の書店の閉店が続き，出版業界も「本が売れない時代だ」と悩みを抱えるなかで，市民参加型の「みんなでつくる本屋さん」が増えている状況を捉えてみると，「本」という形のあるアナログ媒体が持っている本来の役割を，加速するデジタル化時代の流れのなかで新たに見なおすことができるのではないか。

　本の役割，書店の機能などを，地域のコミュニティメディアとして捉えなおした人たちが動きだしているのが，この「本屋さん」の取り組みであり，地域を活性化する新しい仕掛けとして今後ますます増えていきそうだ。

1　全国に広がる「みんなでつくる本屋さん」

東京・吉祥寺の「ブックマンション」をモデルに次々に出来る「棚貸し書

店」の数々。東京都世田谷区の「100人の本屋さん」，神奈川県横浜市中区の「LOCAL BOOK STORE kita.」，山口県山口市の「HONYA ら DO in 山口」，福岡県糸島市の「糸島の顔のみえる本屋さん」の取り組みを見てみよう。

1-1　東京・「100人の本屋さん」

　「100人の本屋さん」を運営するのは，まちづくりのコンサルタントやイベントのプロデューサーなどの仕事をしてきた吉澤卓さん。思いを形にして，東急世田谷線・松陰神社前駅の近くに，本を売りたい人に貸し出す100個の棚の本棚を設置して，2021年2月に開店した。

　「松陰神社前駅から徒歩50歩」と強調するほど駅近のビルの2階，広さ約130平方メートルの店内に，30センチ四方に区切った棚がずらりと並ぶ。棚の賃料は月額3850円。本の値段は棚主が決めて販売，一冊売れると100円の手数料が吉澤さんに入り運営費となる。自己資金と前年11月に始めたクラウドファンディングで約150万円を得て開業した。

　開業半年ほどで棚主は約80人。鉄道会社の役員，大学教授や，キッチンカーの店主など，多彩な顔ぶれの棚主たちが自ら選書した本が棚に置かれ，それぞれの「本屋さん」が個性を競っているようだ。

　棚主の一人，松崎亨さんは，元ラーメン店「八蔵」の店主で，コロナ禍の現在はキッチンカーに乗り，クレープを売っている。「八蔵本の会」という読書会を開催。棚には会で読んだ本約30冊が並べられている。最近は，読書会を店内のイベントスペースで，対面とともに Zoom でも開催し，オンラインでの参加者も増えている。この読書会のように，イベントスペースを活用して，棚主たちは様々な催しを企画し，交流の場として活用しているのだ。

　本をネタにした人のつながりは，この場だけでなく，他地域の「本屋さん」との交流を図る取り組みも広げている。そのねらいがよく表れているオンラインイベントの告知文を転載する[1]。

＊　＊　＊　＊　＊

落ち着いた雰囲気の「100人の本屋さん」（吉澤卓さん提供）

◆オンライン開催【BookBASE ときわ台×100人の本屋さん×話せるシェア本屋とまり木】人の本棚を通じて，予期せぬ本と出逢う会

　自分という同じ人間が選んでいる以上，本屋さんに行っても，ネットで本を探しても，気づけば手に取ってしまうのは似たような本ばかり。たまには，普段は読まないような本を手に取って，非日常や新たな刺激を味わってみたくもなるものです。自分だけでは難しいそんな時は，いっそ人の頭を借りてしまうのも有効です。友達の家に遊びに行った時，置いてある本棚についつい目がいってしまうという経験が，誰しも一度はあるのではないでしょうか。

　こちらは，世田谷線松陰神社前駅からすぐのところにある「100人の本屋さん」と湘南・茅ヶ崎で新しく始まった「話せるシェア本屋とまり木」，さらに今回は新たにときわ台にある「BookBASE ときわ台」さんも加わったコラボ企画です。

　毎回３名の方にご登場いただき，オススメ本や，その本との出逢い，読んだ後にどのような変化があったのかを，伺っていきたいと思います。それぞれの場で本屋さんをされている棚主さんから自分の好きな本をご紹介したい方を募集します。本を紹介してみたい方は，どうぞメッセージをください。

　友達の家の本棚をのぞくような，ワクワクした時間にしていきたいと思い

1）https://fb.me/e/1CUgZcXPs　Facebook のイベントページから。

ます！　どうぞお気軽にご参加ください。

＊　＊　＊　＊　＊

　以上が告知だが，コロナ禍のなかで，店に集まるだけでなく，気軽にオンラインで遠い地域の人たちとも簡単につながることができるので，こうした活動を積極的に試みている。

　他地域との交流イベントは始まったばかりだが，運営する吉澤さんは「ここから47棚主リレー始めましょうかね」と話し，47都道府県の本屋さんの交流活動を進め，日頃から本の話題でつながるネットワークづくりも構想している。

　運営者の吉澤さんが取り組みへの思いを記したコラムを寄せてくれた。また，ここの棚主の一人，「BOOKSTORE ストレリチア」の大原由佳さんも，棚主になって感じたことなどをまとめてくれた。

＊　＊　＊　＊　＊

◆地域に関心がある人以外との関係をどう結ぶのか（吉澤卓，「100人の本屋さん」経営）

　2021年2月に世田谷松陰神社前で「100人の本屋さん」という棚貸し書店にコワーキングスペースやイベントスペースを併せて開業した。

　ウィズコロナのなか，現業でスタックしたこともあり，やはり自分の居住する地域のことにコミットするのが一番おもしろいことだろう，ということで祖父が以前小売の酒屋をしていた跡の2Fを借りることにした。店舗が面している松陰神社通り商店街はこの10年ほどで飲食を中心に活発な店主が増えた。「都会と郊外の汽水域」として住と商が心地よく連続した街に，人の輪が形成されていたこともテコになった。

　愛・地球博（2005年）や横浜開港150周年（2009年），分譲のマンションのコミュニティ形成と足かけ20年ほど市民参加やコミュニティ形成というキーワードで社会や地域に関わってきた経験から，「地域に関心がある人以外との関係をどう結ぶのか」をテーマに，本＝老若男女問わず接点がある，コワーキング＝異なる業態の人がゆるやかに場を共有し，そこから「起きることは起きる」ことを意図して場を準備した。

　棚貸し書店は，38坪と広めのスペースをどうやって活用するか思いめぐら

せていたところ，ウェブ記事で吉祥寺の「ブックマンション」を知った。ほぼ同時に知人が棚を借りていることがわかり，すぐに店主の中西功さんを紹介してくださった。それまでコワーキングスペースが軸で収益性に乏しかったプランがこの仕組みのおかげで一挙に現実味を帯びた。棚は108用意して，10月現在月額3850円を払って棚を借りてくださる方が80名ほどである。

　棚の中身は各自が好きなものをチョイスし，値段もご自分でつけていただく。棚主はご自分のセレクトした本たちの売れ行きや，お客さんの動向をそれぞれに思いめぐらせ，できる範囲で工夫を重ねる。棚の中身を棚主がコミットしつづけること，お店の存在を棚代で支えてくださるこの形態は，関わる人々にとってヘルシーなスタイルだということを開店8ヵ月ほど経過してあらためて実感する。

　コロナ禍の行く末が見通せるようになれば棚主の店番活動も活発になってくる。店主，棚主，来客の3層が複雑に入り混じる店になることを期待している。本稿をお読みの方には，来店だけでなく，ご自分のエリアで，ゆかりのあるエリアで棚を借りたり，棚貸し書店を始めたりすることをぜひおすすめしたい。

◆**鳥取を伝える，本のセレクトショップ**（大原由佳，BOOKSTORE ストレリチア）

　初めてその情報に触れたのは，Facebook だったと思う。ブックマークだけしておいたそのお店はどんどん参加者を増やし，空っぽだった棚がどんどん埋まっていく様子を，約半年ほどネットで眺めていた。仕事一色に染まる生活に，少し疲れていた頃だった。

　私は生まれも育ちも山陰（兵庫県北部）なら，大学も，初めての就職も山陰（鳥取県）。そのことに不満を抱いたことは全くなかったのだが，ふと，「このままだと一生山陰から出ないで生きていくな」と思い立ち，見識を広げるために上京したのが7年前。鳥取では思いもよらなかったスピードでばりばり働きながら，それでも鳥取のことを忘れたことはない。

　ところで，本屋さんというのは私には馴染みの深いもので，町内の3軒の本屋さんは特徴によって使い分けていたし，遠方の高校に通っていたので，親の仕事終わりを最寄り駅で待つときはいつも本屋さんだった。気軽に買えるわけではなかったから，吟味を重ねて何度も読みたいと思う本ばかりを買

った。大学に上がって近所に古本屋さんがあるのを知ったときは，全く知らない本にも挑戦した。いつの間にかわが家の蔵書は千冊を超えていた。

「BOOKSTORE ストレリチア」
（大原由佳さん提供）

その本も，上京してからいったい幾度開いたのだろう。忙しさのあまり，本棚にホコリが溜まっていることも気づかなかった。断捨離しようかとも考えたが，それすらも面倒になっていた。

「鳥取にまつわる本屋さんをやろう」というコンセプトはどこから出てきたのだったか。もともと桜庭一樹や尾崎翠が好きだったり，恩田陸や三浦しをんが鳥取を訪れて作品を書いたことに喜んだり，実は米原万理が鳥取にゆかりがあったりというピースが，「100人の本屋さん」のホームページに並ぶ，様々なコンセプトの書棚を見ているうちにぴたっとはまったのだと思う。

ネット書店でこれはと思う本をほしいものリストに入れていく。デザイナーの友人にコンセプトを話すと次の週にはロゴのラフを送ってくれた。勇気を出して世田谷区松陰神社前で下車して「お店を開きたいんです」と申し出た。

仕事で忙殺されて，他のことなんて何もできないと嘆いていたのが嘘のように，インスタで本を紹介し，作者にメールして直接本を送ってもらったりした。

私は自分の小さな書棚を，「本のセレクトショップ」と呼んでいる。鳥取の本なら何でもいいわけではなく，私の好きな，私が見てほしい鳥取の姿を，東京の人に伝えたい。

書棚をレイアウトして，ようやく，自分が鳥取から上京してきた意味が見つかった，と思った。

＊　＊　＊　＊　＊

1-2 横浜・「LOCAL BOOK STORE kita.」

「まちの本屋——LOCAL BOOK STORE kita.」は，神奈川県庁の近く，北仲通りにあるコワーキングスペース＆シェアオフィス「mass×mass 関内フューチャーセンター」（以下，マスマス）内に2021年6月に出来た。

マスマスの10周年を機に，「コワーキング＆シェアオフィスの機能とは全く別のものをインストールすることに挑戦」した新たな事業として，2月から始めた改装作業で3つの壁面に本棚を設置，1期目はその1つから本棚オーナーの応募を受け付けた。マスマスを運営する代表の森川正信さんはオープン時のブログでこう書いている。

「今回25名ほどの方々が第一期の本棚オーナーさんとしてご利用を開始いただいています。お店からすぐ近くに住まわれている77歳の方，野毛のすぐ近くにお住まいの方，山手石川町で子育てをされるお母さん，そしてゼミメンバーで参加してくれている大学生，そしてスタートアップの起業家や国際NGOまで，本当に多様な方々が集っていただけました。

さまざまな本と出会うというだけでなく，今回の LOCAL BOOK STORE の魅力は本棚オーナーさん達との交流も，大切な要素です。

本棚オーナーさんは〈1日店長〉という仕組みを使って，お店に立ち実際にお客様と交流をすることが出来ます」

森川さんが強調する「一日店長」とはどんな取り組みなのか。開店以来，一日店長になった日に多彩なイベントを実施したのが名和佳夫さんだ。「日本一小さい鳥取の専門書店」と銘打って，「鳥取堂」と名づけた棚には，入りきれないほどの鳥取に関連する書籍がぎっしり。先ほどの大原さんも鳥取にゆかりのある棚づくりをしていたが，これは偶然だった。名和さんは，この場を鳥取関連情報の発信拠点として活発に展開しており，その思いを報告し

「まちの本屋——LOCAL BOOK STORE kita.」（森川正信さん提供）

てもらった。

＊　＊　＊　＊　＊

◆ウィズコロナ時代の新しい地方 PR の可能性　鳥取専門書店「鳥取堂」開業について（名和佳夫）

もともと私，店主の名和は PR 会社勤務で，KDDI や花王，サントリー等の民間スポンサーの PR を担当してきた。2007年から能登空港ブランディングの仕事に携わり，地方 PR を手がけるようになった。地方創生初期は，地方 PR のシェア日本一となった実績もある。様々な自治体 PR を担当するなかで，鳥取県の PR を担当して 8 年。現在は県政アドバイザリースタッフの公的職務を拝命している。

なぜ，この38センチ角の極小本屋を開業したのか？　それは，「このコロナ禍，私自身が鳥取に行きたくても行けない，だったら，この横浜で鳥取に触れて体験交流できる場所をつくりたい」と思ったからである。そして，2015年に鳥取県観光ガイドブック「リトリート鳥取」をプロデュースし，この本の取材時にたくさんの鳥取の人と出会えた。だからこそ，本をキッカケに鳥取と横浜がつながることができればと思い，この横浜のローカルブックストア kita. に鳥取堂を開業した。

鳥取と横浜，新幹線は通ってなく，羽田から飛行機というアクセス。ご縁がないとあまり行くことがない地方。イメージ調査をしてみると，鳥取といえば，「砂丘」が第 1 位。2 位は，「わからない」。そして，「梨」,「蟹」と続く。そんな鳥取のイメージ，砂丘だけでなく，もっとすばらしい魅力がたくさんある。そんな魅力を掘り起こし，光を当てていきたい。その情報発信拠点に鳥取堂がなればと思う。

鳥取堂の本の多くは，鳥取県民から寄贈してもらったもの。それこそ，鳥取の人たちの想いが詰まった本を通じて，横浜の人たちに訴求できればと思う。本は毎日のように届き，38センチ角の本棚に入りきらず，本が売れるよりも本が増える不思議な本屋となっている。なので，本の在庫すべてを陳列し，拡大販売するとともに，より鳥取の魅力を訴求するために月 1 回，ローカルブックストア kita. で「とっとり来たなかぁ～」（kita. は北仲通にあるため）というイベント展開をしている。

とっとり来たなかぁ～では，民藝に代表される「牛ノ戸焼」，「因州中井窯」，「国造焼」の用の美の素敵なデザインの陶器，山陰たたら製鉄の流れを汲む鋼を使った手作り鍛造の「大塚刃物鍛冶の包丁」，野生菌で発酵させた「タルマーリーのパン」，スタバはなくてもスナバはあると鳥取県平井知事のギャグから始まった「すなば珈琲」など，まだまだ知られていない鳥取の魅力を展示販売して，横浜の人たちに鳥取に触れ交流体験してもらっている。

「鳥取堂」が主催して鳥取の物産なども販売される人気のイベントも（名和佳夫さん提供）

　鳥取堂は，イベント時の客数は200名を超え，通常の38センチ角営業時も，毎日のように来店客がある。話を聞くと，「鳥取出身だが，しばらく帰ってない。こんな近くに鳥取に触れることができるお店ができて，良かった」，「鳥取にこんなものがあると思わなかった」，「刃物好きだが，稀少な包丁が買えて良かった」，「横浜で，タルマーリーのパンが買えるとは感動」と感想をいただいた。

　自治体のPRといえば，通常は，大型予算をつけて，ポスターを制作したり，大型イベントを実施したり，広告を展開したり，そして，このコロナ禍は，オンライン交流会やセミナーを実施している。この鳥取堂のように，一個人が始めた小さな体験交流拠点が，都市部のあちこちにできることによって，実際に地方に興味を持って，行ってみよう，出身地を懐かしみ帰ってみようと思う，このようなキッカケづくりの場となることが，新しいウィズコロナ時代の都市部における地方PRの拠点施策になっていくのではないかと思う。

＊　＊　＊　＊　＊

　名和さんが一日店長として実施するイベントの情報発信力に，多くのマスメディアも新しい動きとして注目し，鳥取堂はテレビや新聞のニュースとしても数多く取り上げられ，kita.の存在よりも鳥取堂のほうが知名度は高く

なっているのだ。38cm 四方からの情報発信の力強さを感じてもらいたい。

こんな名和さんの動きを偶然にネットで見つけたのが、「100人の本屋さん」で鳥取関連の本を揃える「BOOKSTORE ストレリチア」の大原由佳さんだった。大原さんはさっそく名和さんに連絡を取り、情報交換するようになった。鳥取の本屋さん同士がつながり、これから連携してどういう展開になるのか、とても楽しみなので、あえてここで、お二人に登場願った次第だ。こうした人と人とのつながりが、次々に生まれてくるだろう。

kita. は10月に 3 期目の募集に入っている。募集の告知で「学割」と「遠方割」を導入した。募集でこう呼びかけた。

kita. がオープンして半年。まずは、kita. という場所を知ってほしい。そして、足を運んで欲しい。という想いから、『パンとコーヒーと本のマルシェ』や読書会、さらにオーナーさん達と共同でイベントなどを企画してきました。

その甲斐あってか徐々に認知度も上がり、新聞や SNS をみて訪ねてくる方が増えてきました！　もちろん、来訪者が増えることでさまざまな方と交流できる楽しみもありますが、オーナーさん達と試行錯誤している過程が一番面白かったりします。

この度、LOCAL BOOK STORE kita. は、書店オーナーの 3 次募集を行うことにしました！

3 期から、学割と遠方割（神奈川県以外にお住まいの方※東京都は除く）も始まります！　ともに、kita. を盛り上げてくれる仲間を募集します！！！

さぁ、わたしたちと一緒に本を通してどんなワクワクしたことができるか実験してみませんか?!

導入した学割は、本棚利用料一箱あたり月額4000円（税込）を2000円に、遠方割も東京都を除く神奈川県以外からの参加の場合に同じく2000円という設定をした。多様な人たちが棚主になれる仕組みの工夫の一つだ。

1-3 HONYA ら DO in 山口

　山口市の中心商店街のやまぐち創業応援スペース「mirai（ミライ）365」内に2021年10月にオープンしたブックマンション「HONYA ら DO（ほんやらどう）」は，「商店街の中にふらっと気軽に立ち寄れる場所を作れたら」と一人の提案から始まった。「地域に関わりを持つなかで何かできないか」と考えた大学教授の伊藤明己さんが「mirai365」内の創業を応援するチャレンジショップ「やまぐちポケットマーケット」の区画に提案して動きだした。

＊　＊　＊　＊　＊

◆ブックマンションとシャッター通り（伊藤明己）

　山口県山口市にブックマンション「HONYA ら DO in 山口」を始めた。

　一棚の小さな本屋さんの集合体としてのブックマンションは，まず発想自体がおもしろい。無人古本屋をしている人がやっていると知って興味を持った。その運営者に直接相談して気になる点を聞いてみると，要はスペースさえあれば気軽にできる。問い合わせもけっこうあるという。

　この業態は大阪の古本屋さんが始め，東京の沿線から全国に認知されつつある。本を通じて仲間が増やせ，多種多様なこだわりが表現できる。棚主が交替で店番をすることで交流が始まり，イベントがあれば人が集まる。何より本を媒介に伝えることにはメッセージ性がある。ブックマンションは，交流と賑わいを創出する新しい仕組みになりえる。

　筆者はメディア系の大学教員のはしくれだが，実は地域メディアにはあまり関心がなかった。しかし，ネットが地球を覆う一方，SNS が個のつながりに耽溺するなか，いま足りないのは地域をつなぐ小さなメディアだと思うようになった。だが手触りを感じる程度に地域の人々をつなげる小さなメディアを継続的に成立運営させるのは難しい。

　山口市は，平成の大合併で市域を広げた県庁所在地だが人口は20万にも満たない。中心商店街にもシャッターが目立つ。地域活性化が叫ばれるなか，人出は大型郊外店に奪われている。全国どこでも似たような光景だろう。ブックマンションは，そんなシャッター通りがあるような地区地域にこそ必要なのではないか。そこで商店街内に格安で出店スペースを貸してくれるチャ

レンジショップに申請してみると，審査員もおもしろいと関心を持ってくれた。

ブックマンション型本屋は全国の商店街や地域に必須の店になる可能性がある。必要なスペースさえ確保できれば気軽に始められるからだ。広い店舗の一部，商店街組合による運営，公共施設の有効活用，地域有志の持ち寄り型など，

「HONYA ら DO in 山口」（伊藤明己さん提供）

やり方はいろいろあるだろう。人口の少ない地域で果たして成り立つのか，山口での試みが一つのケースになればと思う。店名に地名を入れたのは，各地に in ◯◯と広がってほしいという思いからでもある。

＊　　＊　　＊　　＊　　＊

1-4　福岡県・糸島の顔がみえる本屋さん

福岡県の糸島市は，都心部の近くにありながら海などの自然の美しさが魅力で，観光客も多く，おしゃれなカフェなども増え，新たなライフスタイルを求めて移住し起業する人たちも登場していることでも知られるようになってきた。そんな地域で東京からの移住組が「糸島の人と交流する場をつくりたい」という思いから2021年9月にスタートしたのが「糸島の顔がみえる本屋さん」，通称「糸かお」だ。

企画・運営しているのは，中村真紀さんと大堂良太さんの二人。中村さんは東京で流通会社の社長だったが，友人が住んでいたのがきっかけで2016年に訪れた糸島が気に入り，足掛け4年のあいだ通いつづけた後，コロナ禍をきっかけに2020年6月に糸島と東京との二拠点生活を始め，同年12月に糸島に完全移住。ここで「ありのままの自分で生きること，ありのままに生きていきたい人を応援する会社を始めました。これまでの経営者としての経験，そして女性として企業社会で生きてきた経験を活かし，企業で働く女

「糸島の顔がみえる本屋さん」のオープニングイベントで運営者の中村真紀さん（左）と大堂良太さん（右）（大堂さん提供）

性経営者，管理職を支援していきたい」と「まんま」という会社を創業している。

　大堂さんは，都内で大学生の「教育寮」を運営するNPOの仕事をしていたが，寮というコミュニティに無限の可能性を感じ，2017年に九州大学の学生寮を「地域にひらかれた寮」として立ち上げるために糸島に移住。「関わる人々がイキイキできるコミュニティを創る」ことを軸に，複数のまちづくり事業に糸島で取り組んできた。

　それぞれに糸島に魅力を感じ移住するに至った二人が，「まちにコミュニティ拠点をつくりたい」と立ち上げたプロジェクトが，ブックマンションをモデルにした「糸かお」だった。シャッターを閉めた商店街の洋装店をみんなで改装しようと，クラウドファンディングで協力を呼びかけた。

　開業して1ヵ月を振り返り，中村さんが書いたウェブのコラム（会社のウェブサイトに掲載）には，こんな話題も。

　「本棚オーナーさんの発案で，初のオーナーさんだけのイベントもおこなった。お互いの自己紹介をしたあと，20〜30分間，本棚をじっくり眺める。最低1冊，本を買う。そして，買った本を紹介し合うというもの。偶然，バイクで東京から糸島にいらしていた，遠隔オーナーさんも参加され，おお

いに盛り上がった。さすが，本好きのオーナーさんたち。このイベントで売れた本は，実は，当日の営業時間に売れた本より多かった。（当日も，かなり売上好調な日だったのに！）そして，何より，このイベントを発案してくださったのが，オーナーさんだというのが本当に嬉しい」[2]

2 「まちの図書館」の動きも

急速に広がる「みんなでつくる本屋さん」の取り組みを見てきたが，本を販売するのではなく貸し出す「まちの図書館」も各地に広がっている。

10年ほど前から，まちなかに「私設図書館」を設けて本の貸出を通じて住民が交流する「まちライブラリー」の活動があった。これに「一箱本棚オーナー制度」を取り入れた動きが広がり，各地で「まちの図書館づくり」として地域活性化の成功事例として注目を集めている。

一箱本棚には，本棚オーナーが選書した本が置かれ，利用者が自由に借りることができる。一箱本棚オーナー制度を導入した全国各地の取り組みを紹介する「まちの図書館ネットワーク」というウェブサイトも出来，姉妹図書館のような形でつながりも出来はじめている。静岡県焼津市の駅前通り商店街の空き店舗を活用して開設した「みんなの図書館さんかく」から始まったネットワークで，Facebook に「全国一箱本棚オーナー's」というグループをつくって，関係する人たちが情報交換している。

本を販売するか貸し出すか，本屋と図書館の違いはあるが，本棚オーナーの思いは同じ。販売して儲けようとしているわけではなく，儲かるものでもない。本を通じたコミュニケーションを楽しんでいるのだ。

最初に紹介した「100人の本屋さん」では，自ら購入した本を割り引いて販売している棚主もいる。直井昌士さんは敬愛するオーストリアの哲学者イワン・イリイチの書籍を購入し，300円引きで販売している。「利益は関係ない。ただ読んでほしいだけ。オープンして1ヵ月半でイリイチの本が2

2）https://mamma.company/itokao-1month/　中村真紀さんのコラム（「株式会社まんま」のウェブサイト）から。

冊売れた。じわじわ嬉しかったです。日本一，イリイチの本が売れた本棚だと思っています」と語り，その満足感を強調する。

売り買いも，貸し借りも，本を通じたコミュニケーション。本に書かれた情報を届けるだけではなく，本を通じて人々の気持ちを運ぶコミュニティメディアとしての役割は，この時代だからこそ着実に高まっている。

3　誰もが「みんなで本を出版する」

出版された本を売ったり貸したりするだけではなく，本の出版も「みんなで書いてみんなで編集する」取り組みが広がりつつある。「本を書く」というと，一人で一冊執筆するイメージが強く，一般的に「とても大変なこと」と受けとめられがちだ。でも，みんなで取り組めば一人の負担は少なくチームで本づくりができる。

本を出版する行為が，何か特別なことではなく，誰もができるようになり，当事者からの発信の手段として，本の役割を高めていることに注目したい。

3-1　当事者が綴る「育休パパ」の本

2021年4月に出版された『なぜパパは10日間の育休が取れないのか？──家族も，自分も，会社も，みんなが幸せになる育休の取り方・過ごし方・戻り方』という本の出版の仕方を見ていこう。

執筆したのは，広島県の小学校の教員，成川献太さんが中心になった「パパ育休2.0プロジェクト」のメンバーのパパ，ママ15人。出版はオンデマンド出版サービス「グーテンブック（good.book）」を運営する株式会社Masterpeaceから。本を書こうという成川さんらの気持ちを，出版の新しい形を試みているMasterpeace社が応え，「300部以上売れれば出版」という提案をしたところから具体的に動きだした。

「パパ育休2.0プロジェクト」の説明に成川さんはこう書いた。「育休＆共働きコミュニティ『ikumado』の成川です。私は小学校の教員をしており，

2020年８月より１年間の育休を取りました。その際『家族との向き合い方』で悩んでいたところ，他のパパたちも同じように悩んでいることを知りました。そこで今回の出版プロジェクトを通して，家族と向き合うパパママを増やしたいと，行動を開始しました[3]」

「ikumado」は，育休などの情報を交換しているネット上でつながるグループだが，ここでの呼びかけに「書きたい」と集まった人たちで，「育休の取得前から育休中・復帰後に感じたこと，何に悩みどのように解決していったのか，リアルなストーリーを持ち寄り，共同で１冊にまとめた」のがこの本。出版社の300部の要請に，事前にウェブで応援者を募り，300人を超える購入希望の署名を集めることもできた。

執筆者はみな当事者。育休のリアルを書いて伝えてほしいと期待する人たちの応援で，出版社も小さくても「ビジネス」として成り立たせ，安心して編集作業に入れる仕組みといえる。

3-2　広がる「100人一冊本プロジェクト」

「誰もがつたえびととなり，誰もが自由に表現し，誰もが後世の人々の心に残る存在の人に。」こんなキャッチフレーズで2009年の出版から「みんなで本をつくる」活動を続けている「100人一冊本プロジェクト」は，書きたい人を集めて年に一度，「つたえびと」というタイトルで本を出している。

各地の地方新聞社の仲間が都内の学生たちと交流した「ローカルビズカフェ」というグループで始め，関心のある人たちが加わって続けている。執筆者は参加費として１万円を出して約2000字の原稿を書き，写真を３枚用意して，４ページの「自己表現スペース」を得る。４ページ×人数分のページ数の本の編集も執筆者でおこなって印刷，1000円の売価をつけて出版した本は，執筆者に10冊が届くので，執筆者には金銭的な負担感は少なく，

3）プロジェクトのサイトより。https://peraichi.com/landing_pages/view/343h6?fbclid=IwAR1IBAL6WvpJ7TqmMU2Nea8s-Azznw74KEOjP6msMB8PCP3qTebvQoeGwGs
　成川献太，パパ育休2.0プロジェクトメンバー『なぜパパは10日間の育休が取れないのか？──家族も、自分も、会社も、みんなが幸せになる育休の取り方・過ごし方・戻り方』good.book，2021年。

自らで本をつくった満足感は大きい。

「私が書いた本です」と，届いた本を知り合いにプレゼントしてもいいし，このプロジェクトに共感してくれる人たちに販売してもいい。本の活用方法は自由，みんなでつくった本だが，執筆者にとってはやはり「私の本」としての価値を持つ。

この「100人一冊本プロジェクト」は，この本の執筆者を増やすの

「つたえびと」は，7まで出版。8を編集している最中だ

が目的ではなく，同じ仕組みを真似してもらい，自分たちのコミュニティなどで「本をつくろう」という活動を広げてもらえればというねらいだ。

「つたえびと」の執筆に参加した人が「おもしろいやり方だ」と共感し，自分の参加する別のコミュニティで本を毎年出すようになるなど，「集まったメンバーが共通の価値観で『みんなで書いて，みんなでプロモーションする，みんなの本』ができるのです」（「つたえびと」の説明から）。

この「つたえびと」の取り組みに参加した一人が，同じ仕組みで別のグループでも本を出版しようと動き，2016年に出版した本が『心の華〜「思いを集めて」42人のメッセージ』だ。「共感される文章講座」を主宰している坪田知己さんが編集者になり，講座の受講生を中心に，多方面から参加した42人が4ページずつ原稿を書いた。その後も，「心の華」の出版は継続，2020年10月には第3号を出版，22年に第4号の出版に向け原稿執筆者を募って編集作業が進行している。

誰もがネットでブログを書いたり，SNSで日常のつぶやきを発信したりできるようになったが，本という「形あるメディア」の持つ価値が低くなることはない。

4　おわりに──本は本来「みんなで読む」もの

　本章を執筆中の2021年10月20日，アマゾンジャパンが「紙の本でも個人出版開始」と発表したニュースが伝えられた。

　「インターネット書店大手のアマゾンジャパンは20日，個人が出版社を通さずに紙の本を刊行できるサービスを『Kindle ダイレクト・パブリッシング』で19日から開始したと発表した。これまでは電子書籍のみが対象だった。米国などでは既に始まっている。」(共同通信)

　価格は著者自身で決め，売り上げの6割が著者に支払われるという。電子書籍でのサービスは2012年から始まっていたそうだが，アマゾンが今なぜ，紙の本の個人出版に乗り出しているのかを考えたい。

　『アナログの逆襲──「ポストデジタル経済」へ，ビジネスや発想はこう変わる[4]』が日本で出版されたのが2018年末。冒頭で米国でのレコードの生産工場がフル稼働している様子を描いた本書は，デジタルが進展するほど，アナログはいっそう重要になることを説いた。第2章で「紙の逆襲」も報告し，「デジタルの先端にあるアナログ」の役割がいかに大切になっているか，「デジタル業界ほどアナログを重視」している現場をリポートし，問題提起した。

　また，本章では，主に地域に密着した市民参加型の「みんなでつくる本屋さん」の動きを追ったが，2021年10月8日には東京・渋谷の渋谷ヒカリエ8階にシェア型書店「渋谷○○書店（シブヤ・マルマル・ショテン）」がオープンしたことも記しておきたい。渋谷ヒカリエといえば，一歩先のライフスタイルを提案し，流通業界の最先端の発信拠点として注目される大型商業施設。その一角にも，こうした「本屋さん」が登場しているのだ。

　急速なデジタル化の流れはますます加速しているが，アマゾンが紙の本の出版に乗り出す現実を，「みんなでつくる本屋さん」が増えている人々の生活視点で見ていくと理解できるのではないか。

　AI社会においても，本という形ある存在は，人と人を結びつけるコミュ

4）デイビッド・サックス著，加藤万里子訳『アナログの逆襲──「ポストデジタル経済」へ，ビジネスや発想はこう変わる』インターシフト，2018年。

ニティメディアとしての位置づけを高めていくだろう。

　本の役割を，従来のように執筆者と読み手の関係だけを重視して捉えるのではなく，本を通して読者と読者がつながり，共感が広がるコミュニティづくりのメディアとして捉えるならば，その役割は従来に増して大切になってきている。本を通じた情報交換は「みんなで読む」ことであり，そこには多様な可能性が広がっている。

　本を「みんなで読む」といっても，テーマコミュニティであったり，地域コミュニティであったり，それぞれのコミュニティでの本の読まれ方は多様だ。本というメディアの役割の多様性を生かした取り組みは，ここで紹介した「本屋さん」や「図書館」，「本づくり」の他，さらに進化した形で広がっていくことだろう。

第 Ⅱ 部

地域からの情報発信と
交流の場づくり

第5章

地域情報サイトの動向と展望

松本恭幸

　第1章では官民協働での地域のコミュニケーションデザインの取り組みについて，各地の様々な事例をもとに見てきたが，今日，こうした自治体が関わる取り組みとは別に，民間独自で主にウェブメディアを活用した，地域の内外への様々な情報発信がおこなわれている。

　主に地方で地域の外に向けて情報発信している地域情報サイトは，少子高齢化や大都市圏への人口流出が進む地方で，その地方の様々な魅力を発信し，交流人口，関係人口の創出拡大に向けた地域プロモーションの役割を担っている。また地方から海外に向けて様々な言語で情報発信している地域情報サイトは，インバウンドメディアとしてその地方の観光プロモーションに大きく貢献している。

　一方，地域のなかで地域の人たちに必要な生活情報やニュースを伝えるサイトとして，地域の経済・文化情報を伝える「みんなの経済新聞ネットワーク」に加盟する「経済新聞」は，2000年に「シブヤ経済新聞」が誕生して以来，各地のNPOやコミュニティビジネスを手がける企業によって全国展開していった。「経済新聞」の多くは市区町村単位の地域を対象に，広告ベースのビジネスモデルで運営されているが，それよりもさらに狭い地域を対象に，そこで暮らす市民がボランティアベースで運営するハイパーローカルな地域情報サイトも，今日，各地で誕生している。

　ただ地域情報サイトの多くは，地方紙・地域紙のように，地域ジャーナリズムの役割を担っているわけではない。そうしたなか，茨城県つくば市の「NEWSつくば」は，地元自治体からの支援を受けずに，自治体行政の監視

を目的に行政関係のニュース取材をおこなうニュースサイトとして運営されており，注目に値する。

　この章では，こうした地域情報サイトの動向と展望について，具体的な事例をもとに見ていきたい。

1　地域の外に地域の魅力を発信するサイト

1-1　宮崎の魅力を伝える「宮崎てげてげ通信」

　今日，かつてのタウン情報誌が冬の時代を迎えるなか，それに代わって地域の情報や魅力を発信し，若い世代を中心に支持を集めているのが地域情報サイトである。そのなかでも「宮崎てげてげ通信」（テゲツー！）は，「ジャーナリズム・イノベーション・アワード 2016」で優秀賞を獲得し，全国的にも高い知名度がある。

　「宮崎てげてげ通信」会長でサンワールド・ラボ代表取締役の長友まさ美によると，2014年 1 月に NPO 法人まちづくり GIFT 代表理事の齋藤潤一と知り合い，二人で「宮崎通信」として宮崎県の様々な魅力を伝える記事を書きはじめたのが誕生のきっかけとなった。そして宮崎県の魅力を発信したいという周囲の人たちに声をかけ，有志で「宮崎てげてげ通信」として正式にスタートしたのが，同年 5 月である。この立ち上げに際してモデルにしたのが，大阪府枚方市とその周辺地域に特化して，地元の話題を提供して人気を集めていた「枚方つーしん」だった。ただパクリと思われないよう，宮崎の方言である「てげてげ」（「ほどほど」といった意味）を入れて「宮崎てげてげ通信」としたところ，その後，多くの人から「テゲツー！」の愛称で呼ばれるようになった。

　「宮崎てげてげ通信」では，「愛とノリ」という執筆方針のもと，宮崎を愛している執筆者が楽しくノリでおもしろい記事を書き，また「それ，全国の宮崎ファンに伝わってる？」という編集方針のもと，地元の宮崎県民だけでなく，読者の半分を占める県外の宮崎ファンにも宮崎の魅力が伝わり，そう

した全国各地の宮崎ファンと宮崎県民をつなげていくことをめざしている。そのため記事では飲食店や物販店について伝える際も，サービスや商品の魅力を伝えるだけでなく，できるかぎりそれを提供する店の人にフォーカスして伝えるようにしている。

「宮崎てげてげ通信」の長友まさ美会長

　こうしてスタートした「宮崎てげてげ通信」だが，長友をはじめとするスタート時からのメンバーは，全員，本業の仕事を抱えるなかでその合間に取材記事を書いており，広告を取っていないため，ボランティアでの費用負担に限界が生じた。そのため2014年10月にクラウドファンディングをおこない，111人の支援者から106万円の支援を得ることができた。

　2015年3月からは人と人をつなげることに力を入れて，「テゲツー！　寺子屋」という，ゲストを招いて話を聞き，参加者同士で議論して学ぶ場をスタートさせ，福岡で「おまスキャ」というブログを運営しているプロブロガーの牛嶋将太郎をはじめとする様々なゲストを招いた。そして「テゲツー！寺子屋」でゲストから学んだことを記事に反映させるなかで，アクセス数を増やしていった。2016年3月に日本ジャーナリスト教育センター（JCEJ）主催の「ジャーナリズム・イノベーション・アワード2016」で優秀賞を獲得したことで，「宮崎てげてげ通信」は多くの人に知られるようになり，寄稿者の数も急増した。

　「宮崎てげてげ通信」では，編集長のもとで編集会議をおこなって誌面の内容を決めるタウン情報誌のような紙媒体と異なり，参加メンバーの市民がライターとして自由に取材して記事を書き，長友をはじめとするコアメンバーは必要に応じてアドバイスするくらいである。取材して記事を書く市民は，20代の学生から30代，40代の主婦をはじめとした層が中心となっている。

　「自治体や企業からは，スポンサーとして広告費を受け取るのではなく，一緒に協力して宮崎を盛り上げるためのタイアップという形で，お金をいただいて移住・定住イベントの企画やプロモーションをしたり，宮崎の特産品

を読者の協力を得て開発したり，ワークショップをおこなったりしている」（長友）という。

　「宮崎てげてげ通信」は，スタートした初期の頃から「テゲツー！　寺子屋」のような人と人をつなげるリアルな場の運営をしてきたが，長友は今後，「地域の内外の人と人をつなぐプラットフォームとして，そこから新たに宮崎を豊かにするための様々なチャレンジが生まれ，それをみんなで応援するような仕組みをつくっていきたい」と希望している。

1-2　九州の魅力を伝えるインバウンドメディア

　「宮崎てげてげ通信」は，宮崎の魅力を国内の宮崎ファンに向けて発信するサイトだが，海外の主に訪日外国人旅行者を対象にしたサイトとして，福岡から九州観光の魅力を発信する「JAPAN DISCOVERY」がある。海外に向けた九州の玄関口である福岡市のメディアインターナショナルが運営する「JAPAN DISCOVERY」は，現在，コロナ禍の影響で発信が停滞しているが，訪日外国人旅行者を対象に，日本語を含めて10言語で九州の観光情報について伝えている。

　同社代表取締役の江口揚によると，「もともとメディアインターナショナルは，主に海外の工場で製造した包装資材を輸入して国内で販売する事業をおこなう会社だったが，2013年に為替市場が一挙に円安に進んだことで大きな影響を受け，そのことをきっかけにリスクヘッジのため，アジアをはじめとした海外に向けて地元の製品を輸出する事業への進出を検討することとなった。そうしたなかで自社，および立地する福岡を中心とした九州の海外での知名度を高める必要から，サイトの立ち上げを考えた」という。

　そして2014年に3名の自社SEを中心に開発がスタートし，同年11月に「JAPAN DISCOVERY」はオープンした。当初からサイトを10言語（連動したFacebookページは日本語を含む7言語）でスタートするため，福岡在住の留学生を中心とした外国人のライターを，各言語とも5〜10名ほど起用し，それぞれの言語圏からの訪日旅行者のニーズに合わせて，週に数本の記事をアップするようにした。また特定の情報が必要なユーザーがやりとりできるQ

＆Ａ掲示板のような場を設けたり，マイツアー作成機能のようなツールを埋め込んだりした。

　このように FIT（個人旅行者）に特化して，九州の観光，食事，宿泊，ショッピング，交通について紹介するサイトとして立ち上がった「JAPAN DISCOVERY」は，2016年のピーク時には月間135万アクセス，月間ユニークユーザー数54万人に達した。

　特に Facebook ページはコロナ前まで順調に伸び，タイ語のように他に競合メディアが少ないと，訪日旅行者を対象にした Facebook ページのファン（フォロワー）数でベスト10に入り，また英語の Facebook ページも訪日旅行者を対象に日本国内から発信するものに限ればベスト10に入った。

　「JAPAN DISCOVERY」のサイトを企画した江口は当初，「まずはサイトの広告収入で初期費用を回収して，いずれサイトを通して海外に地元の福岡を中心とした九州の様々な商品のプロモーションをするという，2段階の構想を考えた」という。だが社内に広告営業を専門におこなう担当者がおらず，広告代理店を通して企業にアプローチしても，海外向けにネットでプロモーションをおこなうニーズのある企業が九州では少ないこともあって，サイトのアクセス数がピークに達した2016年になっても，プラットフォーム単独では十分なマネタイズができなかった。

　そのため「その後はピーク時よりも契約ライターや記事の数を減らし，社内で英語，中国語，タイ語等ができるスタッフを積極的に活用するとともに，Facebook ページに重点を置いた運営にするとともに，メディアインターナショナルによる九州を中心としたインバウンド関連プロモーション事業を拡大するためのツールとして利用する戦略に切り替えた」（江口）という。

　具体的には，「JAPAN DISCOVERY」を運営している実績をもとに，九州運輸局や九州の各自治体等の主にアジアを対象にした海外向け観光プロモーション事業の入札に参加し，そこで扱うことになった情報発信の一部を自社のプラットフォームでおこなうとともに，併せて海外からインフルエンサーを招請して九州を旅しながらその魅力を SNS で発信してもらい，それを「JAPAN DISCOVERY」でシェアしたり，そうしたインフルエンサーを海外の旅行博等で観光プロモーションのためのセミナーを開催する際に招いた

りすることを通し，トータルで採算を確保するやり方である。

　こうした観光プロモーション事業を積み重ねるなか，アジアを中心に海外のインフルエンサーとのネットワークも構築され，自治体からの仕事も増え，ランドオペレーション事業にも進出し，インバウンド事業全体の収益で「JAPAN DISCOVERY」の運営に必要な人件費も賄（まかな）えるようになった。

　メディアインターナショナルでは今後，もともと構想していた「JAPAN DISCOVERY」のサイトや Facebook ページを使ったウェブマーケティングの仕組みを，九州の多くの企業の商品の海外プロモーションに活用してもらうことと，これまで蓄積したノウハウを活用して，必ずしも効率的に活用されているとはいえない多くの九州の自治体の海外向け観光情報サイトや SNS の依託運営や開発に関わっていくことも構想している。

2　地域のなかで必要な情報を伝えるサイト

2-1　地域の経済・文化情報を伝える「経済新聞」

　全国各地の宮崎ファンを対象にした「宮崎てげてげ通信」と異なり，多くの地域情報サイトは地元の人たちを対象に地域の経済・文化情報のような生活に関わる情報を伝えているが，そのなかで最も有名なのが，全国各地に広がる「みんなの経済新聞ネットワーク」だろう。

　2000年4月に東京の渋谷地域の様々なビジネス＆カルチャーニュースを伝える地域情報サイトとして「シブヤ経済新聞」がスタートし，その4年後の2004年4月に「シブヤ経済新聞」をモデルに「ヨコハマ経済新聞」がスタートして以降，フランチャイズ形式で国内外各地にその地域のニュースを伝える「経済新聞」が誕生し，2021年10月現在，計141の「経済新聞」が「みんなの経済新聞ネットワーク」を形成している。

　各地にフランチャイズ展開していく先駆けとなったのが，横浜市の都心部をエリアとする「ヨコハマ経済新聞」である。「ヨコハマ経済新聞」を運営する NPO 法人横浜コミュニティデザイン・ラボの杉浦裕樹代表理事による

と，2000年当時，東京都渋谷区神宮前に事務所を構えて舞台監督の仕事をしながら，「ビットバレー」と呼ばれた渋谷周辺に拠点を置いて活動していたIT企業の集まりに関わるなか，フリーペーパー全盛期に渋谷という地域に特化したネットメディアとして「シブヤ経済新聞」が誕生したことに関心を持ち，運営元の株式会社花形商品研究所の西樹代表取締役社長に連絡を取って会いに行ったのが，最初のきっかけとなった。

当時，まだネットメディアは，特定のテーマに特化したものが中心だったが，そんななか，タウン情報誌のライター目線とは異なるいわゆる新聞の記事のスタイルで，地域の様々なストリートニュースを客観的に伝えるセンスの良さに魅かれた。そしてその後，地域活動に関心を持った杉浦が横浜で仲間とNPO法人横浜コミュニティデザイン・ラボを2003年11月に設立した際，同様のメディアを立ち上げようと考え，西に相談して，ASP方式で「シブヤ経済新聞」のシステムの提供を受けて，横浜市西区，中区，神奈川区，南区の4区のエリアで，「ヨコハマ経済新聞」を立ち上げることとなった。

これがその後，全国各地で「経済新聞」を立ち上げようとする企業や団体が，本部の花形商品研究所と契約して，「みんなの経済新聞ネットワーク」に参加してフランチャイズ展開していく際のモデルとなる。各「経済新聞」は，本部の花形商品研究所と契約してASP方式でシステムの提供を受けて対価を払い，一方，本部のほうで「みんなの経済新聞ネットワーク」として各「経済新聞」をまたぐ広告を取った際には，手数料を除いた広告料が支払われる。また「みんなの経済新聞ネットワーク」として，「Yahoo!ニュース」等の大手ポータルサイトと契約し，記事が外部のサイトに転載された際には，手数料を除いた転載料が支払われる仕組みとなっている。

なお各「経済新聞」は記事の著作権，編集権を持ち，個々の編集部が責任を持ってサイトの編集をおこなっている。そして広告についても，（「ヨコハマ経済新聞」は独自の広告営業をほとんどおこなっていないが）本部からのもの以外，各「経済新聞」が独自に広告営業をして，自社のサイトに掲載するのは自由である。

各「経済新聞」は，年に1回，「みん経キャンプ」を開催して情報交換をしており，この「みん経キャンプ」には，毎年100以上の「経済新聞」が集

まる。なお花形商品研究所では，フランチャイズ募集をネットで広くおこなってはおらず，本部の花形商品研究所，あるいはすでに「経済新聞」を運営しているところとつながりを持った企業や団体から，関心を持って相談を受けた際に個別対応する形で，着実に新たなメンバーを増やしている。

ただ今日，多くの「経済新聞」の運営は赤字で，これは歴史の長い「ヨコハマ経済新聞」でも状況が変わらず，「単独の事業として見ると，かろうじて採算に乗るくらいで，ほとんど収益を確保できていない」（杉浦）という。

だがそれでも横浜コミュニティデザイン・ラボが「ヨコハマ経済新聞」を運営していくことのメリットとして，「自らがおもしろいと思った地域のニュースを取材して記事にすることを通して，地域の多様な人たちと深いつながりができ，これがNPOの活動に様々な形で役立っている」（杉浦）ということがある。

「ヨコハマ経済新聞」では，2004年4月の創刊時から，横浜市の市政記者室に依頼して，報道資料の投げ込みボックスを置かせてもらい，そこに投げ込まれた報道資料を，杉浦は10数年にわたってほとんどすべてに目を通している。横浜市では，市の報道資料は個々の部署の課長名で出されており，そうした報道資料の内容について，杉浦は必要に応じて担当部署の課長に電話して，数多くの追加取材をおこなってきた。そのことを通して杉浦は，横浜市の多くの幹部と関係を深め，それが多くの市役所との官民協働のプロジェクトへとつながっていった。

また杉浦は，「自分が取材等を通して関心を持った地域のニュースを，地域社会の多くの人に共有してもらい，エンパワーメントしていきたいというモチベーションが，背景にある」ことも指摘する。これは今日，多くの人がSNSで実際に取り組んでいることでもあり，杉浦はNPOを立ち上げた当時から，NPOのミッションとして取り組んできた。

このように「ヨコハマ経済新聞」による地域の様々なビジネス＆カルチャーニュースを伝える取り組みは，行政を巻き込んだ地域づくりの様々な取り組みへとつながっているが，横浜コミュニティデザイン・ラボのようなNPOに限らず，地域でコミュニティビジネスを手がける企業等にとっても同様のメリットがあると考えられる。「経済新聞」のようなメディアを自社

で持つことを通して，地域との関係が深まり，何か本業のビジネスでの発注につながれば，それによってトータルで採算を確保することができる。

　東京の足立区にある人材教育会社 CAN は，2014年6月から「足立経済新聞」を運営しており，足立区内の様々なニュースを毎月10本余り配信している。もともとは隣の葛飾区で「葛飾経済新聞」を運営していた株式会社じも研から紹介されて始めることになったが，代表取締役社長の植村昭雄によると，「広告収入で本部に支払うロイヤリティや記事執筆者に支払う原稿料をはじめとした運営費を賄うことができず，大幅な赤字になっている」という。ページビューをベースに広告料を算出しようとすると，コスト面で全く採算に合わないため，積極的に広告営業をおこなっておらず，「地域の事業者からお付き合いで出稿してもらっているくらい」（植村）である。

　そしてこれは「足立経済新聞」に限らず，「みんなの経済新聞ネットワーク」に加盟する「経済新聞」の多くは，近年，地域の様々な情報を無料で配信する Facebook，グノシーのような情報キュレーションサービス，その他の競合サイトが増えて，ページビューの確保に苦労しており，単独で黒字化しているところは，（取材費をかけずにタウン誌等の他媒体の情報をそのまま配信するようなケースを除くと）少ないといわれている。「みんなの経済新聞ネットワーク」加盟社の記事の一部は Yahoo! ニュースにも掲載され，こちらのトピックスに選ばれて配信されるとかなりの収入になるが，それを前提に黒字化するビジネスモデルを構築するのは難しい。

　そうしたなかで植村は「足立経済新聞」を，地域の絆を強化するツールとして考えている。「足立経済新聞」では足立区を10のエリアに分けて，各エリアに1人以上，記事を執筆する主婦のママさん記者を配置している。そして月に一度，ママさん記者が集まる会合を開き，そこで集約される地域の様々な情報について，記事にしないものも含めて CAN の事業に役立てている。また学生を記者に起用し，主婦とは異なる若者の視点で地域のニュースを取材するということもやっており，こうした学生が将来，CAN のコミュニティビジネスに様々な形で関わる予備軍になることを，植村は期待している。

　このように「経済新聞」のような地域メディアは，メディア事業単独で採

算を追求するものではなく，NPOだけでなくコミュニティビジネスを手がける企業が，ある意味で自らのコミュニティビジネスの基盤となる地域コミュニティを強靭化（きょうじん）するために取り組む事業といえるのではないか。

2-2　ハイパーローカルな地域情報サイトをめざして

　「経済新聞」のような地域情報サイトは，広告ベースのビジネスモデルを成立させるために，その多くは市区町村単位の地域を対象にしているが，それよりもさらに狭い地域を対象にしたハイパーローカルな地域情報サイトもある。新潟県上越市の吉川区（よしかわ）（旧吉川町）という人口3700人余りの過疎化が進んだ地域を対象にした「吉川タイムズ」は，そうした地域情報サイトとして10年近く運営され，地域の誰もが知る存在として注目に値する。

　「吉川タイムズ」を運営する小池正春は，かつてフリージャーナリストを経て日本インターネット新聞「JANJAN」の編集デスクを務めた後，「台湾新聞」という台湾系華僑を対象に北京語と日本語で発行される在日外国人情報誌の記者を経て，高校卒業から40年間離れていた出身地の上越市吉川区に戻った。そして地元の介護福祉施設で夜勤で働きながら，2012年2月に自らのウェブメディアでの経験をもとに，小池自身が取材した地域のニュースを記事や映像で配信する「吉川タイムズ」を，広告なしに個人が運営するニュースサイトとして立ち上げた。

　この「吉川タイムズ」が対象とする上越市吉川区は，小池が生まれてすぐの町制施行で吉川町となった1955年に1万1800人余りの人口を抱えていたが，その後，農業従事者以外の多くの人が上越市の中心部をはじめとした地域外に移住し，現在はかつての3割まで人口が減少している。また農業従事者もほとんどが集落ごとに農業法人を立ち上げて農業を営んでいるが，高齢化が進むなかで跡継ぎがほとんどおらず，将来的には地元の建設業者が後を引き継いで農業を継続することになる見通しで，吉川区独自に農協（JA）を維持することができず，JAえちご上越の支店となった。かつては賑わった地元の原之町商店街も，域外のショッピングセンターに客を奪われて衰退し，商工会も地域で独自に維持するのが難しくなっている。地域の子どもの

数も減って，かつて7校あった小学校は1校になった。

　そして吉川有線放送農業協同組合がかつての有線放送電話をベースに，2006年1月からCATV事業を開始し，地元の様々な情報を取材して伝える「吉川テレビ」というコミュニティチャンネルの運用もおこなっていたが，こちらは2015年3月末で事業を終了して，上越市のCATV局である上越ケーブルビジョンに吸収合併された。そのため現在，吉川区独自のニュースを伝えるメディアは，「吉川タイムズ」しか存在しない状態である。

　このように地域コミュニティが縮小に向かうなかで「吉川タイムズ」を立ち上げた小池は，当初，地元にほとんど知り合いがいないなか，地域でおこなわれるイベントすべてに参加して取材し，その記事や映像をサイトにアップしていった。これによって地元でネットにアクセスするリーダー的な立場の人たちと最初に関係を構築し，そして徐々に「吉川タイムズ」の存在が地域内で知られるようになった。その後，2015年に小池は吉川区の住民組織であるまちづくり吉川のホームページアドバイザーに就任し，まちづくり吉川のサイトを構築して「吉川タイムズ」とリンクさせ，まちづくり吉川のサイトに来た人が「吉川タイムズ」から情報を得る形にした。そしてサイト立ち上げから10年余り経った現在，1400世帯3700人余りの人口で，ネットを日常的に利用している人がその半分弱といった高齢化の進んだ吉川区のウェブメディアとして，アクセス数は月に1万ページビューを超えるまでに成長した。吉川区以外に，地元を離れた吉川区出身者にもよく読まれているという。

　ちなみに上越市の地域メディアとして，地域紙の「上越タイムス」と上越ケーブルビジョンがあるが，どちらも吉川区に来て取材するイベントは限られ，また短いニュースでしか紹介されない。「吉川タイムズ」ではすべてのイベントを，写真を数多く使った長文の記事や映像で紹介するため，吉川区で起きていることのすべてを知ることが可能な唯一のメディアとなっている。

　ただ高齢化の進む吉川区では，高齢者を中心に半分以上の人がネットを日常的に利用しておらず，小池はかつてすべての吉川区の住民に「吉川タイムズ」を届けるため，2014年4月に紙媒体の発行を試みたことがあった。このときは自宅のカラープリンタで作成したものの，想像以上に時間とコスト

がかかることがわかり，100部だけ印刷して配布した後は中断していた。だがその後，ネット印刷の価格が劇的に低下するなか，小池はあらためて紙媒体にチャレンジし，2021年4月にA3カラー両面1500部を1万円かからずに印刷して，新聞折り込みで吉川区内の8割以上となる1200世帯余りに配布した。また，まちづくり吉川が発行して全世帯に配布する「まちづくり吉川だより」でも紹介してもらい，ネットを利用しない高齢者にも「吉川タイムズ」の存在を知ってもらった。

この経験をもとに小池は，2021年5月に上越市が設置した吉川区の地域協議会の地域活動支援事業に応募して採択され，市民記者が記事を書く形で「吉川タイムズ」の紙媒体を年4回発行することになった。これは小池と小池が依頼した2人の編集員の3名で編集委員会を設け，地域の様々な分野のキーパーソンに編集委員会で執筆依頼し，毎回，9名の市民記者の記事を掲載するというものである。こうして小池は，ネット利用者に限らず吉川区のすべての人にリーチするとともに，地域の様々なしがらみで直接書けないことについては，当事者に直接書いてもらう仕組みを構築した。

一般に高齢化が進む地域では，そこで暮らす人が地域の様々な情報を得るのも大変になるが，そうしたなかで地域の情報を地域内で確実に流通させる「吉川タイムズ」が吉川区で果たしている役割は大きい。ただ自らも高齢者となった小池自身，今後とも永続的に「吉川タイムズ」を運営できるわけではなく，将来的に後を継いで「吉川タイムズ」の運営を任せることのできる人を探している。

3　地域ジャーナリズムをめざすニュースサイト

茨城県土浦市を拠点に県南地域を中心とした茨城県全域を対象に発行されていたブランケット版の地方紙である「常陽新聞」は，2000（ゼロ）年代に入って経営環境が悪化し，2013年8月に廃刊した。その後，同年11月にユナイテッドベンチャーズが「常陽新聞」のブランドを買い取り，土浦市，つくば市とその周辺のエリアを対象に発行するタブロイド判の地域紙として復

刊した。だが経営的に立ち行かず，2017年3月で廃刊することになる。

　その後，「常陽新聞」の発行に関わっていた7名のメンバーが中心となってNPO法人NEWSつくばを設立し，そこが廃刊から半年余り後の2017年10月に立ち上げたのが，地域ニュースサイト「NEWSつくば」である。

　時事通信社を経て常陽新聞の社長となり，現在はNPO法人の理事長を務める坂本栄によると，坂本が社長に就任した2003年当時，常陽新聞はパート社員等も含めて70名ほどのスタッフを抱え，日刊紙と併せて毎週金曜日に「常陽ウィークリー」というフリーペーパーを県南地域で発行していた。自社の輪転機でカラー印刷をおこない，各全国紙の販売店に委託して併読紙として販売してもらうとともに，フリーペーパーを折り込みで配布した。また県庁所在地の水戸市やつくばエクスプレスの沿線の駅でも，それぞれ別のフリーペーパーを発行し，また他社のフリーペーパーの印刷を請け負うことで，日刊紙の購読者減による売上の減少を，フリーペーパーからの収入で補っていた。だがそれも地元経済の衰退による広告収入の減少で，徐々に立ち行かなくなる。

　その後，2013年に同じ12面だがタブロイド判で情報量が半分となった地域紙として再スタートをした際，自社で印刷するのではなく，毎日新聞に委託して印刷してもらい，毎日新聞の販売店で販売する形式に切り替えた。また地域紙となったことで，茨城県警の記者クラブには加盟せず，土浦市，つくば市の記者クラブに加盟して，行政の情報と街ネタ中心の記事で，ハイパーローカルを掲げた紙面づくりをすることとなった。

　そして地方紙時代には，自社のサイトに記事の一部を掲載するのみだったが，地域紙となってからは有料の電子版（本紙契約者はセットで無料）の発行もおこなった。だが購読者は3千人ほどで伸び悩み，復刊から3年半ほどでふたたび廃刊となる。

　そうしたなか，「常陽新聞」を何らかの形で存続させようと考えた元社員有志が，地域紙時代に本格化したネットでのニュース配信の経験をもとに，ネットの地域ニュースサイトとして新たに立ち上げたのが「NEWSつくば」である。

　「NEWSつくば」の対象とするエリアは地域紙時代と同じ土浦市，つくば

NPO 法人 NEWS つくばの坂本栄理事長（右）と鈴木宏子副理
事長

市とその周辺で，ただ記事はすべて無料で配信している。スタート時の
2017年10月のページビューは 2 万 5 千余りだったが，翌2018年 1 月には15
万余りと順調に増えている。地元からのアクセスが約半分で，残りの半分は
他の地域からのものである。元常陽新聞記者で NPO の副理事長兼スタッフ
ライターの鈴木宏子によると，「かつての地域紙に代わる地域ニュースサイ
トをめざして，自治体行政の監視を編集方針に掲げていることもあり，地元
の行政関係のニュース取材に力を入れている。地域で意見の分かれる行政の
施策や事業に関するニュースへのアクセスが最も多い」という。これは街の
話題が中心の他の多くの地域情報サイトとは，異なる点だろう。

　「NEWS つくば」では現在，10名ほどのコアとなるライターを中心に，地
元の高校生や大学生を含む多くの市民がライターとして登録しており，毎月，
デスクのチェックを経た数十本のストレート・ニュースを中心とした記事が，
サイトに掲載されている。またそれとは別に地域の様々な専門分野を持った
30名ほどの市民が，それぞれの専門性を活かしたコラム記事を書いている。
高校生や大学生のライターには，「NEWS つくば」のスタッフが取材の仕方
や記事の書き方について細かく指導している。なおサイトに掲載された記事
については，原稿料が支払われる。

　NPO の収入は，地元の企業等からの大口の寄付，個人の会員からの会費，

地元のスポンサーによるサイトの広告，そして記者が取材した記事や写真や
ニュース映像等の他メディアへの提供によって，年間数百万円の運営費を得
ている。また地元の筑波学院大学と連携協定を締結し，筑波学院大学が大学
施設を NPO の事務局に提供してそこで編集作業ができるようにし，また
「NEWS つくば」のスタッフが筑波学院大学のコミュニティカレッジ（公開
講座）で，社会人や学生を対象にニュース記事の書き方等に関する講座を開
講している。

　このように「NEWS つくば」は，従来の地域紙に代わって，地元自治体
からの支援を受けずに自治体行政の監視を目的に行政関係のニュース取材を
おこなうニュースサイトとして運営されている。こうした地域ジャーナリズ
ムの役割を担うウェブメディアは，全国的にも貴重な存在である。

第6章

市民メディア全国交流集会
——愛称は「メディフェス」

関本英太郎

　2019年11月23日と24日，東京都足立区北千住を舞台に「第17回市民メディア全国交流集会『メディフェスあだち北千住 2019——動画メディアの進化』」が開催された。集会は，地元の「インターネット放送 Cwave」で中継された。

　オープニングは，主催者代表の植村昭雄（株式会社 CAN 代表取締役）のあいさつ。それに続いて，「市民メディア，全国へ発信，全国から発信」が始まった。全国には先頭に立って市民メディアの活動を精力的に展開している数多くの人たちがいる。同番組には代表的な何人かが出演し，その目的や活動などを報告した。進行役を務めたのは，岡田芳宏（FM くるめラ顧問）と筆者の私。筆者は目下「市民メディア全国交流集会」（以下，交流集会）の世話人代表を務めている。スタジオもしくは電話でつないだ人たちを順不同で紹介すれば，津田正夫（てにておラジオ代表），和田昌樹（横浜市民メディア連絡会代表），石川伸一（西軽井沢ケーブルテレビ代表取締役），岸本晃（株式会社プリズム代表），土方弘子（むさしのみたか市民テレビ局），岩本太郎（フリーランスライター），麓憲吾（あまみエフエム　ディ！ウェイヴ代表），金千秋（FM わぃわぃ代表理事），阿部幸弘（こころのリカバリー総合支援センター理事長／所長），隈元信一（元朝日新聞記者），そして東海大学・水島研究室，武蔵大学・松本研究室，広島経済大学・土屋研究室の学生たちである（肩書は番組当時）。

　メンバーを見て何を思うだろうか。交流集会開催の主催者たちがいる。ケーブルテレビ局，インターネット放送，コミュニティ FM など自分の手で開局した人がいる。地域 SNS を活用し，情報配信・共有のためのネットワ

ークを構築した人がいる。放送番組づくりに努力した市民がいれば，研究者，学生もいる。メンバーは，様々な形で市民メディアの理解を深め，定着させ，広く行きわたらせるために努めてきた人たちである。その際にかれらが特に重視してきたものとは何か。それは地域への目線であり，そこに住む市民・住民，かれら一人ひとりの目線である。

市民メディアとは何か。それは基本的に市民が主役のメディア，市民一人ひとりが主体的にかつ自主的に表現・発信するメディアであり，自らの問題意識や関心事をしかるべきメディアを通して伝え，送り手と受け手がそれを共有しようとする取り組みである。

交流集会は，市民メディアを推進している人たちや興味・関心のある人たちが，原則1年に一度，一堂に会して，シンポジウム，セッション，経験交流や情報交換などをおこなうイベントである。愛称は「メディフェス」。交流集会とは，その名のごとく，市民メディアが一斉に集う〈フェスティバル〉なのである。

1　第1回開催に至るまで

市民が発信の主役を演じるメディアをつくる。それを語るうえで，「パブリック・アクセス」との出会いを省くわけにはいかない。パブリック・アクセスとは，普通の市民が公序良俗を乱さず自主的に企画・編集・制作した番組を，しかるべきメディアを通して放送することを意味する。市民のメディアへのアクセス権を保障した制度といえる。

1997年，津田正夫は調査団を編成し，欧米・アジア各地に実地調査・取材に赴く。その貴重な成果を次々と記事で紹介，また冊子，著書として刊行し，日本での理解を深めようとした。

第1回名古屋での交流集会の開催のために中心的に動いたのが，同地を本拠地とする研究会「市民とメディア研究会・あくせす」（以下，〈あくせす〉）である。1999年，市民社会にふさわしいメディアアクセス環境の実現をめざして立ち上げられた。キャッチフレーズは，「市民社会・地域社会のメデ

ィアを創ろう」。代表を務めたのが，元NHKディレクターであり，当時大学教員であった津田正夫である（ちなみに，私の前任の交流集会世話人代表である）。

2004年第1回市民メディア全国交流集会会場内（撮影者提供）

〈あくせす〉は精力的に研究会やイベントを開く。津田は，当時「不思議な熱気に包まれて[2)]」いたと述懐している。その強烈な勢いに押されるように，交流集会を開こうと呼びかけた。主催は，「市民メディア全国交流集会2004連絡協議会」。協議会は，〈あくせす〉に加えて，交流集会当日に基調講演および事例発表をおこなった7つの団体から構成されている[3)]。発表順に紹介すれば，基調講演は，株式会社プリズム代表の岸本晃。当時は熊本県山江村を中心に，メディアを活用して豊かな生活を創造する「住民ディレクター」の育成に努めていた。事例発表の最初は，北海道札幌市の助成を受けて，コミュニティの再生と発展をめざし市民参加型のウェブサイトを運営する「シビックメディア」。2つめは，ケーブルテレビ「J:COM武蔵野三鷹」で市民が作成した番組を定期的に配信している「むさしのみたか市民テレビ局」。3つめは，神奈川県藤沢市を中心に地域情報を配信しているインターネット放送の「湘南市民テレビ局」。そのスタートは学生有志による。4つめは，市民による番組づくりに力をそそぐ独立UHF局「三重テレビ放送局」。5つめは，2003年に日本で初めてNPOに放送免許が交付されたコミュニティFMの「京都三条ラジオカフェ」。最後は，鳥取県米子市のケーブルテレビ局「中海テレビ放送局」。パブリック・アクセスなどを推進し，メディアと市民協働のまちづくりに努めて

1）「市民とメディア研究会・あくせす」の設立経緯や活動については，津田正夫「されど，そは信ぜずともよし──メディアの主体を市民の方へ（下）」『追伸』第3号，2019年，および「市民とメディア研究会・あくせす略史と総括メモ」（2012年8月23日版，文責：津田正夫）を参照。
2）津田，前掲論文，12ページ。
3）第1回「市民メディア全国交流集会」の実施内容等は，「市民メディア全国交流集会2004第1回名古屋集会報告書」を参照。

いる。

　交流集会がどれほど強い関心を引きつけたかということは，参加者数を見ればいい。最初は数十人の参加者を見込んでいたという。それがふたを開けると200人を超えた。参加者は，市民メディア運営団体・準備団体，放送関係，新聞・雑誌関係，メディア研究者，まちづくりなどの市民活動団体，行政関係，学生，取材関係者と多岐にわたる。全体発表の終了後，発表者を囲んでそれぞれ車座ディスカッションが開かれている。多くの参加者が集い，活発に質疑応答がなされている。市民メディアがスタートして間もない頃であり，事例に学べることも多かったに違いない。報告書の記録から，参加者の熱気がぷんぷんと伝わってくる。名古屋での交流集会の盛況，成功を受けて，交流集会の継続，今後の課題として日本でのパブリック・アクセスの法制化の道を探ることが決められた。

2　市民とメディアの協働

　市民一人ひとりがメディアを使って，とりわけ映像制作を通して何ができるのか，そのとき何を目標・目的にして取り組むのか。本節ではそれを，地域発見もしくはまちづくり，そしてオルタナティブメディアという2つの視点から見てみたい。

2-1　地域発見もしくはまちづくり

　第1回での事例発表で明白なように，市民メディアと地域発見やまちづくりとの密接な関係は大きな特徴の一つである。他の回をいくつか見ると，2012年，第10回開催地の上越では，NPO法人が新聞社と協働し，まちづくりやまちの活性化に貢献している。2013年，第11回開催の大阪では，ユニークなメディア活動がいくつも登場し，地域発信の豊かな可能性を見せている。2016年，第14回開催地の沖縄・読谷村に構えるコミュニティ放送局の視聴者は，村民の80％を超える（2014年聴取率は83.7％）。多くのボランティア

の協働のもとに，村民全体で村を活性化させている。2019年，最新の第17回開催地の北千住。ここは，おそらく現在日本で最も元気な町。まちづくりの応援団が目白押しだ。それがたっぷりと披露された。

　細かく述べたい事例はいくつもあるが，ここでは特に岸本晃が育てた住民ディレクターを取り上げ

第15回「湘南ひらつかメディフェス」分科会での岸本晃の発表報告

たい。理由は明白だ。筆者自身，住民ディレクターこそ個人による表現・発信の最適例であり，市民メディアの原点と思うからである。岸本が提唱した「住民ディレクター」についての見方は，現在も全く変わらない。住民ディレクターとは，「身近な日々の出来事を受発信しながら，交流，行動することで暮らしを豊かにしていこうとする人たち[5]」のことを指す。

　2017年12月に神奈川県平塚市で開催された第15回交流集会のメインセッションの一つ「防災と市民メディア」で，岸本は「九州豪雨『村民みんなでつくるテレビ』が何を伝えたか――福岡県東峰村の取り組みから」との題目で報告をしている。それは，2017年に九州北部を襲った豪雨の際にCATV「東峰テレビ」（インターネット配信一体型）がいかに取り組んだかを伝えたものである。2010年，岸本は活動の中心地を福岡県東峰村に移し，その地で住民ディレクター育成に着手する。東峰テレビを立ち上げた岸本は，番組制作を通して村の人々をつなぐ場をつくることに加え，さらなる課題に挑む。東峰村のことを村外に発信すると同時に，これまで岸本が講座などで育ててきた村外の住民ディレクターたちを互いにつなごうとする。そのために，インターネット中継のみならず，SNS，動画サイト，スマートフォンなど様々

4）住民ディレクターについては，岸本晃「行動する住民ディレクター，その源流と未来」津田正夫，平塚千尋編『新版　パブリック・アクセスを学ぶ人のために』世界思想社，2006年，古川柳子『住民ディレクター追走25年史！　凡人力の群像』サテマガ・ビー・アイ，2021年を参照。
5）古川，前掲書，2ページ。

なメディアを組み合わせ，放送・配信システムを進化させようとした。

　豪雨時の東峰村は「孤立村落」となり，一時情報が全く入らなくなった。このとき福岡県に住んでいた住民ディレクターが自身のFacebookのタイムラインを活用し，入手できるかぎりの情報を発信しはじめ，更新しつづけた。岸本自身は現地に入り，ビデオカメラとスマホで被災状況を撮影し，Facebookで逐次発信しつづけた。第15回交流集会での岸本の報告はそれを伝えたものである。古川柳子『住民ディレクター追走25年史！』に岸本の撮影法を記した箇所がある。

　「岸本の撮影方法はいわゆる『住民ディレクター方式』です。被災の片付けをしている村民の姿を見かけると，小型のビデオカメラのスイッチを入れたまま近づいて，気遣いの声をかけます。中には『お化粧をしていないから映さないで！』という女性もいましたが，雑談を始めれば災害時の話がとめどなく語られます。映している，映されている境界が消滅しているような映像は，マスメディアによるインタビューとは全く違う村民たちの素顔の雑談がそのまま記録されていました。[6]」

　マスメディアの報道とは異なる情報の質。住民ディレクターの撮影法は，心の襞（ひだ）に迫ろうとするかのように，被害者村民に寄り添い取材する。

　岸本が東峰村で主導する住民ディレクター方式から学べることはいくつもある。メディアは進化する。それを駆使したネットワークシステムを構築すること。現地および各地で生情報を適切かつ迅速に送受信できる人材を育成すること。当事者としていかなる地域情報が重要なのかを理解し，それをどのように伝えるか，その能力とスキルを身につけること。

　激甚（げきじん）指定を受けるすさまじい自然災害は年々増している。その際に災害情報は不可欠であるが，マスメディアがカバーできない地域があるに違いない。しかし，市民・住民一人ひとりが当事者として情報配信の主役を演じる住民ディレクター方式は，確実にそれを埋めてくれるはずである。

6）同上，79ページ。

2-2　オルタナティブメディア

2006年に横浜で，2007年に札幌で開催
された交流集会は，「市民メディアサミッ
ト」と銘打っている。いうまでもなく，
2008年に開催予定の「北海道洞爺湖 G8 サ
ミット」の向こうを張っている。とりわけ
札幌での開催は，サミットで議題として取
り上げることのない社会的弱者や貧困にス
ポットライトを当てた。また2009年に開
催された東京での交流集会でも，開催趣旨
に「『衣』『食』『住』+『メディア』〜いまを
生きるために必要なもの」とあるように，
普通の生活の重要性をテーマにしている。
この頃，ニート，フリーター，ワーキング

第 5 回市民メディア全国交流集会
「市民メディアサミット '07」（札幌）
のチラシ

プア，また「シャッター通り化」などの用語が盛んに飛び交っていた。

第4回交流集会「市民メディアサミット '06」実行委員長の和田昌樹は，
Facebook 上でこう述べている。「メディフェスを簡単に紹介すると，社会的
な出来事，懸案事項について，自分の立ち位置からの意見を発信し，賛同者
を得ることで，民主主義を守ることができるかもしれないと思っている人た
ちが集まってくる場」。それを裏づけるように，市民メディアは社会的弱
者・少数者に積極的に目を向け活動を展開している。2014年5月，愛知県
刈谷市での交流集会「MIKAWA MEDIFES 2014 すぐそこにあるメディア」
の際に，「FM わぃわぃ」現代表理事の金千秋がシンポジウム「市民メディ
アについて語ろう（第一部）：これまでの10年」でパネリストとして登壇して
いる。そこで金は FM わぃわぃの活動の歴史を報告するとともに，未来に
向けて継続する意思を力強く表明している。同年12月17日発行のニュース
レターには次のようにある。

　「誰もが暮らしやすいまちを考えるためには，暮らしにくい人々からの発

信に耳を傾ける必要があるのです。『すべての人』のために考える放送局は，誰かの持ち物ではなく『すべての人』に支えられる運営でなければならないのです。[7)]」

　阪神・淡路大震災後，1996年1月17日にスタートしたFMわぃわぃは，そもそも1995年の震災時に「友人知人の避難先がわからない」という在日コリアンの切実な思いから生まれている。理由は簡単で，かれらの避難先の名簿登録には民族名でなく，日本名だけが記載されていたからだ。守られるべき人権が守られないことへの義憤がある。

　視聴率を競うメディアであれば，できるかぎり多くの人に受け入れられる番組を制作しようとし，真摯な議論を繰り広げる深刻な番組づくりは避けようとする。LGBT，障害者，移民など，少数者や社会的弱者の多くにとっては，依然として多数派に偏っているとしか思えない。それに対してFMわぃわぃの放送活動は，かれらへの視線を失わず，誰もが対等に参画しうる社会の実現をめざして動く。現在配信している多言語番組を見るだけで納得できるだろう。「スペイン語」「ベトナム語」「タガログ語・やさしい日本語」など日本語を母語としない人たちに生活情報，防災情報，住みやすい日本にするために必要な情報をわかりやすく届けている。また他にもアイヌからの発信や奄美諸島の番組を組み入れるなど，いかに多様性を重視しているか，容易に察することができる。その多くは，たかとりコミュニティセンターで活動を共にしているひょうごラテンコミュニティ，ベトナム夢KOBE，アジア女性自立プロジェクトとの協働で制作・配信されている。声なき声を伝えるFMわぃわぃの活動は，多様性を原理とする社会を推進するために必要不可欠なオルタナティブメディアとして大きな役割を果たしている。

　オルタナティブという点では，インターネット放送局「OurPlanet-TV」（アワプラ）を忘れてはならない。代表理事は白石草。2009年9月，第7回交流集会は東京で開催された。実行委員会は約50人のメンバーからなるが，アワプラに事務局が置かれている。アワプラが産声を上げたのは，2001年

---

7)「FMわぃわぃニュースレター」2014年12月17日発行。

10月。性や HIV／AIDS の問題など，テレビやマスメディアであまり見かけないテーマに切り込むスタンスは，スタート時から今に至るまで続いている。主要な取り組みの一つは，市民自身がビデオカメラを片手に映像制作に取り組んでくれること。白石はあるインタビューで「問題に気付いたみんながジャーナリスト」「市民こそビデオを持ってもらうべき」[8]と答えているが，それを実現させるために，定期的に映像制作ワークショップを開いている。

　白石は，「この10年は福島との往復の連続」と語る[9]。見えないところに目を向ける。アワプラは，2012年から「小児甲状腺がん」を継続的に取材している。患者や家族の声を可視化しようと，当事者団体と共に映像による記録を進めてきた。それこそアワプラというメディアが何を誰に向けて放送しようとしているのか，端的に伝えている。この間特に力をそそいできたのは「福島映像祭」の開催である。2013年以降現在まで続いているこの映像祭は，3.11以降の福島をとらえたあらゆる映像を集め，原発事故以降の福島，そして「福島の今」を映し出すことをねらいとしている。毎年，映画，ドキュメンタリー，テレビ番組，市民作品などが応募作から精選されて上映され，福島の〈今〉が生々しく伝えられる。映像制作を専門職としない人たちのために「市民部門」が設けられている。当事者の思いを知るには，当事者自身の声が色濃く反映した市民作品を見るのが一番だろう。

　福島映像祭の上映作品が一般の映画館で上映される機会はまずない。NHK や民放テレビで番組枠が提供されることもないだろう。未曾有の震災・原発事故からすでに10年以上が経過している。しかし，その影響はいつまで続くのか，計り知れない。風化がしばしば口にされる現在において，継続して福島という地域の今を伝えていこうとするアワプラの活動は，オルタナティブメディアとしての役割を遺憾なく発揮している。

8）「ふぇみん」2009年9月15日。
9）［オフライン・オンライン］Vol. 35, 2021年4月（OurPlanet-TV 発行）。

3 新たな発信者

交流集会では，パブリック・アクセスの制度化をめぐる議論，アーカイブ化への取り組みや，学生たちの映像制作およびメディアリテラシーなど様々なテーマが取り上げられる。紙幅の制約上，網羅的な紹介はできないので，本節では少し変わった形になった2つの交流集会を取り上げる。

「市民メディア全国交流集会・番外編 in 仙台」のチラシ

3-1 東日本大震災を受けて

まず，2011年9月に開催された「市民メディア全国交流集会・番外編 in 仙台」。実行委員長を務めたのは，筆者の私である。2011年3月11日，未曾有の大地震が東日本を襲う。危機的状況に直面して，市民メディアに何ができるのか。使用施設の制約があり，これまでと違って，セッションをいくつも設けたり，分科会を開いたりすることもできない。それゆえ「番外編」と位置づけられた。開催のあいさつ文に，ねらいが書かれている。

「仙台，宮城，さらには他の被災地にあって，地震発生直後から市民やNHK，さらには有志のグループなどが被災地から災害情報発信などの活動に積極的に取り組みました。被災地といっても，それぞれ被災状況は異なり，被災者もまた一様に扱うことはできません。必要な情報は，それぞれ違ったものであるに違いありません。(中略) 被災にあった人には，健常な人ばかりでなく，思うように体を動かせない人，幼い子どもを抱えた母親，病人，障害を抱えた人など，さまざまです。それぞれ求める情報は違うはずであり，送る情報はそれにかなったものでなければなりません。」

では，誰が誰にどんなメディアを使って災害・支援情報を送っていたのか。パネリストは 4 人。最初の登壇者は，宮城県山元町に臨時災害 FM 局「りんごラジオ」を開局した高橋厚。自分が住む山元町や住民の災害情報が容易に入らない。そこで高橋は，かつて民放局で働いていた経験や人脈を生かし，役場の一画を借りて臨時災害 FM 局を立ち上げた。聴取者は山元町の町民。毎日ライブで，災害・支援情報を発信した。

　三浦宏之（株式会社プラスヴォイス代表取締役）は，ICT 機器を最大限に利用した情報通信のバリアフリーをめざしている。日常生活で難聴者が会話できるように，手話を話し言葉に，話し言葉を手話に変換するシステムを構築する。3.11の震災時には，iPhone や Twitter を活用した難聴者の安否確認のための支援システムを導入した。

　岩手県盛岡市在住の内山裕信（有限会社アウィッシュ代表取締役）の物資支援では，Facebook が活用された。人の顔が見え，信用できる。友だちの輪は膨大だ。内山は支援サイト「チームねまる」（「ねまる」は岩手方言で，くつろいで休むこと）を立ち上げ，それを活用して支援活動の輪を広げていった。活動のルールが振るっている。「誰も英雄にならない」「誰も無理をしない」「誰も傷つかない」。

　福長悠は東北大学の学生。中国文学を専攻し，中国語に堪能である。悲惨な被災状況を前にして無力感に襲われ，何もできないままに過ごしたが，4 月中旬にボランティア活動に参加し，そこで体験したことや目にしたことをブログで発信することを思いつく。使用言語は日本語と中国語。受け手の対象は中国。そこに向けて復興の現状を書きつづけた。

　4 人の報告には，それぞれ特徴がある。一人ひとりが震災という現場に立ち，メディアを使って独自の取り組みを始めた。高橋のメディアはラジオ。三浦のメディアは iPhone や Twitter。内山のメディアは Facebook。福長のメディアはブログ。メディアは多様である。パネリストは各自，誰に向けて発信するのかを理解したうえで，自分に適したメディアを選んだ。各自がそれぞれの能力や得意分野を生かして発信するのである。

3-2　新風が吹く

「学生版市民メディフェス 2015」のチラシ

　次に，「学生版市民メディフェ
ス 2015」を見てみたい[10]。開催の前段が
ある。運営委員会の代表を務めたのは，
当時法学部大学院生の西村紗帆。交流
集会の開催前年，西村は「台湾の学
生・市民活動団体と交流する旅」（龍谷
大学主催）に参加し，原子力発電所の稼
働停止のための市民運動やひまわり学
生運動などについて取材していた。帰
国後，同行した松浦さと子（龍谷大学教
員）の勧めもあって，このときの貴重な
体験をもとに，台湾同行メンバーの協
力を得てドキュメンタリーを制作する。
タイトルは「龍大生がひまわり学生運動にせまる」。西村の切実な思いが凝
縮した作品は，「龍谷大学映像コンテスト」でみごとグランプリを受賞した。

　松浦から交流集会開催を打診された西村は，同作品をもっと多くの学生や
大人に見てもらう絶好の機会と思い，それを引き受けることにした。運営委
員として中心的に活動したのは，西村に加えて田和拓朗（共同代表），吉見直
樹，木村夏菜，西荒井希の龍大生 5 名。しかし，誰一人として交流集会に
参加した経験はなく，知識も全くない。結局，自分たちのやり方でやるしか
ない。西村は，すべてを学生たちの自主性に任せることにした。

　スタッフは，何度も丁寧に，全員が同意するまで時間をかけて話し合った。
まずは関係者から交流集会の情報を集める。最初に基本方針として決めたの
は，2 つのことだった。一つは単線型のプログラムにすること。会場は 1

---

10)「学生版市民メディフェス 2015」については，西村紗帆，松浦さと子とのインタビュー取材，および
　　『「教育力のある」社会科学系科目をめざして——フィールド・教室における対話を育てる教育手法研
　　究（2015年度龍谷大学教養教育・学部共通コース FD 研究開発プロジェクト報告書）」，『Ryukoku
　　Magazine』第79号，2015年を参照。

ヵ所のみ。そうすれば，参加者は全員同じ情報を共有できる。もう一つは，全国の学生や若者に向けて映像作品を公募し，応募作品はすべて受け入れること。そして発表者と参加者との対話の時間を設けること。

　西村はその後の取材で，学生主体の交流集会はおおむね成功であり，達成感がある，と語ってくれた。何よりも，学生版は新風が吹き込まれた交流集会になった。初めて参加した大学・高校は多い。その一つに沖縄国際大学がある。学生発表とその後の質疑応答は，沖縄に対して新たな視線をもたらした。戦争と基地問題を中心に記事を書く地元沖縄の新聞。それは重要であるが，沖縄に住む学生・若者の本音は少し違う。大人の間で対立を煽る記事よりは，学生・若者の生活や行動・心情などに焦点を合わせた記事を書いてもらいたいという。参加者に，沖縄メディアに対する意識のずれが突きつけられる。

　もう一つの新風。これまでの交流集会は，やはり男性の存在が目立っていた。そこにパネリストが全員女性という企画「トークセッション　メディフェス的女子会 and ボーイズ」が設けられた。登壇したのは，女性映画監督，SEALDs KANSAI の女性リーダー，女性による映像制作グループ代表，学生スタッフである。彼女らの間でタイトル通り，女性の本音トークが繰り広げられた。

　第13回交流集会「学生版市民メディフェス2015」は，市民メディアのフィールドを広げる新鮮な集会となった。「学生力」と呼ぼうか，かれらの発想力，提案力，行動力，決断力に，参加者の多くが驚かされた。最後に西村のグランプリ受賞映像が上映された[11]。参加者はそこでもまた，学生の潜在的可能性を十分に感じたに違いない。この集会への仲宗根朝治（FM よみたん代表取締役社長），稲垣暁（沖縄国際大学研究員），沖縄国際大学学生の参加が，次回の沖縄での開催につながっていく。

11）2021年10月現在，YouTube で見ることができる。https://www.youtube.com/watch?v=E7R4SD_hwfE

4 メディア環境の激変を迎えて

メディア環境が激変した。市民メディアが登場したての1990年代後半の頃は，映像制作のためのメディアは DV カメラが主流であった。今や撮影はスマートフォンやタブレット端末などを使い，映像配信はインターネット，SNS，YouTube，Instagram など，個人で自由に，いつでもどこでも発信することができる。

このようにメディア環境が激変し，個人での映像配信の自由度が大きく広がる。パブリックアクセスの観点からは，自分で撮影・編集した映像を不特定多数の人たちに見てもらうために，既存の放送メディアに依存する必要はなく，ある会場に集まってもらうという必要性もあまり感じなくなる。

2006年9月，横浜で開催された交流集会「市民メディアサミット '06」では，第1回での期待にふさわしく「パブリックアクセスの制度化を展望する」を議題にセッションが開かれている。そこではパブリックアクセスの歴史，世界の現状，日本での制度化の可能性や条件などをめぐってパネリストの間で熱い議論が交わされた。[12] しかし，上述したように，メディア環境の大きな変化を見れば，パブリックアクセスの制度化・法制化を求める気運も当然萎えていく。それでも市民の間でその権利を獲得しようとする運動が高まっていけば，状況も変わっていたかもしれない。しかし，その原動力となる市民メディア側の組織や力は，推進できるほど成熟してはいなかった。

では，こうした事態を迎えて，交流集会の展望をどのように図ることができるだろうか。市民メディアは，当初から多様性を重視し，社会的弱者・少数者として位置づけられる人たちの声に向き合ってきた。それは，メディアがいかに多種多様になろうとも，いかなるときでも，市民メディアが取り組むべき重要課題の一つである。地域のことは地域住民が一番よく知っている。同様に，かれらのことはかれら自身が一番よく知っている。一つの方策として，当事者にマイクの前に座ってもらい，日頃考えていることを自身の声で語ってもらう機会を増やすことが求められる。

---

12)「パブリック・アクセスの制度化を展望する」議事録（大意）を参照。

交流集会ですでにその事例をいくつか見ることができる。「メディフェスあだち北千住 2019」では，岐阜県美濃地域のコミュニティ放送「FM わっち」の放送番組「みんなのラジオ　てにておラジオ」の事例発表があった。そのコンセプトは，「当事者市民による放送」「発信・表現機会の少ない人たちのためのラジオ」「自由で独立した番組」であり，番組の多くは，心身にハンディキャップや障がいを持つ当事者や支援者，高齢者・女性・子どもたち，まちづくりに取り組む市民自身によって制作されている。

北海道札幌市に「ここリカ・プロダクション」がある。ここは精神障がい者が自分の視点を生かして企画，取材，制作した映像作品などを発信するメディア事業所である。2016年，沖縄で開催された交流集会の際に上映された映像作品「カメラを持って飛びだそう」は，参加者の間ですこぶる話題になった。事業所の3人が「外に出たい」という欲求にかられ，カメラを持って札幌の町へと飛び出す。ところが，これからがまるでドタバタ喜劇。ユーモアたっぷり。途中で若い女性も登場し，ストーリーに厚みを加えている。企画，脚本，撮影，編集等，すべてかれら自身で作成されている。ここリカ・プロダクションに勤務する障がい者は，確かな技術力や制作力を身につけてそれぞれが自立することをめざしている。

同じく障がい者からの発信の事例として，札幌市琴似に放送局を構えるコミュニティ FM「三角山放送局」を取り上げる[13]。第15回交流集会「メディフェス湘南ひらつか2017」では，小川明子（名古屋大学教員）をコーディネーターとして，「Nagoya ラジオカフェ」の出張分科会「ラジオで考える ALS，ALS から考えるラジオ」が開催された。このときの発表報告の一つが，三角山放送局制作番組「声を失ってもラジオを続けたい──ALS 患者のパーソナリティ　米沢和也さんの挑戦（15分版）」である。三角山放送局の開局以来のキャッチフレーズは，「いっしょに，ねっ！」。市民に開かれた局として特に力を込めたのは，障がい者や性的少数者の声をレギュラー番組で伝えることであった。その一つが，米沢和也がパーソナリティを務める番組

---

13) この分科会については，小川明子「ラジオで考える ALS，ALS から考えるラジオ」報告を参照。三角山放送局の取り組みについては，らむれす編『三角山放送局　読むラジオ──いっしょに，ねっ！ 開局20年のキセキ』亜璃西社，2019年を参照。

「ALSのたわごと」（1回目の放送は2015年6月27日で，毎月1回放送）である。米沢はALS患者であり，今や声を失っている。それでも聴取者は，番組で米沢の肉声を聞くことができる。三角山放送局は，「声を失ってもラジオを続けたい」という米沢の強い思いに応え，自分の声で意思が伝えられる「ボイスター」という装置を使って実現した。放送の際は，「ボイスター米沢さん」がおしゃべりし，彼の支援者と気心の知れた対話を繰り広げる。

　米沢は，患者としての思いや気づきなど，ありのままの自分を率直に語る。三角山放送局は，仲介者としてその声を地域に，全国に届ける。米沢の意志に応えて，聴取者や同じ病気に悩む患者を互いにつなげるコミュニケーションの場を提供するのである。小川は，次のように記している。

　「そうまでして米沢さんが伝えたいこと，やりたいこととは何なのか。そうまでして局が協力するのはなぜなのか。ALSというきわめて残酷な病を患う人びとのメディア発信には個人が個別にソーシャルメディアで発信するのとは異なる，まさに市民メディアの意義があるのではないか[14]」

　分科会では，視覚障がい者がキューを振動で理解するために局が制作した「ぶるぶるキュー」など，放送のための補助装置がいくつか紹介された。三角山放送局がいかに社会的弱者・少数者に寄り添って番組づくりに取り組んでいるか，そしてまたパーソナリティの多様性を重視しているかがよくわかる。

　これまで社会的弱者・少数者の声を伝えるメディアの実践例を示した。しかし，全国的にはこうしたメディアはまだ少数派である。#MeToo運動，ピンクリボン運動など，自由に声を上げる機会を奪われてきた人たちが少しずつ自分たちで声を上げはじめている。その活躍が今後，市民メディアの存在価値を高めることは間違いない。またいっそうそれを推進するためにも，交流集会に集うことを切望してやまない。

14）小川，前掲報告参照。

5　おわりに

　交流集会は，市民メディアと同様に，自主性を重んじてきた。開催を希望する地域や人たちが手を挙げ，内容はかれら自身で決めてきた。それゆえ，毎年定例的に開催することが決まっているわけではなく，日程も開催地の都合で決められる。「市民メディア全国交流協議会・規約」（2008年9月14日改訂）はあるが，厳格に履行されているわけではない。固定的な事務組織もない。開催のための資金もない。基本的には自己資金と参加費で賄われる。

　それでいて，20年近く続いている。開催を願う人がきっと潜在的に多くいるからだろう。オープン参加でミーティングを開けば，これまで中心的に取り組んできたメンバーが集まる。しかし，より重要な要因は，各地で多種多様に展開されている市民メディアの使命や役割が，この間ずっと必要と思われてきたことではないか。その必要性は，これまでの事例やコメント等で十分納得できるに違いない。「メディフェス湘南ひらつか2017」の閉会セレモニーの際に，ある学生が「交流集会は続けてほしい」と発言した。この声にぜひとも応えていかなければならない。

第7章

コロナ禍に生まれた共感メディア
──「みらクル TV」の問いかけるもの

兼古勝史

　コロナ禍のなかで，急速に普及し，職場や学校，家庭などで用いられるようになったツールに「Web 会議」ツールがある。Microsoft Teams，Cisco Webex Meetings，Google Meet，Zoom など様々なオンラインコミュニケーションツールが無料あるいは有料で提供され，テレワークやオンライン授業，講演やシンポジウムといったオフィシャルな用途から，友人・知人との会話や「Zoom 飲み」といわれる飲み会などプライベートな場まで，多彩な目的で使用された。対面での対話やリアルな空間での集会を制限せざるをえないパンデミック状況下にあって，こうしたツールが人と人をつなぐ仲立ちとなり，集いの場として重要な役割を果たしたことは，興味深いことであった。

　ところで「Web 会議」「オンラインミーティング」という言葉に象徴されるように，こうしたツールはほとんどの場合，クローズドのグループや，イベントなど限定された機会への参加ツールとして想定されていたわけだが，このツールを不特定多数への発信＝放送として用いた事例も生まれた。本章では，そうした事例のなかから，市民メディアとしてその開局からしばしば新聞等のメディア[1]に紹介され，現在も継続している「みらクル TV」について紹介したい。

1）これまで（2021 年 8 月末現在）に，「神奈川新聞」（2020 年 4 月 19 日，9 月 1 日，2021 年 8 月 27 日），「毎日新聞」（2020 年 9 月 5 日），「西日本新聞」（2021 年 7 月 30 日），「信濃毎日新聞」（2021 年 8 月 19 日）などで報道されている。

1 緊急事態宣言下での開局

　2020年4月7日，新型コロナウイルス感染拡大にともなう"緊急事態宣言"が首都圏を含む7都府県に出された。未知の感染症への恐れ，わが国初の緊急事態宣言を受けての緊張感は，今から振り返れば，やや過剰とも思われる反応を人々にもたらした。静まり返った繁華街，ガラ空きの電車，子どもたちのいない学校，街の風景は一変し，人々は言い知れぬ不安とストレスを抱えたまま，巣ごもり生活を余儀なくされていた。こうした状況下でみらクルTVは開局した。

　4月11日午後2時。約2時間に及ぶ開局特番の冒頭[2]，みらクルTVの木谷正道代表は「孤立と孤独は何よりもつらく寂しいものです」と語りかけ，コロナ禍にあって「親密に互いに希望を持ってつながり合うことができないだろうかと考え，（中略）双方向のオンラインみらクルTVを開局することとしました」と開局を宣言した。番組編成部長の原香織が「自粛のなかでもより充実した日々を過ごせるように（中略）（みらクルTVは）出演者と視聴者が身近な感覚で楽しむことができるオンラインテレビ局です」と発足の趣旨を説明。続いて元宮城県知事・浅野史郎の司会によるフォーラム「みらクルTVに期待すること」へと進み，後半は全盲のヴァイオリニスト・和太鼓奏者・シンガーソングライターらによる各地からのリレーコンサートがおこなわれた。メインプログラム終了後も放送は続き，番組出演者や視聴者の間で分割画面越しに井戸端会議風の自由なコミュニケーションが展開された。

　みらクルTVがネット放送のツールとして活用しているのは，パソコン・スマホ用のWebテレビ会議システムのZoom。新型コロナウイルス感染の拡大で一気に広まったアプリケーションの一つだ。テレビ会議用のいわば"クローズド"のアプリを，URL，ID，パスワードを公開し，視聴者参加型の開かれたツールとして用いたところに，みらクルTVの斬新さがある。番組はみらクルTVのホームページで告知され，誰でも参加して視聴することができる。各番組は録画され，生配信後に動画投稿サイトのYouTubeにア

2）みらクルTV番組「―コロナに負けない―開局特番」（2020年4月11日）https://youtu.be/IBiqYA
　6KaPk

ーカイブされることで，より多くの
人々に届く。興味深いのは，テレビ
会議アプリというメディアの特性上，
視聴者がモニターの向こう側にいる
単なる受け手ではなく，自身が番組
のなかに参加する（いわばスタジオ参
加者的な）位置づけになることであ
る。視聴者はいわば，番組の司会進
行によって「いじられる」人であり，
質問や意見，時には作品発表など，
主体的なリアクションを期待される
人である。視聴者もコンテンツの不
可欠な要素としているところが，み
らクル TV の特徴である。

2020年4月11日　みらクル TV「開局特番」
タイトル画面（上）と番組の様子（下）

2　多彩なつながりが多様なジャンルへ

　WHO（世界保健機関）がパンデミック宣言を出した2020年3月上旬，知人
の紹介で Zoom を使った囲碁対局のデモ映像を観た復興支援団体代表，
NPO 等役員の木谷正道は「これはすごい！」とその可能性に驚愕し，「これ
は巣ごもり状態のなかの主要なメディアになる」と直感した。同時に「巣ごも
りが終わった後も社会の中心的なメディアになる」と考えたという。

　木谷は防災・震災復興関係のエキスパートだ。1995年，東京都職員研修
所調査研究室長のときに起きた阪神・淡路大震災に衝撃を受け，防災をライ
フワークにした。その後，新宿西清掃事務所長（早稲田いのちのまちづくり），
産業政策担当部長，IT 推進室長など，東京都の政策・企画畑職員として仕
事をしてきた。こうした経験から「災害時において情報爆発などの混乱を回
避するためには，平時から信頼できる人のつながりを確保することが重要」
と考え，特定非営利活動法人東京いのちのポータルサイト，暮らしと耐震協

議会など，様々な防災団体・NPO活動等に取り組んだ。2007年に都庁を早期退職，東日本大震災後は南三陸や大船渡など東北の復興支援に関わりつづけてきた。この間に音楽活動も開始，2008年，自身がリーダーとなる音楽グループ「心の唄バンド」を結成，本格的なコンサート活動を開始した。関東大震災90年の

みらクルTV代表の木谷正道

節目の2013年から始まった「首都防災ウィーク」では事務局長を務め，同イベントは「防災関連では最も大きな民間イベント」と呼ばれるまでに成長した。木谷の父親は20世紀を代表する囲碁の名棋士・故木谷實九段であり，木谷自身も囲碁界と深いつながりを持ってきた。2014年には，復興支援の一環として，大船渡市の「碁石海岸」という地名にちなんだ「碁石海岸で囲碁まつり」（囲碁のまち大船渡）を企画し，実行委員会代表として，2019年まで6回の囲碁まつりを開催した。「防災」「被災地支援」などの社会課題を縦糸に，心をつなぐ「音楽」や「囲碁」を横糸として，その活動が織りなされてきた。こうした取り組みを通してつながった，防災，障がい福祉，音楽，囲碁など多分野の人たちが，木谷らの呼びかけに応えてそれぞれの発信を担うことで，みらクルTVの発足へとつながった。多彩な人脈はそのまま多様な番組ジャンルに反映されている。

「みらクルTV」という名称は関係者の公募で決定した。「"みらい"が"来る"」と「"みらい"を"クルっ"と包み込む」「多様なジャンルも包み込む」の意味をかけ合わせた名称だという。

3　コロナ後の世界を見据えて

開局して見えてきたのは「このメディアの予想を超えたパワーだった」と木谷はいう。これまでのストリーミング放送や動画投稿サイトに比べて，ハードルが低く（アプリをダウンロードしなくてもデバイスとネット環境さえあれば参

	6月16日 火	6月17日 水	6月18日 木	6月19日 金	6月20日 土	6月21日 日	
08:00		朝の体操	朝の体操		朝の体操		08:00
08:30		朝の音楽	朝の音楽		朝の音楽		08:30
09:00							09:00
09:30							09:30
10:00			(隔週)時明かり〜片岡亮太の和太鼓の世界		(隔週)手話、その魅力ある言葉 佐野和子		10:00
10:30							10:30
11:00			口腔体操	(隔週)調布ドリームの闘い(吉岡千鶴子)	口腔体操		11:00
11:30							11:30
12:00 12:30							12:00 12:30
13:30					竹ちゃんウーマンに叱られる竹DS		13:30
14:00	(部内利用)						14:00
14:30					トークと弾き語り(大石亜矢子)		14:30
15:00							15:00
15:30							15:30
16:00					一句多会 藤村望洋		16:00
16:30							16:30
17:00 18:00							17:00 18:00
19:30	今日の日記 & Amazing Grace		視覚障がい者への囲碁入門講座(柿島光晴)			(隔週)今、障がい福祉を考える(浅野史郎氏(神奈川大学特別招聘教授))	19:30
20:00							20:00
20:30			Amazing Grace				20:30
21:00 21:30							21:00 21:30

みらクルTV「週間番組表」(2020年6月16日(火)〜21日(日))(「みらクルTV」HPより)

加可能),誰でも参加でき,ほぼ無料か廉価で運営できること,何より,双方向で互いの顔を見合い,互いの声を聞きながら,出演者と視聴者がその場で自由にコミュニケーションできる効果は,既存のテレビ放送やネット放送にはなかったことだ。「共感の地をつくるという意味で大きな可能性のあるメディアだと思います」「コロナは大変な厄災ですが,われわれがリアルにものを考える機会を取り戻すことができたという意味で,再生に向けての大きな一歩になると考えています。現在の状況が収束した後,情報の流れが変わり,人と人のつながり方も変わり,社会が変わる,そのとき,このメディアは私たちが既存の壁を越え新たなフェーズに進むきっかけになるのではないでしょうか」と開局後の取材で語ってくれた。[3]

---

3) 兼古勝史「地域メディア最前線 Vol. 99〜コロナに負けない〜みらクルTV(前)」『B-maga』第19巻第6号,2020年,65ページ。

4　一人ひとりの人生がコンテンツ

　ここで，みらクルTVの多彩なレギュラー番組とそれを担う人々を紹介したい。

4-1　「首都直下地震──一人ひとりの準備を急げ」（中林一樹／東京都立大学名誉教授／都市防災学・災害復興学）

　来るべき首都直下地震などへの備えを考え議論する相互ディスカッション番組シリーズ。月2回，夜7時半から9時半までの2時間番組である。番組主催者の中林一樹（東京都立大学名誉教授）は首都直下地震対策の専門家。みらクルTV木谷代表とは阪神・淡路大震災をきっかけにともに防災問題に取り組んできた盟友で，当時都庁職員として防災問題に携わっていた木谷に防災・災害復興の専門家として出会い，その後ともにNPO東京いのちのポータルサイト，首都防災ウィークといった防災関連の団体やイベントを立ち上げることになった。「日常と被災をシームレスにつなげて考え議論する」重要性，コロナのなかで自然災害が起きる「複合災害への備え」など，一人ひとりが自分事として防災を考える番組を企画している。

　番組では，毎回，「複合災害」「コロナ禍での避難」「障がい者の避難」「インクルーシブ防災」「復興まちづくり」「事前復興」など，防災において重要となる課題を切り口に，中林が講義をしつつ参加者と質疑応答をしながら深めていく。

　「顔が見える関係がつくれるみらクルTVは，一方通行のマスコミュニケーションではなくスモールコミュニケーション。放送とは違い誰でも入れて皆で議論するテレビ。フェイス・トゥ・フェイスで，市民の真剣な対話ができる[4]」と既存メディアとの違いを語る。

中林一樹

4）兼古勝史「地域メディア最前線 Vol. 100〜一人ひとりの人生がコンテンツ〜みらクルTV（中）」『B-maga』第19巻第7号，2020年，31ページ。

番組に参加する視聴者も，時に地域防災の専門家や，行政の担当者，災害要支援の当事者であり，本質的な議論が展開され，さながらシンポジウムの様相を呈する。開局から1年半のなかで，首都防災ウィークの企画打ち合わせ番組も含め延べ28回の番組が配信されている。[5]

4-2 「今，障害福祉を考える」(浅野史郎／元宮城県知事)

障がい福祉について，番組主催者の浅野史郎が，これまでの福祉人生で出会った障がい者や支援団体関係者，現場の実践者等を毎回招き，その個人史を紐解きながら，当事者体験を語ってもらい，地域や社会の課題を考える対談番組。毎月第1第3土曜日の夜7時30分から9時30分に配信。

浅野は元宮城県知事。障がい福祉，地方自治の専門家として知られ，地上波テレビのコメンテーターとしてもおなじみの著名人だ。

2020年3月，旧知の木谷代表からみらクルTVへの参加を呼びかけられたとき，新しいメディアで自分の番組を持つことと，その双方向性に興味を感じ引き受けた。これまで登壇した数多くの講演会や講義は，一方向的に発信するスタイルが多かったが，双方向性を生かして番組を構成できることが魅力だったという。番組ゲストの多くは浅野がこれまで福祉の現場で出会った障がい福祉関係の知人たちだ。コロナ禍でリアルに会えないなか，自分の人生で出会った素敵な人たちとみらクルTVで再会し旧交を温める，こうした番組スタイルを「この場を借りた同窓会のようだ」と振り返る。視聴者数は後日の視聴も含めると毎回数百人規模になる。みらクルTVの人気番組だ。

なかでも，筆者が視聴し強く印象に残っているのが，2020年6〜7月にかけて配信された，高齢者・障がい者支援の社会福祉法人理事の西田良枝と，その長女の江里がゲスト出演した回だ。[6] 代謝異常で脳に重い障がいを持って生まれた江里。娘が重度の障がいを持つと知ったときの，親としての絶望と

---

5) 番組例：みらクルTV「迫り来る首都直下地震〜一人ひとりの準備を急げ！(第14回)」(2020年11月28日) https://youtu.be/eNJT1YhCnE4

6) 番組例：みらクルTV「いま障害福祉を考える」(2020年6月21日，7月5日) https://youtu.be/pD-fcHaT6vD8, https://youtu.be/MR65HBJDdd0

112　　第Ⅱ部　地域からの情報発信と交流の場づくり

ショック。健常者の子どもと同じように育て，普通の人生を歩ませようと決意し，地域の公立の普通の幼稚園，小中学校へ通わせた家族や本人が遭遇する偏見や無理解などの困難と，健常者とともに普通の学校生活を送ることで得られた豊かな経験，

浅野史郎

江里の存在がクラスの輪の中心になっていったことなど。ヘルパーの介助のもと「指談」で言葉を紡ぐ江里。当事者だからこそ語れる話題に引き込まれ，あっという間に 2 時間が過ぎていく。誰もが地域でともに生きられることの意味と，それを支える場やリソースに

番組中「指談」で発言する西田江里

ついて，深く考えさせられる番組だった。

　みらクル TV の良さは，障がい福祉に関心のある専門家だけでなく「多様な興味を持つ人々が参加し視聴していること」，「福祉の現場や障がいの当事者が自分の日常の場所で無理なくゲストとして参加」でき，「視聴者の反応や意見がダイレクトに返ってくることで，ゲストにとっても得るものが多いこと」だと浅野。最初は誘われて責任を果たすための「義務ベース」で始めたというが，番組を続けているうちに楽しさと意義が毎回深まり，今では「みらクル TV に出るのは私の権利だ」と「権利ベース」へと意識が変わってきていると話す。[7)]

---

7) 兼古，前掲「地域メディア最前線 Vol. 100」，31ページ。

4-3 「大石亜矢子トーク＆ライブ」（大石亜矢子／シンガーソング ライター）

　シンガーソングライターの大石亜矢子が毎週送る弾き語りとトークの番組。全盲の大石がピアノ（キーボード）の前に座って語りを交えながら，自身のオリジナル曲やカバー曲を歌う。後半では，毎回参加者の誰かと Zoom で対話をしながら，その人を表現するオリジナル曲を即興で創作して披露する。彼女の優しく澄んだ歌声と即興の弾き歌いが魅力的な番組である[8]。

　番組主催者の大石は，未熟児網膜症で生後まもなく失明。5 歳からピアノを習いはじめ，子どもの頃から即興で思いついたものを歌い，いつもテープに録音して遊んでいたという。筑波大学附属盲学校（現・筑波大学附属視覚特別支援学校）小学部 4 年生のとき，盲目のアーティスト，スティーヴィー・ワンダーを知り夢中になる。歌の道に進み，音楽大学を卒業後，地元静岡県沼津市でのコンサートを皮切りに音楽活動をスタートさせた。音楽ホールでのリサイタルのほか，学校や施設など，多いときには年間60回以上の演奏会をこなしてきたという。

　また2001年頃から，視覚障がい者が案内役となって暗闇のなか参加者が対話するダイアログ・イン・ザ・ダークのアテンドを務めるようになり，対話やコミュニケーションの大切さを学んだ。そこでの縁がきっかけで，2020年 3 月，みらクル TV に参加することになった。

　番組は約 1 時間。リサイタルとは違い「自宅に遊びにきてもらってお話するような，リラックスしたゆるい雰囲気にしたい」と考えたという。始まってみると，毎回新しい曲やリクエスト曲を翌週までに練習して人前で歌えるようにするのは大変で，オリジナル曲創りもやろうとすると 1 週間がすぐに経ってしまう。初めのうちこそ意気込んでがんばっていたが，これでは身が持たないと感じた。そんなときにひらめいたのが，子どもの頃いつも遊んでいた即興の歌づくりだった。2020年 5 月からは，毎回参加者の誰かと対話し，その人のためのオリジナルソングを即興で創作して歌うコーナーを

8）番組例：みらクル TV「大石亜矢子トーク＆ライブ」（2021年 9 月25日）　https://youtu.be/3yTX_SB GWho

取り入れた。誰が応じてくれるか，どのような曲になるか，ドキドキしながら実践しているという。

大石亜矢子

　みらクル TV は「ヘッドフォンを通して異空間と自分の空間がつながっている不思議な感覚」と大石。「リアルでコンサートをしているときは，聴衆の熱や息づかい，拍手など，生ならではの雰囲気が伝わってくるけれど，Zoom はそういうところは薄い。でも実は皆すぐ近くにいてくれる。時々（参加者の）ミュートが解除されたままになっていて，背景のテレビの音や家族の声，様々な音が聞こえてくるのも，生活感があり，お茶の間とお茶の間をつないでいる不思議な温かさを感じる」と話す。海外から番組を視聴してくれる人もいる。パンデミックで世界が国境を閉ざし，人と人の出会いが制限されるなかで，プライベート空間とプライベート空間を直につなぐ「どこでもドア」「通り抜けフープ」のようなみらクル TV は，まさに「奇跡のテレビ」のようだという。そして「番組で出会った人たちとのリアルなライブをいつかやりたい」「双方向の画面で続けている即興の歌づくりを，ぜひリアルな会場でもやってみたい」と抱負を話す。みらクル TV で体験したオンラインの「当たり前」が，リアルな「当たり前」を変えていく。そんな力を大石さんは感じている。「互いに無関心，無反応であることを求められるような現代。コロナでさらに人と人との関係が薄くなったことで，逆に今，人とつながりたい，誰かに会いたい！　という気持ちが皆の心のなかに湧いてきている。コロナ禍以前には当たり前だったことのありがたみをひしひしと感じています」と大石。「互いの生活音やプライベートのだだ漏れは大目に見つつ，視聴者同士がコミュニケーションするみらクル TV は，昭和のご近所付き合いに似ている」という。それは新しいテクノロジーでありながら，古い感覚を呼び起こさせる。低精細度だが視聴者の参与性の高いクールなメディアなのだ。

4-4 「視覚障がい者への囲碁入門」（柿島光晴／日本視覚障害者囲碁協会代表理事）

　視覚障がい者用碁盤「アイゴ」を用いて，見える人も見えない人もともに参加できる囲碁の入門番組。毎週 1 回 1 時間，全盲のアマチュア棋士・柿島光晴が主催する。

　「自分の番組を持つことが夢だった[9)]」という柿島。高校卒業後，家業を継ぐべく調理師の学校で勉強をしていたが，進行性の眼の病で視力が低下し，調理の道をあきらめなければならなかった。23歳で盲学校に入学し，点字の読み方，白杖（はくじょう）の使い方，音楽などを学ぶ。卒業の頃，偶然テレビで放映されていたアニメ番組「ヒカルの碁」で棋士の世界の魅力を知り，囲碁に没頭した。視覚障がい者でも打てる碁盤を入手，地元の碁会所を回りながら囲碁を習った。当時から盲人用囲碁セットと呼ばれるものはあったが，重くて不便なうえ，碁石を穴に差し込むなど通常の碁盤とはやや異なることもあって，対局相手が見つからないこともしばしばだったという。

　ターニングポイントとなったのは，NPO 法人日本福祉囲碁協会との出会いだった。日本福祉囲碁協会は，現役世代を引退した囲碁好きの人々が中心となって，碁会所に通えない身体の不自由な人々等のために，高齢者施設に棋士を派遣したり，自宅に赴いて囲碁の対戦相手をしたりするボランティア団体だ。当初は一利用者として参加していた柿島だが，やがて自身もボランティアとして所属し囲碁を教えるようになった。そうした活動のなかで，2011年，福祉囲碁のイベントで，後にみらクル TV の代表となる木谷正道に出会う。

　2013年，金型メーカーの助力もあり，より使いやすい視覚障がい者用碁盤「アイゴ」を改良・復刻し販売を開始した。アイゴは，碁盤の縦横の線が立体的に浮かび上がった構造で，裏に溝が刻まれた碁石をその交点にはめ込むことによって，通常の碁盤に近い形で視覚障がい者も囲碁ができるものだ。約30年前に考案されたのち，忘れ去られていたが，朽（く）ちて錆（さ）びていた当時

---

9) みらクル TV 番組 開局 3 か月特番／第 8 回首都防災ウィーク・プレイベント「みらクル TV の可能性 ～僕たちはどこから来て，どこに行くのか？」（2020年 7 月19日）　https://youtu.be/GethNf79sBw

の金型を再生し，柿島が商品化した。視覚障がい者と晴眼者がともに対局できる優れた碁盤だった。

2015年，一般社団法人日本視覚障害者囲碁協会を木谷の協力で立ち上げた柿島は，その後も視覚障がい者への囲碁の普及に尽力している。

柿島光晴

2020年3月，みらクルTVの立ち上げに参加。コロナ禍により学校への囲碁普及など対外的な活動ができなくなっていた柿島は，オンラインで囲碁ができる特性に飛びついた。囲碁のおもしろさをすべての人に伝えたい。「見える人も見えない人もともに楽しめ，囲碁がわからない人が観てもおもしろい」，それが番組コンセプトだった。

視覚障がい者用碁盤「アイゴ」（9路盤）

番組では，柿島のほかに2人のアシスタント（視覚障がい者と晴眼者）が参加し，フリートークの後，ゲストと柿島がアイゴを用いて囲碁対局する。ゲストは柿島がこれまでの18年間の囲碁人生のなかで出会った友人・知人たち，初心者からセミプロまで，その棋力に応じた多様な対局が展開される。「9路盤」というミニ碁盤（正規は19路盤）を用いているため，数十分程度で決着がつく。互いに碁石を打つ際には，その位置を座標軸で読み上げることで，Zoom画面に共有表示されているデジタルアプリの碁盤に両者の碁石が表示されていく。アシスタントは画面やアプリの操作の他，時に解説者の役割も担い，現状の形勢や双方の手を初心者や視覚障がい者にもわかりやすく解説する。おもしろいのは，クイズ番組をイメージした独自のヒントや視聴者参加のコーナーなどがあることだ。対戦者が打つ手に悩んだとき，解説のアシスタントに，次の一手を2択で示してもらう「フィフティ・フィフティ」，Zoom上の視聴者に「次の一手」を聞く「オーディエンス」，視聴者が

次の着手を予想するコーナーなど，既存の囲碁番組にはない演出が散りばめられ，エンターテイメント性を高めている[10]。

みらクル TV の魅力について，柿島は「誰でも番組ができること」と「アーカイブが残ること」だという。「これまでの番組すべてが YouTube で見られるということが，僕自身の記録としても，これから囲碁を始める視覚障がい者が番組の数だけ学びを得られるという意味でも，すごく大きいことだと感じています」「僕がいなくなっても，みらクル TV のチャンネルがあるかぎり，誰かが僕の意見や声をネットで見てくれる。その意味でみらクル TV は僕にとって"未来への遺産"なのです」と語る。

4-5 「竹ちゃんウーマンに叱られる」（竹 DS ／心の唄バンド, Deaf Singer）

毎月 2 回，隔週土曜日に配信されるトークと手話唄の番組。音楽グループ「心の唄バンド」で手話唄を担当している竹 DS が司会進行。DS とは Deaf Singer（聴覚障がい者の歌手）の略だ。竹 DS は話すことはできるが，耳が聞こえない。手話通訳のできる人が番組に参加し，視聴者の発言を手話通訳するほか，竹 DS も対話相手の口や表情，身ぶり手ぶりを見て言葉を理解する。チャットや UD トーク（会話を字幕変換するユニバーサルデザインアプリ）を活用してのコミュニケーションも重要だ。そのため視聴者が発言する際は，竹 DS が聴覚障がい者であることを常に意識しつつ，アイコンタクトを取りながらゆっくりはっきり話す必要がある。うっかり Zoom のビデオをオフにしていたり，早口で発言したりしてしまうと，竹 DS に叱られる。それが番組タイトルの由来だ。番組には時に視覚障がい者も参加し，互いに声と身ぶりと手話通訳，文字入力等を駆使して対話する。多様な立場の人同士で情報のキャッチボールをおこなうコミュニケーション実験番組でもある[11]。

---

10) 番組例：みらクル TV「視覚障がい者への囲碁入門講座（第63回）」（2021年 8 月19日） https://youtu.be/LNLrT3nkEaw
11) 番組例：みらクル TV「竹ちゃんウーマンに叱られる」（2021年 2 月13日） https://youtu.be/uEkIctGAZ2c

竹DSは，フォークソングが好きで，高校時代にはバドミントン部副部長として，東京都の地区ブロックで団体戦優勝経験もある少女だったが，幼少の頃から病弱で，度重なる耳の疾病のため徐々に聴力を失っていった。歌詞が字幕で表示されるテレビの歌番組が楽しみだったという。皆と歌いたいという気持ちから，中学生の頃に聴力回復手術を受けるが失敗，後遺症が残り，笑わない子どもになってしまう。思春期には孤立を深め登校拒否になったこともある。大人になる頃には完全に失聴していた。23歳のとき商社へ転職したことがきっかけで聴覚障がいの仲間と出会い，人生で初めてコミュニケーションツールとしての手話の楽しさに触れ，世界が広がり前向きに生きられるようになったという。

ステージで手話歌を演じる竹DS
（撮影：岡本博）

2000年頃から社会貢献活動として，手話唄による音楽活動を開始。2007年から木谷の音楽活動に参加し，やがて「心の唄バンド」として，被災地訪問や防災関連でのコンサートをおこなう。2011年，東日本大震災後の南三陸をメンバーとともに訪問し，あまりの光景に絶句。以来，心のケアと防災が大きなテーマとなった。

2020年，みらクルTVの開設にあたり，「これまで日常的に聴覚障がい者に出会ったり，会話したりすることのなかった多くの皆さんにとって，聴覚障がいについて考えてもらう機会になれば」と参加を決意した。

1年半番組を続けてきて，これまでのテレビ放送などの一方向メディアが見落としてきた様々な課題に気がついた，と竹DSはいう。たとえば，手話通訳の問題。字幕があれば手話は必要ないと思われているが，手話をコミュニケーションツールとしてきた聴覚障がい者にとっては手話こそが母語であり，いわば第1言語が手話で，第2言語が音声言語（読み書き）なのだという。そして手話には，書き言葉や話し言葉の語順や文法に則して手話に変

換する「日本語対応手話（音声言語対応手話）」（聴者が，中途失聴者などに向けて日本語を逐次手話に翻訳するもの）と，語順や文法よりも意味を重視した「日本手話」（主として先天性のろう者どうしが音声を介さず意思疎通するために用いるもの）があり，併用されている。日本語対応手話は変換にタイムラグが生じるが，日本手話は伝達にスピード感があり，ほぼリアルタイムでコミュニケーションできる。2021年夏の東京オリンピックで，開会式に手話通訳がつかず，一般社団法人全日本ろうあ連盟から要請を受けて閉会式では日本語対応手話[13]とろう者による日本手話の両方の通訳がついたのは，そのような事情である。この他，口元の読める透明マスクの普及や，より精度の高い字幕変換アプリの開発，これらすべての基本となる「手話言語条例法」の制定など，聴覚障がい者の立場から伝えたいことは山ほどあるという[14]。今後も番組を通じて聴覚障がい者についての理解を広めていきたいと話す。

4-6 「朝の体操」（原香織＆MIKUMI）

朝8時30分より30分間放送する体操番組。みらクルTV番組編成部長で，ほぼすべての番組のホスト役も務める原香織（元アスリート／重度訪問介護従業者）と長女のMIKUMI（未来美，都立特別支援学校高等部2年＝2021年10月現在）が担当する。

開局当初は，もう一つの番組「口腔（こうくう）体操」と合わせて，毎日朝と昼に放送していた。現在は週に一度日曜日の放送だ。番組は，朝のラジオ体操から始まる。参加者同士がZoomの分割画面越しに互いに声をかけ合いあいさつする様子が，リアルなラジオ体操会場のようで温かい。ラジオ体操の後，手足の運動や，タオルを使った全身運動，ボールを使った運動，手話による体操などが香織とMIKUMI母子の絶妙なコンビネーションで繰り広げられる。

---

12) 「ろう者とは……耳がきこえない人々のうち，主に手話言語でコミュニケーションをとって日常生活を送る人々のこと」と定義される（一般財団法人全日本ろうあ連盟「手話言語法の制定へ！〜手話言語でGo3！〜」2020年，2ページ）。
chrome-extension://efaidnbmnnnibpcajpcglclefindmkaj/viewer.html?pdfurl=https%3A%2F%2Fwww.jfd.or.jp%2Finfo%2Fmisc%2Fsgh%2F20200124-sgh-shuwadego3.pdf&clen=2161472&chunk=true
13) 一般社団法人全日本ろうあ連盟ウェブサイト　https://www.jfd.or.jp/2021/07/22/pid22254
14) 脚注9に同じ。

元陸上競技アスリートの香織のバランス感覚抜群の動きと，ダウン症である MIKUMI の躍動感あふれる演技がみごとだ。[15]体操終了後の参加者同士の雑談もまた，リアルな会場の光景のようで微笑ましい。毎回の参加者は比

原香織（右）と長女の MIKUMI

較的固定メンバーが多いが，日によってはいきなり知らない外国の人が参加することもある。そこがまたみらクル TV のおもしろいところでもある。

番組主催者の原香織は，中学・高校時代と陸上部で活躍，インターハイに出場し，高校 1 年のときには短距離走で東京都のトップレベルの選手だっ

みらクル TV でホスト役を務める原香織

た。その後，膝の怪我で手術・入院という挫折を経験するが，周囲やトレーナーに助けられ，高校 3 年のときにふたたびインターハイに復活，この経験がその後の生き方に大きな影響を与えたという。自らも人に助けられた経験から，障がい福祉に関心を持ち，2016年高齢者向け介護の初任者研修を受け，さらに障がい者などを介助する重度訪問介護従事者の資格を取得。現在は週 2 回介護の現場で仕事をしながら，障がい者避難のマニュアルづくりや，介護の世界をより魅力的に伝える広報活動などの業務に携わる。木谷とは防災関連の父親の仕事を通して知り合った。

2020年 3 月，みらクル TV の立ち上げに参加，持ち前のパワーとコミュニケーション力を買われて番組編成部長となる。「みらクル TV」という名

15）番組例：みらクル TV「朝の体操」(2021年10月 3 日)

称の発案者は原香織だ。そこには MIKUMI への想いも込められている。[16] 1年半ともに続けてきて，番組が MIKUMI の自信にもつながっていることを感じている。学校では体操のリーダーを務めるようになり，みらクル TV でつながった縁で，演劇の舞台公演にも出演することになった。娘の世界が広がっていく様子を日々実感しているという。

　みらクル TV を始めて「生活が一変」したという原香織。その魅力について「自分の予想を超えたつながりが生まれ，これまでの人生では出会わなかった人たちに出会い，知らない世界を体験できる」こと，「互いに顔を合わせながら気軽に対話できる関係性が，学びを深め自分のステージも高めてくれる」ことだという。その先につながる人間の幅も広く，「ここにはすべてが詰まっていて魅力的」[17]，「可能性が満ちあふれたメディア」だと語る。

　この他，俳句やピアノ演奏，和太鼓の番組，全盲のヴァイオリニストが主催しゲストがライフヒストリーを語る番組，高次脳機能障がいの当事者と家族が出演する番組など，みらクル TV の内容は多岐にわたる。

　開局以来，みらクル TV では，首都防災ウィーク実行委員会（中林一樹実行委員長）と連携し，期間中に特番を配信してきた。[18] コロナ禍で対面での集会が制限されるなか，2021年度は，8月28日から9月5日までの9日間，みらクル TV の全時間を「首都防災ウィーク特番」[19] として編成し，連続でイベントの発信と交流を展開した。開会から閉会まで，「首都防災ウィーク9年の歩みと見所」，「防災復興座談会」，「防災フォーラム」，鎮魂と祈りの「首都復興音楽祭」など，様々な番組が配信され，Zoom 定員枠の300人を超える参加者があった。従来の対面イベントの規模を大きく超える発信と交流を実現したことは特筆すべきことであった。

　こうした番組や活動が，基本的にはすべて無償のボランティアベースでお

16）脚注4に同じ。

17）脚注4に同じ。

18）兼古勝史「地域メディア最前線 Vol.101〜インクルーシブな共感メディア〜みらクル TV（後）」『B-maga』第19巻第8号，2020年，49ページ。

19）みらクル TV ウェブサイト〜第9回首都防災ウィーク　特番　番組表（予定）＆チラシ　https://miracletv.site/?p=10957

こなわれている。「みらクル TV の魅力は，様々な分野，多様な人々の活動が相互に連環しつつインテグレート（統合）されて TV として結実していること」だと副代表の杉浦登はいう[20]。そして「メディアの効果は，（視聴率や視聴数ではなく）どれだけ深い共感を得られるかです」と木谷代表。各番組は，それぞれの番組担当者が歩んできた人生そのものがコンテンツになっているともいえ，そこには作り物ではない共感がある。それが「みらクル TV」の魅力と可能性なのだ。

5　みらクル TV とは何か

5-1　みらクル TV の問いかけるもの

　これまで見てきたように，みらクル TV の各番組は，担当者一人ひとりの個人史が結実したものであり，内容の独自性，当事者性，メッセージ性において眩い光を放っている。画質や音質，演出といった要素は，各番組が持つ圧倒的な説得力の前では背景へと霞んでいく。こうした番組のありようは，私たちに「コンテンツのクオリティとは何か」を問いかけてくる。

　また，視聴者数は総じて決して多いとはいえないが，番組はあたかも良質な書物に出会ったかのように，観る者の共感を呼び起こし，価値観を揺さぶる。対面・双方向を前提とした番組づくりが，共感の素地を増幅させている。メディアの効果を測る目安として，視聴率や視聴回数だけではなく「共感の深さ」という軸があることを私たちに教えてくれる。

　番組主催者，参加者には，様々な年代，立場，個性の人々がいるが，そのなかに視覚障がいや聴覚障がい，重度の身体障がい，あるいは高次脳機能に障がいを持つ人々やその家族の参加を，特別な枠組みや位置づけではなく，自明のこととしている。言葉の真の意味においてインクルーシブなメディアだといえる。

20）脚注 9 に同じ。

そして，きわめてパーソナルな番組の集まりであるにもかかわらず，全体としては，ある種の公共性を有しているように見える。それは私たちが生きるこの社会を，より生きやすく安心な社会，あらゆる立場の人々が生きるにふさわしい社会にしたいという想いに支えられた公共性である。多様なジャンルにわたりながら，単なる趣味百科的あるいはカルチャーセンター的なあり方と一線を画しているのは，このメディアがこうした参加者の想いをベースにした，いわば市民的公共圏として成立しているからであろう。

5-2　みらクル TV はどこへ向かうのか

　最後にみらクル TV の課題を検討したい。みらクル TV の活動は，すべてが参加者一人ひとりのボランタリーな意志と取り組みによって運営されており，行政も企業も介在しない。運営経費は基本的には Web 会議アプリの利用料だけだ。このような形で 1 年半以上にわたり，コンスタントに質の高い番組が維持されていることは注目に値する。一方で，これまで多くの市民メディアがそうであったように，立ち上げのときの盛り上がりや意欲というものは無限に続くものではない。番組のホスト役，録画と動画投稿サイトへの投稿，ホームページの維持更新，番組表の更新，メーリングリストの管理運用など，スタッフに相当の負担が日常的にかかっている。新たな参加者を含め，こうした負担や責任を今後どのように分散しやわらげていくかが，継続のための鍵になるだろう。

　比較的高齢のスタッフが多いなかで，5 年後10年後を見据えてどのように引き継いでいくかも重要なテーマだ。みらクル TV が，個人史のなかで蓄積されてきた知を互いに交換し公共性へと昇華する仕組みであることを考えれば，次の世代への知の継承は大きな課題である。

　また，一部の番組を除けば，参加・視聴者数が一定数以上増えない，固定化する傾向にあるのも事実である。「視聴数よりも共感の深さが大切」とはいうものの，良質の番組であればこそ，より多くの人々に知られ共有の機会が広がることが期待される。このことは現在のみらクル TV が拡張して数百人，数千人規模になればそれでよいというものでもない。互いに顔を見なが

ら対話をおこなうには，ほどよい人数というものがあるからだ。むしろ，現在や将来の参加者のなかから，それぞれのコミュニティや地域，世代，領域において，第2第3のみらクルTVが，小さな公共圏として生まれてくることこそが，真の意味での拡大であり継続であろう。2020年コロナ禍で生まれたみらクルTVの役割は，そのためのモデルを示し，共感という力でその芽を育み広げていくことにあるのだと思う。

第 8 章

地方の NPO による情報発信と地域の場づくり
―― 集う場所が，新たなニュースと地域を創る

畠山茂陽

　2020年に入り，世界は新型コロナウイルス蔓延の影響を受け，様々な地域では既存コミュニティが大きく切り割かれた格好だ。私は「大人の交流部室」をコンセプトに宮城・仙台にシェアオフィスとフリースペースを運営する NPO 法人「ファイブブリッジ」の理事長を務めている。2006年から15年間運営するこのファイブブリッジでは，「人が集うことの価値」を唱えてきた。にもかかわらず，「人が集うことを制約される」こととなったのだ。

　リアルの場で人が集えず，Facebook イベントページなどでの発信 PR も抑制せざるをえない状況だった。Zoom などでのオンラインイベントも数多く開いているが，継続していくには，課金するユーザーの掘り起こし，参加者同士をどのようにマッチングできるかなど，課題が山積している。人と人がリアルでつながる価値提供をオンラインでどのように紡いでいけるかが鍵なのだろう。コミュニケーションツール・情報共有ツールとして LINE や Instagram，Slack や Chatwork などのアプリ活用が増えているものの，世代や関心領域の違いから 1 つのツールにまとめることができず，ネット空間でも情報共有がしづらい時代となっている。情報伝達のポータル化が，多くの地域で求められているはずだ。

　本章では，地域のプレイヤーが集うファイブブリッジの取り組みを中心に，地方の NPO や活動団体のプロジェクトやコミュニティづくりの際の，情報発信ツールの活用と場づくりの変遷について報告したい。

1 地域に人が集う場所の必要性

1-1 多くの人々に必要とされる情報を伝えること

　私のライスワークは，地方新聞社での仕事だ。「新聞社に勤めています」と話すと多くの人は「新聞記者」をイメージするが，私は希望して営業職採用で入社したため「新聞社員です」と自己紹介する。ライフワークの一つである「ファイブブリッジ」立ち上げのきっかけや具体的な活動紹介の前に，「私がなぜ新聞社で働くことになったのか」を話しておきたい。

　1969年生まれの私は，幼い頃から自宅に届く紙の新聞を開くのが好きだった。東北・宮城，仙台に住みながら，BCL（短波ラジオ）やアマチュア無線を趣味にするなど，世界・日本，とりわけ東京発の情報に憧れを抱いていた。インターネットによる情報がない時代，ごく普通の昭和生まれの東北の少年だった。高校時代，進みたい大学を探していた際に，法律，経済や文学の学部名だけでは何を学ぶのかイメージがつかないなか，「新聞学科」の存在を知った。「いつも触っている新聞を学ぶ学科」を想像できたことから，日本大学法学部新聞学科をめざし入学した。

　向学心にあふれていた私は，まずは公認サークルの「日大新聞」に入った。先輩の活動を眺めながら，ちょっとした違和感が生じていた。取材し文章で表現する「記者」への憧れは自分にないことを悟り，半年で辞めた。ゼミナールを選択する必要に迫られた大学2年の後半，「広報・広告論」のゼミを見つけた。ゼミの仲間とは「広告」について，事例を批評し論じ合った。当時（1990年）は，「コカ・コーラとペプシコーラの比較広告論争」や「としまえんによる史上最低の遊園地」（4月1日のエイプリルフールでの新聞広告掲載）が話題となっていた。戦時中にはプロパガンダにも使われた広告の歴史を学び，企業のパブリックリレーションズ（PR）に関心を持つようになった。多くの人々に必要とされる情報を「伝える」役割を担う仕事があることを学んだ時期だった。

　1993年，故郷の仙台に本社を置く河北新報社に営業職として採用された。飛び込みセールスをしながらも各種企画を立案するなかで，広告営業の楽し

さと喜びを感じていた。新聞社の経営を維持する大切な仕事であるとの自負を持ち，与えられた仕事を全うすることが自分の役割であると感じながら，東北の中核都市・仙台で暮らしていた。

1-2　ネットと新聞——ブログ，SNS との出合い

入社して10年が経ち，30代を過ぎた頃，担当する広告主の商品やサービスを新聞広告として掲載していくなかで，「果たしてこの広告は効いているのか」，「クライアント（広告主）は満足しているのだろうか」とのおぼろげな不安を感じるようになっていた。ちょうどその頃，『ネットは新聞を殺すのか』[1]との刺激的なタイトルの書籍が業界内で話題となっていた。Yahoo!や Google などのインターネットでの情報サービスが，既存の新聞社ビジネスをどのように蝕(むしば)んでいくのか，戦々恐々としはじめた頃だった。

「ブログ」という言葉を知ったのは2004年頃。ひとまず楽天広場（現在は楽天ブログ）を使ってブログを開設してみた。自分が住む地域の紹介と雑多な思考を書き連ねてみようかと，「もっと，わかばやしく！応援マン日記」とのタイトルで2004年11月にスタートした。当時ネットコミュニティ空間では実名で記すカルチャーはなく，ハンドルネームが隆盛。仙台市若林区に住んでいたため「わかばやしく」と名乗り，このブログを7年間ほぼ毎日書きつづけていた。新聞社の営業社員のため「新聞記者」とは名乗れずとも，インターネットでは個人として情報を記せる空間に胸を躍らせつつ，寝る間を惜しんで発信していた。

ブログ隆盛時に同じくリリースされた「mixi」の存在は，仕事を超えて私の活動の幅を大きく広げた。「コミュニティ機能」が構築しやすく，目的を同じくする仲間を集めやすかった。地方紙で新聞業界の課題を感じている全国の仲間とつながりたいと，「ローカルメディアネットワーク」コミュニティを2004年に立ち上げた。この頃につながったメンバーとの交流が，今の私に大きく影響を及ぼすことになったのだ[2]。

1）青木日照，湯川鶴章著，国際社会経済研究所監修『ネットは新聞を殺すのか——変貌するマスメディア』NTT 出版，2003年。

2　場づくりのノウハウ

2-1　ニュースとコミュニティを生み出す場づくり

　現在，私は宮城県仙台市に本社を置く河北新報社に勤務する傍ら，NPO
法人の理事長を務めている。シェアオフィス事業とフリースペース事業の運
営，地域コミュニティづくりを担う「ファイブブリッジ」という名称の場だ。
設立のきっかけとオープンまで，活動に際しどのようにメディアを活用して
きたのかを紹介したい。

　ファイブブリッジ設立のきっかけは2004年6月，仕事での北海道出張だ
った。札幌でメインの打ち合わせを終えた後に出会った，北海道新聞社の吉
村匠（現在は定年退職し，新会社を設立）の存在と彼の活動が，私のこれまでの
価値観を壊してくれた。

　吉村は，新聞社で社内ベンチャーを果たし「トライ・ビー・サッポロ」と
いう会社を立ち上げていた。また，札幌駅北口にあった「Sapporo BizCafe」
（NPO法人札幌ビズカフェ）に関わっていた。様々な業種のビジネスパーソン
や起業家，学生などが集うスペースで，新たなビジネスやプロジェクトを生
み出す場だった。新聞社員として会社を起こし，NPO法人副理事長の肩書
を持つ吉村。会社の業務を超えて，地域のために活動する姿にカルチャーシ
ョックを覚えたのだった。

　「地域をよりよくするために，共感する仲間といつも話し合える拠点があ
ったなら……」

　宮城・仙台にも札幌のビズカフェのような場所があるかどうか調べていく
と，かつて行政主導型の施設はあったが，3年が経つと消滅していること

2）こんなエピソードがある。ブログを新聞表記では「日記風簡易型ホームページ」と注釈つきで紹介し
　ていた時代（2005年），同期社員との酒宴の場でちょっとした衝突があった。「これからはブログの時
　代だよ」と私が話すと，編集の同期は「そんなのは偏ったゴミ情報だ」と決めつける。「いや，市民発
　信の情報を新聞社としても尊重することが大切だ」と私。相手は半ば熱くなり，険悪な雰囲気に。「ま
　ずはブログの存在を体感してから考えてほしい」と最後は私が話を収めたのだった。1年後，その同
　期とすれ違った際，「あのときは悪かった。ブログも情報源の一つになるよな。今度，とあるプロジェ
　クトでブログを使おうと思うのだが」と話しかけてきた。まずは新聞記者がブログを理解しようとし
　てくれていることが嬉しかったものだ。

SNS のつながりでイベントをつくり，全国から仲間が集まった

を知った。札幌のような，民間有志が中心となり，「地域をよりよくしよう」「おもしろい街をつくろう」など社会課題をも解決しうるスペースは，見つけることができなかった。

　ならばと「せんだいメディアテーク」（仙台市が管轄する公共施設）の会議室を自腹で払って押さえ，「仙台にもビズカフェをつくろう」と呼びかけた。日々のブログ発信で新たにつながった人，私の話を聞いてくれそうな仲間に声をかけた。20人ほどが集った。その場では「いいね，おもしろそう」となったが，「場所はどこにするの？」「家賃や運営費は誰が払うの？」など懸念材料は山積していた。まずは毎週1回の集い（定例会）を開くことを自らのミッションとした。mixi コミュニティ「仙台ビズカフェ」での日々の情報共有の場が，実現のスピードを速めてくれた。

　メンバーが1年ほどで物件を探し当ててきてくれた。仙台市青葉区北目町・五橋地区のビルの一角。それが今の「Five Bridge（ファイブブリッジ[3]）」。オープンにこぎ着けられたのは，私が札幌で夢と構想を描いた2年後，2006年6月のことだった。

2-2　イツデモ・ダレカト・ツナガレル「大人の部室」

　ファイブブリッジの事業は，大きく3つ。シェアオフィスの運営，フリースペース（会議室）の提供，セミナーイベントの企画開催だ。多くの人が「やりたいことはあるが仲間が少なく，活動を活性化できない」といった悩

3）2006年から15年以上続くコミュニティ「ファイブブリッジ」の公式ホームページ https://www.five-bridge.jp/

みを抱えていることをよく聞く。ファイブブリッジには「現状を変えたい」「地域に貢献したい」と考える人が集まってくる。「思いを共有」することで自然に「マッチング」が図られ、「プロジェクトづくり」に直結する拠点なのだ。

　ファイブブリッジのメッセージキーワードは「イツデモ・ダレカト・ツナガレル」。自宅と職場以外の「第3の場所（サードプレイス）」と呼ばれる居場所の価値が叫ばれる以前から、こうしたコミュニティが求められていることを実感していた。コンセプトは、「大人の交流部室」。「やりたいことを実現できる場」として、まずはゆるやかに集うことを続け、15年を迎えた。地域の課題解決に必要とされるプラットフォームづくりも担っている。新たな産業の芽となる人材が育成され、様々なリソースを持つ人材がつながることによって、ふだんの職場での枠組みでは構築できないプロジェクトに挑戦する環境を生み出したりもしている。

　集うメンバーは、事業で大きな利益をめざすよりも、社会的意義がある仕事や活動をしたいと考える人が多い。「たとえ事業に失敗しても、ここに戻ってくれば温かく迎え入れてくれる」「親戚みたいな距離感で接してくれるから」との声を聞いた。単にビジネススキームだけでの出会いであれば、プロジェクトが終了すればあえて会うことはなくなる。無目的にまずは集うことの意義を伝え、「新しい概念の親戚（ネオ親戚）づくり」という価値観の重要性を提唱している。

　ファイブブリッジの理事・監事・運営スタッフ（現在10人）は全員兼業・無報酬で運営をしている。人件費をかけないこともあり、先行する固定費をつくらないのが、長く続けていられる秘訣だ。余力がある範囲内で施設を整備し、場の安定維持を図っている。専従者がいないからこそでもあるが、「お金が残れば使える」「なければ我慢する」というシンプルなスキームだ。このように身の丈で民間運営するシェアオフィス・コワーキングスペースを私は他に知らない。

　2020年度は、8階建てビルの1・3・4階、約20坪の4室を賃貸し（2021年度はコロナ禍の影響もあり、3階の2室を賃貸）、8つの法人が入居した。収入源は、シェアオフィスの家賃収入で年間収入の約7割を獲得し、会議

幅広い世代が気軽に集える場──イタリアとの交流コミュニティ「ミヤゲーゼ」

室利用料が約2割，セミナー参加費と会費収入で約1割だ。助成金や補助金に頼らず自立運営を続けてきている。

　恒常的な活動拠点を確保することにより，活動のアクティビティを充実させてきた。相互連携の拡大が図りやすく，フランクにつながれる交流の場となっている。「誰かが，イツデモ，いる。どこかで，ダレカト・ツナガレル」。そして，「ビジネスや夢を，生み出せる」。そのようなサイクルをファイブブリッジコミュニティはめざしている。

2-3　ファイブブリッジの初期（2006〜10年）の情報共有方法

　集う場をつくっただけでは，人はなかなか集まらない。結果，地域に価値を提供することができないものだ。公共施設にありがちな困難に陥らないよう，ひと手間入れて運営をしてきた。私はこれを「たまり場づくりの3原則」と呼んでいる。

①何はなくともまずは「たまり場をつくる」
　当たり前ながら，集う人の存在価値を発信できる場所をつくることから。

②いくら忙しくても毎週1回は「定例会を開く」

　月1回の集いでは，一度参加しないと対話の場が2ヵ月以上空き，コミュニティへの熱量が下がってしまう。私たちの生活サイクルは1週間単位。1週間なら休んでも次の会の開催日を忘れにくい。「ビジネスマンデー」とのタイトルでセミナーを開いていた。「毎週月曜日には何かある」という認識を植えつけることで，告知を強めずとも参加促進につなげられる。

③集った人を「メーリングリストに招待する」

　各種SNSでも情報共有できるが，ツールが使われなくなるとつながりも消滅する。個人のメールアドレスは変更しにくく，長くつながっていける方法だ。

　ファイブブリッジに集った人々をメーリングリストに招待していく傍ら，定例会のコミュニティごとにもメーリングリストをつくっていった。「みやぎ食ひと交流サロン」「宮城のこせがれネットワーク」「東北ビジネス未来塾」など。参加者が増えるごとに，イベントやキャンペーンなどの参加者の情報発信も多くなり，互いを知り合う機会が生まれた。同時に，出会った者同士が自発的につながり，新たなプロジェクトチームが生まれるきっかけの場となった。

2-4　情報発信ツールを効果的に活用したプロジェクト

　ファイブブリッジの毎年の恒例行事の一つに「ブログロックフェスティバル」という風変わりなタイトルのイベントがある。朝から晩まで開催し，参加者個人が思い思いに「俺の話を聞け」とのテイストで自分が伝えたいことを自由に話す（1人15分）プログラムだ。そのシーンをリアルタイムでブログ更新し，Ustreamで動画配信するなど，新しいツールの活用にもチャレンジしてきた。当時のアーカイブデータはYouTube上に残り，参加者の成長の記録にもなっている。

　ひたすら長い階段を仲間とかけ登り宮城愛を唱える「ノボレミヤギ」は，

自分が伝えたいことを自由に話せる場「ブログロックフェスティバル」

普通の会社の会議ではおよそ企画が通らないコンテンツだろう。とてもシンプルながら「おもしろいことをしたい」と新たな仲間が集い，新たな絆が広がった。

　参加者同士 2 時間の制約のなかで，企画構想し，シナリオをつくり，CM撮影，動画配信する「アナタの CM 制作委員会」は，デジタルカメラの動画モードで撮影，即時に YouTube にアップするイベントだ。当事者以外にはあまり共感を得にくい動画作品でもあるが，全員が脚本家・カメラマン・役者・監督であるため，参加者の満足度はかなり高い。

3　地域の防災・減災発信に向けて

3-1　東日本大震災以降に威力を発揮した Twitter と Facebook

　ファイブブリッジ設立当時から，Twitter と Facebook はセミナーイベントなどの PR 発信ツールとして使っていたが，初期（2006〜10年）においては効果的な活用シーンはあまり見出せないでいた。発信ツールとしての威力

を発揮したのは，やはり東日本大震災発生以降だろう。

　2011年3月11日の震災発生時，私は東京・丸の内で，地方紙を退職し起業した知人と，地方でのSNS活用策について打ち合わせをしていた。丸の内のビル街も大きく揺れ，ビルの壁に埋め込まれたデジタルサイネージから映し出された映像は，私の地元を津波が襲うものだった。銀座8丁目にあった河北新報社東京支社に身を委ね，複数のテレビ局からの情報をザッピングし，各種ソーシャルメディアからのユーザー情報を収集し，「自分がこれから何をできるか」を考える材料をひたすら頭にインプットしていた。

　3月11日の夜，Twitterとmixiの個人アカウントで「明日，仙台まで車で向かってくれる人がいないか」とつぶやくと，地方紙の東京支社の仲間が私の情報をキャッチし「行くよ」と手を挙げてくれた。3月12日の早朝，彼の車で銀座から仙台に向かうことができた。

　震災後，発信ツールの潮流は，拡散力の高いTwitterと，実名登録がメインでつながりが顕在化しやすいFacebookにシフトしていった。ファイブブリッジを含め，NPOや震災後に増えた一般社団法人の活動も，Facebookのページ・グループ・イベントページのアクティブな活用で，費用をかけることなく効果的な集客が簡単におこなえるようになった。

3-2　地方紙によるSNS運営——災害時にも活かされる場づくり

　震災前から，全国の各新聞社が独自に運用するブログやSNS活用の動きも増えていた。地域SNS全国フォーラムも開かれ，私もリリースに関わった河北新報社「ふらっと」（2007〜14年）も参加していた。新聞社のSNSコミュニティにも地域の課題解決のプラットフォームとしての役割を期待したが，継続されず終了となるサービスが目立った。自社サービスを運用するよりも，既存サービスをよりよく活用することのほうが社会にとって有益なのだろうか……。まだそうした検証がしっかりとおこなわれていないように感じる。自戒しつつ，地域コミュニティに新聞社員がどのように関わっていく必要があるかなど，あらためて論じ合いたいものだ。

　一方，ファイブブリッジに集う人々は，行政マン，マスコミ人，起業家，

日頃のつながりと発信力がうまくかみ合い「セキュリテ被災地応援ファンド」が生まれた

　フリーランス，学生や OL など多様だ。特に農家や漁業者などの生産者や，食品製造に携わる者が多い。突飛なアイディアも，自由な発想でプロトタイプとしてまずは形にする風土がある。震災時には，生活復旧のためのボランティアスタッフの拠点として活用された。「たまり場」に集う人同士のネットワークが，未曾有の震災を前に強く結びつき，定期の情報交換会を通じ，新しい概念のマイクロファイナンス「セキュリテ被災地応援ファンド[4]」構築の支援にもつながっていったのだ。

　リアルの場で出た課題やアイディアを，仕事の領域を超えたメンバーが Twitter で発信し，信頼性の高い情報をキャッチした人がフィードバックする。人と人がつながり，リアルとネットの双方で発信することで，プロジェクト実現のスピードが高まる。これまでの関係性が深いからこそ，スピード感あふれる実践活動が生まれていくシーンが，被災地の現場では数多く起きていた。仕事領域を超えた，活動領域での情報交換と実践の場づくりの重要性を強く感じたシーンだった。

4）人と人とのつながりと発信力で「セキュリテ被災地応援ファンド」が生まれた　https://oen.securite.jp/

3-3　災害に向けたコミュニティづくり──明暗を分けた地域の発信人の存在

　東日本大震災後，各地で社会課題の解決に向けたプロジェクトを担うコミュニティが数多く生まれた。その後も大きな災害が日本全国で毎年のように起きている。2019年10月に襲った台風19号（令和元年東日本台風）も，各地で甚大な被害を及ぼした。

　宮城県内では，大きな被害を受けた2つの地域（丸森町・大崎市鹿島台）で明暗が分かれたように思える。丸森町では災害後すぐにFacebookグループ「丸森【被災・復旧】情報共有グループ」[5]が立ち上がった。丸森町役場も浸水し，被害が広範囲となり，行政からの情報が入りづらい状況。だからこそ，現場にいる人々が足と目で集めた情報が発信され，必要とされる情報がどんどんスレッドにアップされる。情報を編集整理する人が生まれ，外部支援の輪が広がっていった。「町の早期復旧をめざそう」とSNS内で団結が生まれたネットコミュニティだ。

　その発信力の源はどこにあったのか。それはこれまでの活動で培ったリアルの場でのコミュニティ力にほかならないはずだ。グループの管理人とそれをサポートする仲間の存在。キュレーションされた情報と現場に詳しく信頼性の高い情報の整理が素早くなされていた。そのなかには地域おこし協力隊の存在も大きく，日頃のコミュニケーションと発信力の高さがベースとなったことも確かだ。この発信力でマスコミの取材も増え，情報の拡散力が高まり，さらなる支援が増幅されていったのだろう。

　一方，大崎市鹿島台では，ネット上での情報発信を担う人の存在が少なかった。「なぜマスコミは鹿島台を取り上げないのか」との問いかけも，現地の人々からあったようだ。誤解されないよう発言したいが，これは「発信人づくりとコミュニティづくりの準備不足」だろう。行政の責任だけではなく，地域に住む人々が大いに意識し，次なる災害に向けても課題解決したい，重要な対策の一つであるように思う。

5）災害時に素早く情報を整理発信した「丸森【被災・復旧】情報共有グループ」　https://www.facebook.com/groups/499989543915470

若手社会人有志が「東北で仕事はもっと楽しくできる」と集う「ONE TO-HOKU」

3-4　サステイナブルな場（メディア）づくりに向けて

　ファイブブリッジは，シェアオフィスに入居する法人が学生と企業をつなぐ事業をおこなっているため，若い世代（学生）が毎年流入し，ゆるやかに活性化が図られている。ただ，組織としては年月が経てば運営メンバーも歳を重ねるため，若い世代のスタッフのスカウトは喫緊の課題だ。兼務者による運営では，コミュニティを発展させるパワーが発揮しきれず，専従者の存在は積年の夢でもある。

　空きテナントの増加も影響しているが，シェアオフィスやコワーキングスペースが宮城県内・仙台市内各地にも複数できている。ファイブブリッジ「卒業生」の新たな活躍のステージへのサポート，場づくりの次世代への伝承をどのようにおこなうかも継続の鍵だ。

　地元企業や支店勤務の若手社会人有志が「東北で仕事はもっと楽しくできる」をコンセプトに集う「ONE TOHOKU[6]」も生まれている。学生メンターが集う場やプロボノ事業の活動拠点としても貢献している。コワーキングスペースのようなリアルの場を，オープンイノベーションラボ事業やアクセ

6）若手社会人有志が仕事の枠を超えて活動する「ONE TOHOKU」 https://onetohoku1226.mystrikingly.com/

ラレーター事業として利用する新聞社が各地で現れている。地域コミュニティのプレイヤー（活動者）と積極的に関わる新聞社員がどんどん増えていくことにも期待したい。

4　トライセクターリーダーの存在価値

4-1　ポストコロナ──啓発しにくい時代での「新しい啓蒙」とは

NHK Eテレで放映された落合陽一が出演する「ズームバック×オチアイ」（2021年1月3日放送分）で語られた，ドイツの若手哲学者マルクス・ガブリエルの概念が興味深かった。ポストコロナ時代に世界が大回復を果たすには何が必要かとの問いかけに，「これからの世の中にはNew Enlightenment／ニュー・エンライトメント（新しい啓蒙）が必要」と答えている。

国や行政，はたまたマスコミからの情報で人々の行動を制限することはもはや難しい。ならば，「信頼のおける人の存在が不可欠だ」というものだ。特に比較的直接対話をおこないやすいローカル（地域）では，ネットとリアル双方を活用した信頼性の高いコミュニティ空間が，あらためて求められているのだろう。

4-2　ニュースを生み出す「セレンディピティ」な場（メディア）づくり

ファイブブリッジは，会社や組織の枠組みを超えた，個人のつながりを重視したコミュニティだ。ビジネスだけのつながりでは，相互扶助の精神は生まれにくい。地域防災の観点からも，場づくりの重要性を強く訴え，次の3点を最後に提案したい。

①会社と自宅の間に，もう一つの居場所を見出すこと
これはあらためてつくらなくともよく，趣味サークルや町内会活動，カフ

ェや図書館など身近にあるもので OK。まずは今すぐできることではないか。

②休日の２割の時間は地域のために取り組むこと

　月８日休みがある人であれば，月に１日でも十分だろう。これにより自分の人生も豊かになり，活動で得られた人脈を財産にできる。地域の生活者としての存在理由（レゾンデートル）が広がるのではないか。

③人との絆で解決する世の中をめざすこと

　コロナ禍において人々の価値観が分断されないように。身近な人に対する愛情と寛容の心を醸成することが，豊かな地域を創るはじめの一歩だと思うのだ。

　どんなに社会環境が変わっていこうとしても変わらないものは何か……。それは「地域に生きる人」。地域のために発信する人が集うリアルな場（メディア）が，特に地域には必要だろう。リアルな場が新たなプロジェクト，新たなニュースを創り出す場（メディア）となる。ファイブブリッジのような場を通じて，情報の発信源となり地域に生きる人の価値を創造する場をコーディネートしつづけていきたい。

　誰もが手軽に情報発信できる場が地域に複数存在し，未来を創造する人々が集う。マスメディア，ソーシャルメディア，リアルメディアを組み合わせ，よりよい地域と文化を残していきたいものだ。また複数のメディアをコーディネートする人を増やしたい。メディアコンバージェンス（デジタル技術と通信技術の発展により，新聞，テレビ放送，インターネットなど異なるメディアが１つに融合すること）型の人材だ。

　予期しなかったことに出会い，その偶然が幸せをもたらすという意味の言葉「セレンディピティ」。私がここ数年で覚えた好きな言葉の一つだ。ファイブブリッジのようなコミュニティは，人々が集い交流するオープンな空間にあるため，偶然に仕事につながることもある。ファイブブリッジは「セレンディピティ」にあふれた場だともいえよう。

4-3　利他の精神を企業や働く人々に

　大学時代に「企業メセナ」（企業がおこなう，直接的には見返りを求めない芸術文化支援）という言葉を学んだ。その後，「フィランソロピー」（人類への愛に基づいた行為・活動）という概念が出てきて，「CSR（企業の社会的責任）」「CSV（共通価値の創造）」が叫ばれるようになった。企業が地域に果たす貢献活動を顕在化するための発信と社会参画を促すサポートが，私の役割でもあり，新聞社員の役割としても追求していきたい。

　そして SDGs（持続可能な開発目標）の時代が到来している。マルチセクターが共に手を取り，世界事・地域事・自分事として捉えられる発信をニュートラルな場から生み出していきたいもの。それが社会事の解決に大きく貢献していくものだと信ずる。平時には気軽に参加しやすいコミュニティ（ネットとリアル両方）を複数用意しておくこと。災害時にはそうしたコミュニティでのつながりがあるからこそ，スピード感ある活動が数多く生まれるはずだ。そのなかには「トライセクターリーダー（民間・公共・社会の 3 つの垣根を越えて活躍する人材）」の存在が求められ，その養成が急務だろう。

江古田映画祭
──市民による文化拠点づくり

田島和夫

　定年退職を間近に控えて私は，古美術，絵画，音楽，そして映画が上映できるギャラリーをつくりたいという想いが募り，長年住んでいる東京・江古田に土地を見つけ，建物の構想をパートナーの大崎文子と一緒に建築家の富田秀雄と煮詰めていた。

　2010年秋，金融機関から多額の借金をして，映画が上映できる地域の文化拠点としての「古美術＆ギャラリー古藤」の建物の工事に着工した。地鎮祭の当日，式が始まると，突然あたりが暗くなり，激しい雨が降りはじめた。地鎮祭がクライマックスに達するにつれ，雨は激しくなり，神主の祝詞の伴奏のように大粒の雨がテントを太鼓のように叩きつづけた。それに加えて，まるで天上の神様からの祝福のようにゴロゴロと雷鳴が届けられた。そして2011年7月建物が完成し，ギャラリー古藤はオープンした。ギャラリー奥の壁面には150インチの大スクリーンが据えられ，大型プロジェクターが映像を投影した。また，壁には9つのスピーカーが埋め込まれ，ミニシアターといえる空間が出来上がった。

　しかし，映画上映会を開こうと思い，映画配給会社などに問い合わせてみると，ほとんどが大ホール等での上映を前提として価格設定がされており，なかなか上映できないままでいた。そんなときに出会ったのが映画『ひろしま』（関川秀雄監督）であった。たまたま預かった試写用のDVDを観て衝撃を受けた。広島に原爆が投下された直後の地獄絵図が，役者たちと広島市民の演技によって克明に再現されていた。それは，福島原発事故後の状況とス

トレートにつながった。2012年3月に15日間ギャラリー古藤で，映画『ひ
ろしま』を上映した。上映料は非常に高額であったが，上映を決断した。初
日には座談会を開催。そこで，元NHKの映像専門家である武蔵大学の戸田
桂太名誉教授と永田浩三教授に出会うことができ，以後お二人から映画祭に
ついてのアドバイスを受けつづけられることになった。パソコンに例えれば
ハードとソフトが揃えられた。私は反原発の集会やデモにも参加して，必死
にチラシを配ったりして宣伝した。入場者は日を追って増え，最終日には満
席となった。

　映画『ひろしま』の上映の次におこなったのは，鎌仲ひとみ監督の『内部
被ばくを生き抜く』の上映会であった。『ひろしま』上映で知り合った人々
と実行委員会を組織し，7月6日から10日間上映をおこなった。上映に併
せて，鎌仲監督をはじめ，永田教授や小児科医の黒部信一のトークライブも
おこなった。また，ギャラリー古藤前の駐車スペースでは，地元のお菓子等
や被災地関連グッズの販売もおこなった。

　商業映画館では上映機会がなかなか持てない社会的テーマの映画を，江古
田地区において連続的に上映する。同時に，映画監督，ジャーナリストなど
のトークライブを開催し，学び，考え，行動につなげる映画文化のまちづく
りをおこなう。また，映画やトークに関連する品物の販売を地域の人々とと
もにおこなう。一連のイベントを通じて地域の人々の交流を深めるとともに，
他地域から多くの来客を招き入れることにより，江古田地域の活性化を図る。
そんな江古田映画祭の原型が出来上がった映画会であった。

1　第1回〜第4回江古田映画祭

　第1回江古田映画祭は，2013年3月3日から14日間，3月11日を挟んで
開催した。開催前の実行委員会で「江古田映画祭」という名称と「3.11 福
島を忘れない」というテーマを決定し，代表は永田教授に決まった。2011
年3月11日の福島原発事故により大量の放射能が，周辺地区にまき散らさ
れ，人々の生活居住地域を奪った。10万人以上の人が自宅に戻れないで避

難生活を送っていた。事故原因も明確にされないなかで，誰も責任を取らない。それでも原発を再稼働させようとしていた。マスコミも本当の情報を伝えようとしていない。都市住民は次第に原発事故や避難者のことを忘れはじめていた。しかし，あまりにも理不尽な津波災害そして福島原発事故。その理不尽さに迫ろうと，多くの映像作家たちが3.11をテーマとした映画を創り上げていた。

それらの映画を3月11日の前後に2週間上映することにした。瀬戸内海の祝島の原発建設阻止の闘いを描いた鎌仲監督作品『ミツバチの羽音と地球の回転』，同じく祝島を描いた纐纈あや監督の『祝の島』など，12本のドキュメンタリー映画を上映した。また監督などのゲストによるトークライブを連日実施し，観客数は延べ700名を超えた。ギャラリー前の駐車場に設けられた売店では，避難先の窯で製造を再開できた大堀相馬焼を販売した。映画で福島の被災状況を観た多くの観客に次々と買われていった。また，東北の被災地からの品物や反原発グッズ，地元のパン教室のパンや武蔵大学屋上で採れたハチミツが入ったマドレーヌ，手作りクッキーなども販売された。

またギャラリー古藤壁面には「福島こども保養プロジェクト＠練馬」と「なかのアクション・福島子ども保養プロジェクト」の活動を紹介する写真や反原発運動の写真などが展示された。映画祭10日目の夜，「福島子ども保養プロジェクト報告会」が開催された。プロジェクトメンバーからは，福島の子どもたちを放射能の汚染がない大自然のなかで保養することの大切さがアピールされた。保養の大切さが参加者みんなで確認され，それ以後，毎年保養活動の展示，保養の意義のアピールは今も続いている。また，写真展も毎回おこなわれている。

第2回は，半年後の2013年9月20日から10日間おこなった。テーマは福島に特化することなく，「若ものたちへ〜みんな苦しみ，喜び，生きていく昔も今も，青春に変わりはない？」として，現代の若い世代に往時の青春を問いかけようと「青春映画」にスポットライトを当てた。フジテレビのヒット作を映画化した若者たち三部作『若者たち』『若者はゆく』『若者の旗』や，新藤兼人監督の戦争体験を描く反戦ドキュメンタリードラマ『陸に上った軍艦』，知的障害のある青年が主人公の『自転車でいこう』（杉本信昭監督）など。

また，下山事件の謎に迫る『日本の熱い日々　謀殺・下山事件』（熊井啓監督）は16ミリフィルムでの上映をおこなった。私は映写技師として１ヵ月間練習したうえで上映をおこなったが，途中からフィルムに付着したゴミが画面上で暴れまわり，ハラハラしながらの上映となった。

　第３回は，ふたたびテーマを「3.11　福島を忘れない」に戻して，2014年３月１日から武蔵大学とギャラリー古藤において15日間おこなった。以後第10回までテーマは同じ。参加者は約680名。

　上映作品は，福島原発事故の問題を，より広く深く考える意味から，三里塚・水俣・ヒロシマ・ナガサキ・ビキニ事件・ロシア・ブラジルやベトナム戦争の被害など幅広いテーマのドキュメンタリー20作品を上映した。また，会場にこの回から武蔵大学が加わった。初日に１号館地下のシアター教室で，完成直前の『三里塚に生きる』（大津幸四郎監督）と，武蔵大学が所蔵する小川紳介監督『日本解放戦線　三里塚の夏』を上映。ギャラリー古藤では，ジャン・ユンカーマン監督の『映画　日本国憲法』，本橋成一監督の『アレクセイと泉』などを上映した。西山正啓監督の『のさり』は，水俣病の語り部・杉本栄子さんの証言が圧倒的な迫力で迫ってきて，第３回から始めた大賞（グランプリ）の受賞作とした。観客のアンケート用紙による投票で選ぶ観客賞は，かさこ監督の『シロウオ〜原発立地を断念させた町〜』。

　第４回は，2015年２月28日から16日間。参加者は750人。初日は，武蔵大学の大教室で，『原爆の図』（今井正・青山通春監督）を上映。上映後のオープニングパーティーでは松平晃のトランペット演奏もあり，女優の木内みどりをはじめ100人近い方が駆けつけ，様々な人々との出会い・交流の場となった。上映後のトークでは，単なる監督のあいさつだけではなく，その作品への思いや主張，作品の背景を語っていただき，観客からの質問にも丁寧に応えていただけた。上映後に監督やプロデューサーや評論家などのトーク，および観客との交流時間を設けるスタイルが定着した。原一男監督のトークの場では，翌日の『無常素描』の大宮浩一監督がトークに加わり，『ゆきゆきて，神軍』の監督と助監督だった二人が，なんと30数年ぶりに江古田映画祭の舞台で再会した。また，河邑厚徳監督の3D作品『大津波3D作品特別予告編』を連日上映。河合弘之監督『日本と原発』が，観客賞を受賞。グ

ランプリは豊田直巳・野田雅也監督『遺言　原発さえなければ』が受賞。また，この第4回からは「練馬まちづくりセンター」の後援名義使用が得られ，練馬区内の公共施設にチラシを置くことが可能になり，チラシを増刷した。

2　第5回〜第8回江古田映画祭

「3.11 福島を忘れない」のテーマで，毎年2月末の土曜日を初日として，3月初旬の3.11を含めた2週間の日程で開催する方式が定着し，定例の催しとなった。

第5回では『あいときぼうのまち』（菅乃廣監督），『土徳流離〜奥州相馬復興への悲願』（青原さとし監督）など17本の映画を上映した。観客は初めて延べ1千人を超えた。グランプリは，足尾銅山の鉱毒の被害を受けて移住を強いられた人々を追った『鉱毒悲歌』。観客賞は鎌仲ひとみ監督の『小さき声のカノン──選択する人々』。

映画祭が終了した6月，悲しい訃報が届いた。実行委員で，ひときわがんばってきた斎藤千晴さんが亡くなられた。通夜には実行委員の多くが参列し，永田代表が実行委員会を代表して弔辞を読み上げた。

第6回江古田映画祭では，初日は武蔵大学で，『赤宇木（あこうぎ）』の特別上映を皮切りに，11本の映画を上映し，延べ参加者は764人。6回目ともなると，ボランティアでひたむきにがんばってきた実行委員からも，スケジュールがきつく疲れたとの声がチラホラ出はじめた。疲れの原因の一部は，前年におこなわれた第1回「えこだ沖縄映画祭」のせいもあった。実行委員会の多くのメンバーが重なっていた。また，雑務を担う事務局の負担は一挙に重さを増していた。一年に大きな映画祭を2回おこなうことは負荷がかかりすぎた。そんなこともあり，実行委員の負担を減らし，ゆったりとしたプログラム編成をおこなうことにして，オープニングパーティーを開催しないで，代わりに負担が少ない記念イベント，観客を交えた交流に主軸を転換。また，福島からの避難者のための割引制度（福割，後に無料とした）や関係者・ボラ

ンティアへの招待券も設けられた。新たに何名かの実行委員が加わり、「今回初の参加でしたが、時間を割いた甲斐がありました」「たくさんの方とのつながりや自分の知識を深めることができました。次回もぜひ参加したい」等々の感想とともに実行委員会も充実していった。

グランプリは井上淳一監督『大地を受け継ぐ』。観客賞は佐藤太監督『太陽の蓋』。特別賞は『福島県立相馬高校放送局　震災を伝える』、『武蔵大学永田ゼミ作品』。

第7回江古田映画祭では、『原発の町を追われて──避難民・双葉町の記録』（堀切さとみ監督）、『日本と再生　光と風のギガワット作戦』（河合弘之監督）など17本の映画を上映し878人が参加。初日の武蔵大学では『SHID-AMYOJIN』の上映後、監督でもある遠藤ミチロウのすばらしい感動のライブがおこなわれた。また、鎌仲ひとみ監督など16人のゲストのトークをおこなったが、トークライブのない上映会にも、観客同士の対話の機会を設けようと「観てのおしゃべり感想会」の時間をプログラムに組み込み、観るだけでなく学び、考えそして行動につなげる理念をプログラムに現した。連日連夜の懇親・交流会も活発に開かれた。

第8回江古田映画祭は13日間で、『モルゲン、明日』（坂田雅子監督）『おだやかな革命』（渡辺智史監督）など15本を上映。開催期間は実行委員の負担軽減のため3日間短縮したが、前年より多くの参加者があった。武蔵大学の大教室では、『ダーク・サークル』（ジュディ・アーヴィングほか監督）の上映とアーサー・ビナードの講演に、1回の上映としては最高の200名が参加。前売り券として初めて3枚つづり券を販売。実行委員会で各委員が推薦した作品を討議し、それぞれ担当を決めて上映交渉にあたる方式が定着したが、困難な局面がいくつか発生した。劇場上映の初日と重なり、上映を翌年に延期した作品、交渉過程の行き違いから、監督から上映中止の要請がなされた作品もあり、あらためて、配給側の見解や立場を十分に理解したうえで上映交渉をおこなう必要を感じさせられた。他にも上映交渉が困難を極めた作品もあったが、粘り強い交渉の結果、上映にこぎ着けることができた。

また、新しく加入した実行委員からは、スタッフがすべてボランティアで、交通費の費用弁償もなく、作品を鑑賞するのにも入場料を支払うことには疑

間を覚えるとの感想が寄せられた。映画祭の経費は，すべてを入場料収入だけで賄うことになっており，上映権料，宣伝広告費，会場費，ゲスト交通費等の支払いでいっぱいであり，スタッフを有償化することは困難な状況であった。有償スタッフを採用していくには，入場料収入の増額を図ること以外にも，新たな財源確保が検討課題となった。

3 コロナ禍下の第9回〜第10回江古田映画祭

第9回は2020年2月29日から13日間おこなわれた。

開催直前の2月27日の夜，ギャラリー古藤に20数名の実行委員が集まり，新型コロナウイルス感染予防のための対策について意見交換をおこなった。この日の夕方，安倍晋三首相が突然全国一斉休校を呼びかけ，社会全体にいちだんと緊張感が高まっていたこともあり，開催か中止・延期かに意見が分かれ，熱のこもった議論となった。最終的には挙手で多数決となり，「3密」を避け，感染拡大防止策をおこなったうえで開催することに決定した。もちろん，感染者は出なかった。しかし，武蔵大学の会場が開催直前に使用できなくなり，急遽，全日程をギャラリー古藤会場のみでおこなった。初日は武蔵大学会場に来場した方々に入場をお断りするなかで，ギャラリー古藤会場での李 政美のライブで幕を開けた。その後，土井敏邦監督『福島を語る』の完全版を上映し，監督のトークをおこなった。『はだしのゲン』『ニッポニアニッポン　フクシマ狂詩曲』『藍色少年少女』など劇映画も多く上映されたが，名画『キクとイサム』（今井正監督）では，主演女優の高橋エミにゲストとして来ていただき，「差別といじめ」を熱く語っていただいた。また，現役高校生の監督作品『日本一大きいやかんの話』，『武蔵大学永田ゼミ4作品』『相馬高校放送局』など，若い監督の作品が光を放った。全部で14本の映画を上映し，コロナに負けることなく延べ600名を超える参加者が集う映画祭となった。

参加者からは，「このような状況下，映画祭を開催してくださりありがとうございます。こういう場が毎年開かれること，その努力をされているスタ

第10回江古田映画祭　Zoom でブラジルの岡村淳監督と会場をつないでのトーク
ライブ

ッフの方々に感謝します」等々の多くの感想をいただいた。

　第10回江古田映画祭は2021年2月27日から14日間。福島第一原発事故か
ら10年，テーマは「3.11 福島を忘れない」。そして，もう一つのテーマとす
ることを強いられたものが，新型コロナウイルスにどう立ち向かうかであっ
た。多くの映画祭などのイベントが中止や延期を強いられていくなかで，ど
うしたら映画祭を開催できるかが最重要課題となった。

　新型コロナウイルス感染拡大防止について，開催直前に実行委員が集まり，
対策を検討した。すでに前年に徹底討論済みということもあり，一部委員か
らはマスクの取り扱いに対する反対意見が出されたが，感染対策を徹底した
うえで映画祭を開催することを決めた。

　チラシを1月中旬から配布するためには，内容を12月20日までに確定し
なければならない。チラシ制作の12月の段階において，冬場を迎えて感染
状況は厳しくなることを予想してプログラム作成をおこなった。結果は，
1月8日からの緊急事態宣言は3月21日まで解除されず，緊急事態宣言下
での映画祭となった。チラシには，「定員が25名の制限，会場では徹底した
感染防止対策をしています。……」等々の文言を，2ヵ月先の状況を予測

して記載した。また，プログラム編成では，コロナ対策として配信を用いた内容を随所に盛り込んだ。

　新型コロナの影響をダイレクトに受けたライブハウスや劇場などでは，早期から配信事業のノウハウの蓄積を図っていたが，江古田映画祭でも遅ればせながら Zoom を使用してトークおこなうためのパソコン，カメラなどの機種の選定と購入を，プログラムの準備と同時並行でおこなった。全く未経験の分野で，手探りでの取り組みとなり，すでに配信を進めていた人々からいろいろ教えをいただきながら準備をおこなった。

　配信を用いた具体的なプログラムは，3月6日，歌うキネマ「『キクとイサム』パギやん×高橋エミさんのトーク」の会場外の観客に対する有料ライブから始まった。当初，Zoom での配信を考えていたが，画質を検討するなかで，最終的には Vimeo を用いての有料配信とした。また，チケットの有料販売方法としてパスマーケットのシステムを利用した。

　Zoom を用いてのトークの配信は，3月7日の『今伝えたいこと＋相馬高校から未来へ』の上映にあたっての福島からのトークが初日となった。会場のギャラリー古藤の150インチ画面に，自宅からのトークゲスト渡部義弘の映像と，2台のカメラで写し出された観客映像が並んで映し出され，福島にいるトークゲストと会場の観客が映像と音声を共有しながらトークイベントをおこなった。

　さらに，『山川建夫 房総の追憶』上映に際しては，岡村淳監督のブラジルからのトーク，3月10日の『インディペンデントリビング』（田中悠輝監督）の上映に際して，Vimeo による同時有料上映と映画プロデューサー鎌仲ひとみの長野からのトーク，『シスターと神父と爆弾』（ヘレン・ヤング監督）の上映に際してのスティーブン・リーパーのアメリカからのトークをオンライントークにしておこなうことができた。

　上映作品に関しては，『闇に消されてなるものか〜写真家・樋口健二の世界』は9月に実行委員会での映画制作を決め，監督を永田浩三代表が務めた。11月に樋口宅に実行委員会数名で訪問して撮影し，映画祭直前に完成した作品。短い時間での制作にもかかわらず大好評を博し，上映日程を1日延長した。

『襤褸の旗』（吉村公三郎監督），『わたしは分断を許さない』（堀潤監督）など全部で17本の映画を上映し，延べ900名を超える参加者が集い，コロナ禍にありながらも，福島に寄り添う映画祭となった。

4　映画祭の課題と展望

　ここまで順を追って江古田映画祭の開催経過を紹介したが，実施した10回の映画祭を数字的にまとめると，9年間に10回開催し，開催日数は144日。上映作品は150本，上映回数は380回。映画監督などのトークのゲストは148名。延べ参加者数は7671名。決算額の合計額は740万円であった。

　テーマは第2回を除いて「3.11 福島を忘れない」とした。映画祭の目的は，映画文化を楽しむ場を創ることが第一義であり，福島に特化した映画上映を目的としていたわけではなかった。毎年映画祭を開催するにあたって，最初に時代状況に合ったテーマをそのつど話し合って決め，その結果として，「3.11 福島を忘れない」のテーマでの映画祭が9回続けられた。映画祭を始めた頃は反原発集会も頻繁におこなわれ，映画祭と反原発運動が接近しており，反原発映画祭の趣も持っていた。しかし，昨今は反原発集会に集まる人々が少なくなるとともに，反原発の映画祭の姿も見られなくなっている。福島原発事故から10年の月日が経過し，福島の状況も変化しつつあるが，本質的問題は何ら解決されていないので，福島に焦点を当てつづけ，福島に寄り添う映画祭を実施している。2022年3月の第11回江古田映画祭も「3.11 福島を忘れない」がテーマである。

　また，江古田映画祭を実施した効果で，いくつかの映画会が誕生した。2015年4月に田中千世子・小池征人監督作品『世界遺産―熊野から白神―』の上映会を開催。その後も何度か田中監督作品の上映会をギャラリー古藤で開催している。2016年3月に班 忠 義監督の『太陽がほしい』の映画会を開催。2016年第1回「えこだ沖縄映画祭」を開催。この映画祭は，2回目からは，「ねりま沖縄映画祭」に名称を変更し，公共施設を主会場として，2021年10月には第6回の開催がなされた。2020年の「岡村淳監督ドキュメ

ンタリー上映まつり」等。また，2022年1月には「独立プロ山本薩夫映画特集」の上映会をおこなった。

　10回の江古田映画祭は様々な成果を生み出しながらおこなわれてきた。しかし，同時にいくつかの課題も浮かび上がっている。

　そこで，少し客観的視点を意識して，コミュニティビジネスやソーシャルビジネスの観点も取り入れながら江古田映画祭の課題を整理してみたい。コミュニティビジネスとは，地域の課題を解決することを使命とし，地域住民が主体的に使命を達成するために必要な範囲で，利益を上げることである。ソーシャルビジネスとは，もう少し広い社会的な諸問題の解決を，ビジネスという手法でめざすもの。使命に燃えた集団が形成され，給料のないボランティアに心血をそそいでも，生活を支えることはできず，資金が足りなくなると活動の継続が難しくなる。それに対し，自ら収益を上げ，社会問題の解決に取り組む活動の資金を調達することで，資金が続くかぎり継続的に活動することができる。社会問題の解決に取り組みつつ，生活費を稼ぐことができるものとして，ソーシャルビジネスの発想がある。

　ソーシャルビジネスにおいて必要な要素として，第一に挙げられるものは課題の明確性である。課題と目的・目標を明確化し，真に求められているニーズに応えていくことにより，幅広い支持者を獲得して存在価値を高めることができる。

　映像技術のデジタル化の進行にともない，フィルム上映の昔ながらの映画館はほとんど姿を消し，映画館の大部分をシネコンが占めるようになっている。シネコンはゆとりあるシートで大画面，音響設備も整っている。しかし本当に観たいと思う映画は多くない。商業主義の壁があり，娯楽映画など興行収入が期待できる映画が中心となり，社会性，公益性において大切な映画はどうしても脇によけられている。テレビなどでは観ることがない貴重な情報発信をおこなっている映画が，上映の機会を失っている。また，映像文化を発信するやりがい，生きざまに応えていくことが可能なコミュニティの場を求める人たちも少なくない。それらのニーズに応えて，新しい映像文化の活動拠点を創り上げていくのが江古田映画祭の役割である。10回の江古田映画祭が続いてきたこと自体が，社会的ニーズに応えてきたことの証左であ

り，存在価値を表しているが，さらにきめ細かくニーズを明確化する作業が求められている。

　3.11福島原発事故についてテレビや新聞でも多くの報道がされたが，人々はテレビなどのマスコミでは伝えきれていない事実や情報の伝達を求めていた。テレビ映像は時間的な制約，視聴率からの制約，スポンサーや政治的制約から自由な情報伝達ができず，また，一般の映画館等では上映しづらい映像作家の作品のなかにこそ貴重な情報があった。江古田映画祭こそ真の表現の自由と真実報道の自由の場であった。だからこそ多くの観客から支持を得て10回の回数を重ねることができた。映画をきっかけにいろいろな意見や情報を交換し，真実を知る場所・機会をつくってきた。

　また，映画に付随する楽しいイベントを通じて，多くの多様な価値観に触れる機会も創り上げてきた。市民による映画の上映活動を通して新たなコミュニティが生まれた。リアルな映画を上映する場には，人が集まる。大画面に映画を上映し，映像体験を共有するという活動をすることで，様々な人との交流が生み出された。コロナ禍とネット環境の進展による大きな変化もあるが，同一空間でのリアルな画像の共有と，顔を見ながらの生の人間同士の交流は，最大限に大切にしていきたい。

　江古田映画祭に集まるのは近くの人々だけではない。電車に乗って遠くの町から多くの人が映画を見に来た。見に来るには電車代などを使い，映画を観た後は駅周辺の店で飲食したり，買い物もついでに済ませたりといった経済効果も生じた。

　次に求められることは，担い手のワクワク感，楽しさである。江古田映画祭の担い手は，毎回映画祭に集まった一人ひとりすべての人たちであるが，その中心的な担い手は江古田映画祭実行委員である。そのメンバーがいかに自発性，使命感を持って持続的に活動できるかが鍵である。実行委員会といっても，規約もなく，毎回9月に1回目の実行委員会に集まり3月の映画祭を担ったメンバーである。実行委員会はほぼ自然発生的に出来上がったもので，自ら手を挙げた人は自動的に実行委員とされ，一時期は50人を超える人数が実行委員として登録された。初期の実行委員会は年3回くらいの開催であったが，現在では9月に1回目の実行委員会を開催し，その後月

1回のペースで開催し，12月までに上映作品，回数などのプログラムを決定し，1月半ばから宣伝を開始し，3月に映画祭を開催している。実行委員に対する報酬はなく，第10回からはコロナ禍の影響もあり年会費3000円を徴収。経験・未経験は不問。住所要件はなし。

　活動のベースとなるのが，ギャラリー古藤での実行委員会である。毎回20名程度の実行委員が集まり，映画祭の企画や上映会などについての打ち合わせや，その他に動いているプロジェクトの報告。江古田映画祭のテーマ・期間，上映作品の推薦・審議，決定。上映作品の上映・ゲスト交渉。映画賞の選考・運営，支援者の募集，ホームページの作成，イベント等，マスコミなどへのPR，ポスター・チラシ・パンフレット作成，実行委員会議事録・会報づくり，DM発送，チラシ配り，各イベントチラシ帳合，イベント当日受付・司会・上映など，映画祭にまつわるほぼすべての活動を実行委員が担当する。また会議以外でのチーム活動として，映画祭運営に向けて各役割に特化した担当部会での活動もある。主な担当部会は受付部会，上映担当部会，物販部会，店頭販売担当等。実行委員会参加のメリットは，世代を超えて，映画好きな人々と知り合いになり，地域の人々と交流できること，また自分が他の人に観てほしい映画を提案できること等々である。

　実行委員会に規約はない。すべて自由である。しかし，実行委員会の運営で留意しなければならないことは多々ある。すべての委員は平等であり，民主的な組織運営をおこなうこと。協調と合意に重点を置くこと。実行委員会のメンバーからは次のような感想がある。「江古田映画祭のすばらしいところは，雰囲気です。どんな役割でも，いつ行っても，たった1回の手伝いでも，変わらず温かく迎えられること。仲間としての信頼感とお互いへの思いやりが漂う，気持ちよい会場です。フェアな空気は，永田浩三先生を中心に『福島を忘れてはいけない』を映画で訴えていこう，という主旨に賛成した市民が実行委員になり，企画し，意見を言う，開かれた運営方式から醸し出されるのです。会議では誰の意見も，聞き取られて，尊重されます。会議に出られなくても，記録は実行委員に届きます。9年かけてつくりあげた，映画祭の運営のシステムは，堅実。受付のシステムは故人となられた実行委員が立案し，受け継いだ実行委員が完成させました。映画祭の内と外の物販

では，毎年知恵を集めて企画し，販売。道ゆく人に映画祭の存在を訴える役割もしています。縁の下の力持ちは，主な会場となる『ギャラリー古藤』のお二人。鍛えられたシステムと，仲間の信頼があったからこそ，コビット19危機のなかの開催を成功させたのだと思います。映画祭は，『3.11 福島を忘れない』のみなさんの想いを幹にして，年ごとに大きな頑丈な木に，育っていったように感じます」

しかし，すべてボランティアに頼っての事業となっており。ボランティアであるゆえの限界も生じている。活動を担うメンバーも高齢化が進み，現職の勤労者には時間面などで活動のハードルが高く，まして若い人たちに無償のボランティアを強いることは，「やりがい搾取」との声も出かねない。それらの限界を補い，活動継続のための財源確保を考えなくてはならない。

江古田映画祭は，一切の公的な資金援助を受けることなく，ほとんど入場料収入のみで運営してきた。第10回の総収入は97万7197円。そのうち入場券の収入は82万6145円で85％。支出額の半分近くは配給会社などに支払う上映代で，次に会場費，その他ゲスト交通費，チラシ印刷代などであった。

資金がないことを前提に，あちこちに無理をたくさんお願いしてきたが，持続可能な映画祭にしていくためにはもう少し資金の余裕が必要である。資金不足から上映交渉が難航したり，ゲストに十分な交通費を払えなかったりする。会場費もきちんとカバーできていない。そして何よりも，映画祭に関してチラシ作成から上映交渉，宣伝，受付，上映，経理などの役務がすべてボランティアに依存しており，有給の従事者を配置できていない。

財政状況を改善するための解決策としては，入場料収入を増やすなど様々な工夫をしていかなければならない。一つの試みとしては，3枚つづりチケットを前売り券として第8回から販売している。ビジネスのノウハウや経験・知識を積み上げ，品質のよい商品をお客様に提供するのがビジネスの基本であり，「ボランティアだからこの程度でもしょうがない」という考えは決してあってはならない。対価を得るための付加価値・専門性も身につけていかなければならない。会費を徴収することも財源確保の有力な手段であり，第10回からは年会費の徴収に踏み切った。さらに，寄付の手段として上映会場の片隅に映画祭への寄付金箱を設置している。寄付の本格的な方法

としてはクラウドファンディングがある。また，補助金等を獲得することも，今後の財政健全化の大きな手段として検討していかなければならない。

　地域内・地域外の連携・協力も大切である。まずは武蔵大学との連携を密におこなっている。実行委員会の代表が社会学部メディア社会学科の永田浩三教授であり，武蔵大学の大教室を２日間使わせていただいている。練馬区「みどりのまちづくりセンター」の後援名義使用により，公共施設へのチラシ配布が可能になっている。「練馬・文化の会」には会のメンバーによる映写のほか，会報で宣伝していただいている。また，「ギャラリー水・土・木」とは協力関係を結び，会期中にテーマで連携した展覧会を開催している。

5　江古田のまちの芸術祭

　ここまで，ギャラリー古藤を拠点とした江古田映画祭のことを述べたが，江古田映画祭とは別に2020年からギャラリー古藤を拠点にして「江古田のまちの芸術祭」を始めた。

　2011年に日本大学芸術学部の卒業生を中心にして始められた芸術祭「江古田ユニバース」が，2018年第８回を最後に継続が困難になった。そこで2020年，アートのまちの灯を消さないため，新たに地元の店の人々が立ち上がり，名称を変更して「江古田のまちの芸術祭」を始めた。

　第１回江古田のまちの芸術祭は，「江古田をアートのまちにしたい」との趣旨に賛同した地域の店やアーティストが集まり，2020年10月10日から10月18日までの９日間開催した。19店舗での絵画や写真の展示や音楽，演劇をおこない，延べ６千人が参加した地域芸術祭となった。資金ゼロからのスタートではあったが，参加費2000円と38店舗からの広告掲載料によって，案内用Ａ２サイズのマップチラシ１万枚とポスターを制作した。西武鉄道の後援をいただき，西武鉄道の駅構内にポスターを貼り，チラシを置くなどの応援をいただいた。

　第２回江古田のまちの芸術祭は，いっそう集中的に江古田のまちを盛り上げようと，３大学の学園祭の時期に合わせて2021年10月30日から11月７

日までを開催期間とした。33会場41企画へと拡大し，アニメキャラクター「ねり丸」や不思議な人形が商店街を練り歩くなど，賑やかな催しとなった。

　江古田映画祭，江古田のまちの芸術祭のいずれも，行政などから資金の補助を受けることなく，自力で立ち上げ自立した運営をおこなうことができた。それゆえに自由な表現空間を確保し，コロナ禍にあってもなんとか開催することができた。映画祭は表現の自由を徹底的に守ることにウェイトを置き，孤高を守り，独立性を重視すべきことに価値があるが，一方で地域芸術祭として「江古田のまちの芸術祭」はまちづくりの面にウェイトを置くべき事業であり，公的組織との協働は不可欠なものとして考えていく必要がある。

　国は，2001年12月「文化芸術振興基本法」（現・文化芸術基本法）を制定し，文化芸術は国民全体の社会的財産であるとの観点から，個人や民間企業・団体，地方公共団体，国などが，それぞれ自らが文化芸術の担い手であることを認識し，相互が連携協力して，社会全体でその振興を図っていく必要があるとしている。すなわち，地域においては文化芸術の担い手は市民であり，行政は市民の意見を反映させるという市民と行政の役割を明確にして，市民と行政が協働して文化芸術を振興することである。

　身近な行政である練馬区の「練馬区文化芸術の振興に関する基本方針」には次のような文言が並んでいる。「江古田駅周辺には，日本大学芸術学部，武蔵大学，武蔵野音楽大学の3校があり（中略）今後，これら三大学や区内の高校などとの連携を深め，文化芸術の振興を推進する」。「文化芸術振興には，区だけでなく区民，文化団体，地域団体，NPO法人，企業などがそれぞれの特性を活かし，協働して推進していくことが重要である。区は，文化芸術活動に関わる多様な主体のネットワークの構築を図るとともに，さまざまな活動の主体が参加できる協働の仕組みづくりを進める」。

　また，練馬新聞は江古田を芸術の街にするとの趣旨で2018年から3回「江古田フォーラム」を開催した。出席した練馬区地域文化部長からは，「街の特徴である“藝術の街”を発信し3大学や地域の方々と手を携えて街づくりを一緒にしていく」，「区民を惹きつける一番のキーワードは，『文化・藝術』」，「練馬区と3大学の4者で包括的な連携・協力に関する協定を締結した」との発言がなされている。さらに，山嵜哲哉武蔵大学学長は「江古田

駅南口に直結してある区所有の事務所跡を活用して文化藝術活動の拠点にする案がある」とまで具体論を述べて，積極的な姿勢を示している。また，木村政司日本大学芸術学部学部長は「つねづね，私は学生に『江古田の街は日藝のキャンパスと思って活用せよ！』と言っている」，「協定を締結したから良い，というものではない。結んだからには，皆で努力してつなげていかなくてはいけない」と，江古田を活性化することに積極的な発言をおこなっている。これだけ，行政も大学も江古田を芸術のまちにすることに積極的な発言をしていれば，さぞかし江古田のまちの芸術祭も順調に進んでいるはずであるが，大学はコロナ禍が始まってから，学生がキャンパスで授業を受けることすら難しくなり，また行政もコロナ対策で忙殺されており，芸術のまち構想は忘れられたような存在と化している。

　しかし，コロナ禍もそろそろ終焉を迎えてほしいという願望が募るなか，微かに前方に明かりがつき，映画のまち江古田，芸術のまち江古田が見えはじめているようだ。

大学生による地域の映像制作

坂本　旬

　大学生が映像制作する意義とは何か。もちろんメディア系の学部ならば，それは学習の専門性と一致するため，意義を疑う必要はないだろう。しかし本章で問うのは，専門教育ではなく，メディア系以外の学部や基礎教育としての映像制作である。同様の問題意識から書かれた松野良一ほか『映像制作で人間力を育てる』は，大学で映像制作を教える意味として，「映像制作という活動は，そのプロセスの中で学生の多様な能力を開発し，最終的に大きな教育的効果を発揮する」ことであり，簡単にいえば，「映像制作は学生の『人間力』を養う効果がある」と指摘している。そして映像制作がコミュニケーション能力を含む多様な能力の発達に関わる理由として，「『学内外で対人的接触をしなければ作品を完成できない』というプロセスを映像制作自体が内包している」ことを挙げている[1]。このような指摘は筆者の実践にも当てはまる。このことは大学だけではなく，小学校から高校に至る学習においてもいいうる。

　筆者は，ユネスコスクールで実施しているビデオレター交流実践について，ESD（持続可能な開発のための教育）で重視される7つの能力・態度として，批判的に考える力，未来像を予測して計画を立てる力，多面的・総合的に考える力，コミュニケーションをおこなう力，他者と協力する態度，つながりを尊重する態度，進んで参加する態度の7つすべてを含んだ総合的な学習であると書いたことがある[2]。ESDの観点からも，映像制作が総合的な「人間

1）松野良一，塚本美恵子，間島貞幸，五嶋正治，村田雅之『映像制作で人間力を育てる——メディアリテラシーをこえて』田研出版，2013年，1〜3ページ。

力」を育成する要素を持っていると考えられる。

　筆者による学部の映像制作もまた，メディア制作のスキルだけではなく，より広範囲の総合的な資質能力育成の観点から実施している。筆者が所属するキャリアデザイン学部は，人文系の学部であり，いわゆるメディア系ではない。しかし，1年生の基礎教育から学部の専門教育，さらに図書館司書課程・司書教諭課程に至るまで，映像制作を授業に導入しており，そのいずれも映像制作を目的にした授業ではなく，学部の教育・研究に関わる「キャリア」や「学習支援」の学習である。たとえば，1年生や司書課程の授業では，読書をテーマに静止画にナレーションを組み合わせたデジタル・ストーリーテリング（筆者はデジタル・ブックトークと呼ぶ）制作を導入している。比較的制作が簡単であり，スマホがあればできるため，ほとんどの学生が学習課題として制作に取り組むことが可能である。

　また，キャリアデザイン学演習（ゼミ）では，SDGs（持続可能な開発目標）の目標4「すべての人々に包括的でかつ公平で質の高い教育を提供し，生涯学習の機会を促進する」実践であり，学部の教育目標の一つでもある「学習支援」をテーマに，カンボジア研修，カンボジアの大学生とのドキュメンタリーの協働制作，ユネスコスクールにおける映像を用いた異文化交流支援などをおこなっている。本章で取り上げる「地域学習支援実習（コミュニティメディア班)」（以下，地域学習支援実習）は，春期に「地域学習支援論」を学んだ学生が秋期に取り組む実習班の一つであるが，地域学習支援の学習方法の一つとして，ゼミ生と協力して東日本大震災の被災地である宮城・福島での研修と映像制作をおこなっている。こうした活動も，映像制作を目的にしているのではなく，学部の教育目標達成のための手段の一つである。学習方法に映像制作が加わるまでは，レポート作成が主であった。

　ちなみに本章を執筆した2021年は東日本大震災10周年であった。筆者は，大学によるボランティア規制が2011年4月に解除されてから同年7月以降，ゼミ生とともに毎年宮城・福島を訪れてきた。2012年からは地域学習支援実習として，ゼミ生以外の学生も参加することとなった。2020年度は新型

2）坂本旬，寺崎里水，笹川孝一「福島における『持続可能な開発のための教育』のための地域学習支援」
　『法政大学キャリアデザイン学会紀要』第16巻第2号，2019年。

コロナウイルス感染症流行のため，9年間続いた被災地訪問は途絶えることとなったが，2年と3年のゼミ生は過去の映像作品を視聴し，9年の活動をたどることにした。そして，2021年2月13日，武蔵大学で開催された白雉映像祭「学生・市民による映像を活用した地域の記録そしてコミュニティアーカイブ構築を考える」に参加し，発表をおこなった。そのテーマは「法政大坂本ゼミ：宮城・福島映像制作クロニクルとアーカイブの構想」であった。発表では，筆者による被災地取材実習の概要と年度ごとの活動内容の報告に続き，坂本ゼミ3年生が過去の映像作品の紹介とともに，取材内容や方法の変化を報告した。本章はこの発表をもとに，9年間の映像制作活動を振り返り，基礎教育としての，学生による地域の映像制作の意義について検討したい。

1　地域学習支援実習の概要

　本実践の始まりは，東日本大震災の3ヵ月後から始まった坂本ゼミによるボランティア活動であった。ゼミ生の一人である田邊美樹を中心にボランティアの計画が立てられ，宮城県亘理町中央児童センターで子どもを対象としたリトミック（リズムに合わせて身体を動かす活動）をおこなうことになった。2011年度は，7月2日を初回として，8月28日，12月2日，2012年1月26日の計4回現地に赴いて実施している。このボランティアは田邊の知人による「勝手に義援隊」と名づけられた活動に参加するという形態で実施された。ボランティア活動としては，リトミック以外に様々な物資支援をおこなっている。[3] 映像撮影をするようになったきっかけは，保護者からの依頼であった。自宅が津波に流され，過去の写真もすべて失ったから，思い出になる映像を撮ってほしいという。こうして撮影を始めたが，取材や作品づくりを目的としていたわけではなかった。津波の記憶がまだ生々しい時期の子どもたちにとって，身体を使って楽しむリトミックはまさに求められていた活動

3）田邊美樹「人と人の間に在るもの──ミクロの視点で振り返る東日本大震災」『メディア情報リテラシー研究』第2巻第2号，法政大学図書館司書課程，2021年。

だったといえるだろう。

　一方，ゼミ活動としては，カンボジアでの映像制作や，都内小学校，法政大学第二中学校におけるビデオレター交流支援などをおこなっており，学生たちはある程度の映像制作のスキルを持っていた。田邊はリトミック活動の様子をまとめた「亘理町サンバな1日」を制作する。福島に通って卒業制作としてドキュメンタリーに取り組むゼミ生も現れた。そして出来上がったのが「特別な夏〜相双連合野球部の挑戦」である。2012年度からキャリアデザイン学部に資格認定科目「地域学習支援」が設置される。筆者は秋期の実習の一部を「地域学習支援実習」として担当することとなった。それまではボランティアとして被災地に通っていたが，授業としても学生とともに被災地に行くことになったのである。さらに，実習に向けて武蔵大学の松本恭幸ゼミと協力し合うこととなった。

　当時，松本ゼミは被災地のコミュニティメディア調査をおこなっていた。国境を越えた交流活動をおこなうNPO法人地球対話ラボの「いま私たち市民にできることプロジェクト」への参加や，いわき市，南相馬市，山本町のコミュニティメディア調査など，本授業と松本ゼミとの共同活動は多岐にわたった[4]。共同活動は地域学習支援実習と完全に重なっていたわけではなく，2012年7月10日にはゼミとしていわきで「いわき子どもを守るネットワーク」の共同取材をおこなっている。また，2012年度の地域学習支援実習の受講生は全員がゼミ生であった。ただし，このようなケースはこの年だけであり，2013年度以降，坂本ゼミ生は「地域学習支援」を履修していない（逆に「地域学習支援」を履修した学生が坂本ゼミに入った事例は存在する）。2013年度と2014年度も松本ゼミと協力しているが，松本ゼミの被災地における活動は2014年度で終了したため，2015年度以降は坂本ゼミ単独の活動となる。

　2014年度は毎日新聞社との協力を開始した。この年に川内村を実習場所にしたのは，毎日新聞社からの紹介による。毎日新聞社と協力することになったのは，2015年度，同社と文科省ユネスコ国内委員会補助金「グローバル人材育成をめざした福島原発被災地域におけるメディア活用型ESD地域

4）その一部は，松本恭幸『コミュニティメディアの新展開――東日本大震災で果たした役割をめぐって』学文社，2016年，に掲載されている。

学習支援モデルの創造」を共同申請し，採択されたことによる。この事業により，福島 ESD コンソーシアムを設立し，福島県内各地のユネスコスクールやユネスコ協会のネットワークを構築し，ユネスコのメディア情報リテラシープログラムを活用して海外の学校との異文化交流実践を進めることになった。その中心となったのは須賀川市立白方小学校とネパールの小学校とのビデオレター交流である。坂本ゼミもこの活動を推進するため，白方小学校やいわき市立四倉小学校での授業支援を実施し，四倉小学校での授業支援はNPO 地球対話ラボと協力しながら地域学習支援実習にも組み込んでいる。ただし，白方小学校での授業支援についても数多くの映像を制作しているが，本章で紹介する映像作品には含まれていない。

「地域学習支援」を担当していた佐藤一子は，2015 年度をもって定年退職したため，佐藤が石巻で実施していた地域学習支援実習の一部を筆者の実習に組み入れることになった。その結果，2016 年度より実習範囲は宮城県石巻市から福島県いわき市まで拡大した。実習日程も 2 泊 3 日から 3 泊 4 日に延ばすことになった。協力団体も NPO 地球対話ラボ，宮城県青年団連絡協議会以外に広野中学校で毎日新聞社と協力しながら映画制作をおこなっていた社団法人リテラシーラボ，福島大学とも協力関係を形成していったのである。

2　映像制作の意味とその変化

坂本ゼミ・地域学習支援実習受講生が制作した映像作品は，時とともに変化している。震災直後はボランティア活動が目的だったため，取材はおこなっていないが，2012年度からは学習活動の一環としての取材を始めている。当初，福島第一原発周囲20キロ圏内は立ち入りが禁止されており，その周辺地域は津波の被害がそのまま残されていた。当初はコミュニティメディアへの取材が中心であったが，とりわけ学生たちが関心を持って取材したのは仮設住宅や住民の生活，教育の現場であった。それはキャリアデザイン学部の特性を表しているともいえる。そのため，南相馬市の小学校や仮設住宅な

ど，単独で取材することもあった。

　福島第一原発のそばを通る国道 6 号線の一般通行が可能になったのは，2014年 9 月15日である。翌年から実習も国道を通過して北上もしくは南下するルートを利用することになった。復興が進むにつれて，災害直後につくられた応急仮設住宅から復興公営住宅への住み替えが進んでいく。取材対象もこうした復興の進展とともに，住民の日常生活や復興への取り組み，震災記憶の伝承へと変化していった。また，震災記憶の伝承や復興教育に取り組む学習支援活動を取材するようになっていった。当初の「コミュニティメディア」重視から，より地域学習支援重視へと変わっていったのである。それは復興の進展によって，一見して被災地だとわからなくなっていったこととも関係する。

　さらに，映像制作の仕方も徐々に変わっていった。取材者自身もまた取材対象になっていったことも大きな変化の一つである。地域学習支援実習はいくつかの班に分かれて，それぞれの施設でインターンシップを実施し，12月にそれぞれの班が発表会で成果のプレゼンテーションやポスター発表をおこなっている授業である。そのなかでもコミュニティメディア班は坂本ゼミの支援を得て映像を制作し，プレゼンテーションの一環としてその映像を上映している。プレゼンテーションの時間に合うように毎年15分程度の長さの映像にする必要があった。この発表会で必ず聞かれる質問の一つが，実習生が被災地で何を感じ，何を学んだのかという問いであった。写真 1 は，2014年度の地域学習支援実習受講生が授業中に書いたメモである。実習が終了すると，撮影した映像を簡易編集する。そのようにして出来た映像を授業ではラッシュと呼んでいる。ラッシュを受講生全員で視聴し，それをもとに制作する動画のストーリーラインをディスカッションしながらまとめ上げていく。このメモには「どのような思いで現地に行き，何を感じたのか」，「一視聴者として一般市民として本当に知りたいことは何か。取材される側が本当に伝えてほしいことは何かを考え，現地に向かった」と書いている。そして震災報道を批判的に考察し，「本当に伝えなければならなかったことは何だったのか」と自問している。

どのような思いで 現地へ行き、　自然　写真で、
何を感じたのか　　　　　　　　瑞々平
　　　　　　ストーリー　（15分）・　(最後)は中学校の話を
地域学習支援　　　　　　　　　　　　　　ナレーションでいれる
　　　　　インタビューを使う!　　　H26　10　17
　　　　　どこを使うか

東日本大震災で原発事故が起き、避難指示区域の住民は
全員どこかへ避難し、暮らしている。この報道はしっかりと事実を
伝えている。だが住民はどこでどのような暮らしをしているのか。
住居、金銭面、人々の気持ちなど具体的なことは触れていない。
私は震災や津波の映像、被害者数、復興支援をただ繰り
返し、同じような放送しかしないメディアに疑問を抱いていた。
被害の大きさばかりを強調し、実際に起きていることを正面から
向き合って報道しているのかと疑問だったのだ。特に放射能被害は
「基準値」の安全基準は何かを私たちはほとんど知らない。しかし、
毎日のように原発区域の農産物の放射能被害を「基準値」を
大きく上回る」と情報を投げかける私たちは東北産の食べ物は
買わなくなっていくのだ。ある地域限定で買わないのではなく、
東北全般のものを遠ざけていく。まるでメディアに操られている
かのようである。

　一視聴者として、学生として、一般市民が本当に知りたいことは
何か、取材される側が本当に伝えてほしいことは何か、を考え、
探すために現地へ向かった。福島県川内村には豊かな自然が
広がっていた。そこで生きる多種多様な生物は震災前とおそらく
変わっていないだろう。避難指示が解除され、戻ってきた住民の方々も
まだ戻れない方々も以前と変わらない暮らしを願っているだろう。

実際の報道と比較　震災直後から変化していく報道
　　　　　　　　（地震・津波の映像→原発事故→放射能被害）
大きく分けると3段階ある。ある段階を報道しているときは、
それだけを強調。事実と異なっていても、報道する材料は都合の良い
ように切り取る。
そのときどきに本当に伝えなければならなかったことは何だったのか
時系列にまとめていく。

写真1　学習ノート（2014年10月17日）

教育の場での映像制作は，ホームビデオのように単に撮影した映像を鑑賞することが目的ではない。重要なことは，映像視聴とは体験の批判的な振り返りであり，映像編集とは他者に伝えるべきメッセージの探究である。そのプロセスのなかで，大手メディアによる報道と自分たちが伝えるべきメッセージを比較する。報道は都合のよい部分を切り取るが，自分たちのメッセージもまた同じように編集され，構成されていることを，映像制作を通じて理解することになる。

　地域学習支援実習における映像制作は，被災地に行ったことがないキャリアデザイン学部の学生を視聴者として想定し，被災地での実習で知ったこと，感じたことを伝えることを目的とした。しかし，実習生の意識の変化が問われるのならば，単に取材対象へのインタビューをおこなうだけではなく，自分たち自身の変化の記録が必要である。「あなたは取材を通して何を感じ，何を得たのですか」という質問は，必ず彼ら自身が上映会や発表後に問われる。取材者は取材対象者に対して，客観的立場に立つ第三者ではなく，地域に関わりを持ち，そこで何かを感じ，行動する自立した主体である。とりわけ，人のキャリアを学び，キャリア形成や学習の支援をめざすキャリアデザイン学部の趣旨からすれば，この視点は重要である。筆者はかつて「他者を取材対象とするドキュメンタリーにセルフ・ドキュメンタリーの要素を付加させた『体験の言語化・映像化』と呼ばれるコンセプト」を提起し，次のように書いている。

　「ドキュメンタリー映像に取材者自身が登場し，そこで感じたことを言語化するシーンを挿入することにした。一見すると，セルフ・ドキュメンタリーに見える。あるいは，ドキュメンタリーのメイキング映像のようにも見える。この試みを全面的に実施したのは2017年度『地域学習支援実習』コミュニティメディア班による宮城・福島取材であった。学生たちは意図的にお互いに取材するシーンやその場で感じたことをインタビューし合うシーンを撮影して作品を制作した。この作品は2017年12月10日に平塚市で開催された『湘南ひらつかメディフェス』で参加学生自身によって上映報告された。さらにこの手法は同年12月のカンボジア海外研修時のカンボジア・メコン

写真2 「私たちの震災リアル」（2017年）

大学とのドキュメンタリー協働制作にも使われた。『体験の言語化・映像化』は市民ジャーナリズムとセルフ・ドキュメンタリーの両者の特徴を取り込んでおり，自己表現と同時に社会との関係そのものを明示的に表現することをめざした映像制作手法であるといえる。」[5]

　このような特徴を示す作品は2017年度以降に増えていった。写真2は2017年度作品「私たちの震災リアル」の一カットであるが，学生が学生にインタビューをしているシーンである。このカットの次に，左の学生のカメラのショットへと変わる。つまり，この場には2台のカメラがインタビューを撮影しており，このショットはインタビュー取材を撮影したものだということがわかる。学生が学生をインタビューし，その様子を撮影するのは，自分たちの活動そのものを映像にしようと考えていたからである。このようにして出来上がった作品は，セルフ・ドキュメンタリーの要素を持つことになる。このような撮影手法を用いることで，実習によって何を感じ，何を考

5）坂本ほか，前掲論文，50〜51ページ。

えたのか，リアルタイムに記録することができるようになる。

　ゼミ生は自分たちの映像手法を「体験の言語化・映像化」と呼び，その手法を解説した映像も作成している。ゼミのカンボジア研修では，カンボジアの大学生と短いドキュメンタリーを協働制作するが，その過程そのものを撮影し，協働制作作品とは別の作品として制作する。そしてそれを学部の研究発表会で上映するのである。彼らの活動全体を紹介するためには，協働作品を上映するよりも伝わりやすいからだ。

　この映像を単なる体験の映像化ではなく，言語化・映像化と呼ぶのは，現場でのインタビューとともにナレーション原稿の執筆が必要となるためだが，それだけではない。現場で互いにインタビュー取材することで，その場で感情や感覚を言語化させているからでもある。「体験の言語化」は，早稲田大学の平山郁夫記念ボランティアセンターが全学オープン科目として開設している「体験の言語化」のアイディアをもとにしている。科目「体験の言語化」は「自分が心に引っかかった体験」を思い起こして，社会の課題に結びつけ，「自己を社会に文脈化」し，5分間の「語り」にまとめあげる学習である[6]。「体験の言語化・映像化」は，そのコンセプトを映像制作活動に取り入れたものである。「体験の言語化・映像化」は体験の事後におこなうのではなく，体験とともに実行される点が大きな違いである。その結果，予測不可能な突発的事態も言語化され，映像化されることになる。

　このようなセルフ・ドキュメンタリー的な手法の導入は，大手メディアのドキュメンタリーとの対比で考えれば，その意味することは明確であろう。大手メディアが報道として視聴者に見せる映像には，一般的に制作主体を意識させないし，制作主体と取材対象との相互交流や葛藤，制作主体の意識の変化を意図的に残そうとはしない。しかし，「体験の言語化・映像化」手法はそれとは逆に，積極的に制作主体の意識の変化を表現しようとする。このことは，ありがちなテレビ局や映像専門家による学校への映像制作ワークショップ支援とは一線を画す。プロの映像のモノマネではない，自分たち自身の自分たち自身による映像制作こそ，教育的価値があるという立場に立って

6）早稲田大学平山郁夫記念ボランティアセンター「体験を自分の『コトバ』にする」https://www.
waseda.jp/inst/wavoc/contextualize/

いる。

　学生たちにとっては4年間で1回の経験にすぎなくても，ゼミとしては
9年間の積み重ねがある。ゼミの活動としては決して被災地調査だけをお
こなっているわけではなく，海外研修は2005年度から実施しており，2019
年度からは沖縄研修も始めている。これらの研修でも映像制作をおこなって
いる。9年間にわたる宮城・福島取材映像作品は，これら学生たちが制作
した映像作品の一部である。また，地域学習支援実習成果発表会の発表時間
が20分に限られていたため，作品は15分という制限があった。2017年度以
降は地域学習支援実習の発表方式がポスターセッションに変更になった。こ
の年は地域学習支援実習として，ポスターと映像制作の両方をおこなったが，
翌年度から負担が大きいため，ポスター制作だけをおこなっている。すなわ
ち2018年度以降はすべてゼミ活動として制作した映像作品である。

　ゼミ活動として制作した映像作品は，年度終わりに開催される学部学生研
究発表会で用いられた。ただし，すでに述べたように，海外研修や沖縄研修
でも映像を制作しているため，被災地取材に関する映像は短く少ない。撮影
する映像の量に違いはないが，2016年度以降，作品の数が減少している。
坂本ゼミの活動が多面にわたり，地域学習支援実習の映像制作に注力する時
間が少なくなったことが背景にある。実際には映像作品の形になっていない
未公開のフッテージ（撮影されたショット）が大量に存在する。そのなかには
貴重なインタビュー映像もあり，こうしたフッテージそのものをアーカイブ
化し，それを用いて新しい作品をつくることも可能である。そのためにも撮
影されたすべての動画のアーカイブ化が必要になるだろう。

　さて，冒頭で触れたように，2020年度は新型コロナウイルス感染症対策
のため，坂本ゼミは宮城・福島実習をおこなうことができなかった。地域学
習支援実習はそれに代えて，須賀川市立白方小学校で開催された授業発表会
に参加することになり，その成果をポスターにまとめた。人数制限があった
ため，坂本ゼミ生は授業発表会に参加することができなかった。こうした事
情から，ゼミ生は過去の映像作品を視聴し，その成果を武蔵大学の白雉祭で
発表したのである。では彼らは過去の映像から何を見出したのだろうか。下
の2つの文章は，白雉祭で報告した2人の3年生による文章である。

＊　＊　＊　＊　＊

①前半（2011～15年度）

　坂本ゼミに残る，東日本大震災の映像アーカイブのうち前半（2011年～2015年）を視聴した。前半の映像は，震災の爪痕が深く残っているのが印象的である。積み上げられた瓦礫や津波の影響をうけたままの不自然な建物の中で暮らしている人々と出会い交流している様子が生々しい。震災の前の街の姿への思いを馳せ，昔はどんな街だったのかを語ってくれる人々の姿が目立つ。震災発生から時間が経っていないこともあり，国や役所に対する不満をこぼす方や矛先の見当たらない怒りをあらわにする様子が映し出され，私たちが本当に知るべき被災地の様子は「どのくらい復興したか」ではなく「何に対してどんな思いを抱いているのか」ということだったのだと感じた。また，震災当初から取材を続けてきた学生たちに対して心を許して取材に応じてくれた教員や，信頼しているからこそ「東京に殺されたと思っている」「東京のひとには何にも届かない，響かないんだ」と語ってくれた方がいた。

　当時の状況だからこそ生み出された感情や言葉，様子は重たく，再現できない独特の価値があると感じた。映像がアーカイブされて当時のまま形に残っていることで，当時の記憶が蘇り，それを現代の人に届け，見返し，後世に残すことで新たな気づきや考えが生まれると考えさせられた。

②後半（2016～19年度）

　過去の映像を視聴してわかったことは2つの変化である。1つ目の変化は取材対象の変化。震災直後の映像では「震災の爪あと」を記録したものが多かった。しかし，その後は仮設住宅で暮らす人々への取材といった「被災した人々の生活」に焦点を当てるものが増えた。そして，復興が進んでくると南浜つなぐ館のような「震災を伝える活動」が対象となり，最近の取材では，福島大学のふくしま未来学を取り上げたように「教育」へと取材の対象が変わっている。

　2つ目の変化は取材目的の変化である。取材を始めたころは，被災地の現状を「知る」ことが主目的となっていたのだが，その後，これらの現状を「伝える」ために取材を行なっている様子が見られる。そして，復興の進行とともにゼミで学んでいる映像メディアを活用した支援をする。つまりこれ

らの技術を「教える」ことが大きな目的になっている。これらの目的を経て最終的には震災の記憶を風化させないためには自分たちに何ができるのかを「考える」ことを目的に取材を行なっている。過去の映像の中にはこのような2つの変化が見られた。この変化からは，年月，そして復興が進むにつれて，被災地だけでなく，取材する側の意識も変化しているということが読み取れる。

＊　＊　＊　＊　＊

　この2つの文章から何を読み取ることができるだろうか。前半の映像からは，取材主体ではなく，取材対象の発言や震災の爪痕の情況を読み取って感想を書いていることがわかる。一方，後半の映像からは前半の映像とは異なる2つの変化を読み取っている。一つは取材対象が「震災の爪あと」から「被災した人々の生活」へと変わっていったことである。もう一つは取材目的が「伝える」ことから「考える」ことへと変化していったことである。この気づきは，映像制作手法の変化がもたらしたものだと考えられる。映像が「考える」ことを目的にすれば，見る側にも「考える」視点を提供することになる。そこには結論はなく，何を考え，何を見出すか，それらは見る側に委ねられる。映像制作の目的は，「伝える」ことだけではない。同時に「考える」ことをメッセージとして含むものでなければ，教育的価値のある映像制作とはいえないのである。

3　メディアリテラシー教育としての映像制作

　本章は東日本大震災から10年目に当たる2021年に，過去9年間の坂本ゼミ・地域学習支援実習による映像制作活動を振り返りながら，基礎教育としての，学生による地域の映像制作の意味を検討するものであった。もし，実習が被災者へのインタビューや施設の見学だけで終わるならば，実習参加者に「感想」以上のものを生み出すことはできないだろう。学習者としての映像制作者は決して観察者としての第三者ではなく，取材対象と人間関係を生成し，場を共有する変化主体でなくてはならない。そして同時に，マスメデ

ィアによって自己のなかにつくられてきた印象を対象化し，本当に伝えるべきメッセージとは何か，探究しなくてはならない。

このように考えるならば，映像制作もまたメディアリテラシー教育の一形態として見なすことができるだろう。本章冒頭で紹介した『映像制作で人間力を育てる』は，執筆者による座談会を掲載しているが，そのテーマはまさにメディアリテラシーであった。そのなかで著者の一人・松野良一は「メディアリテラシーの構成要素のうち『メディア表現』という能力を育成するだけではなく，もっと広範囲な能力を育成するのが，映像制作活動」だと指摘している[7]。つまり，映像制作活動の一部としてメディアリテラシーが含まれることになる。しかし，筆者はむしろメディアリテラシーの一部として映像制作を位置づけている。この問題はメディアリテラシーの定義と関係する。最もよく知られた定義である全米メディアリテラシー教育学会（NAMLE）による定義，すなわち「あらゆる形態のコミュニケーションにアクセスし，分析し，評価し，創造し，行動する能力」[8]に依拠するならば，こうした活動はまさにメディアリテラシー活動である。とりわけ筆者は，映像制作活動は同時にマスメディアを相対化する過程を含んでおり，それ自体がオルタナティブメディア活動であると考えている。前節で紹介した学生による学習メモはそのことを示している。そして，それはゼミ生がおこなっている小学生のビデオレター実践やカンボジアの学生との協働制作活動についても当てはまるだろう。映像制作は学習の方法や結果ではなく，学習の過程である。そしてNAMLEのメディアリテラシーの定義に含まれている「行動」につながるものでなければならない。

2020年度のゼミ生たちは9年間の映像の視聴を通して，こうした変化をクロニクルとして考察する機会を得た。彼らは確かに現地で実体験することができなかったが，映像によって追体験することができたといえるのではないだろうか。この経験からいえることは，新型コロナウイルス感染症パンデミック後であっても，こうした学習を通常の学習に組み込むこと，そして今後は映像アーカイブの構築を意識することが重要だということである。それ

7）松野ほか，前掲書，140ページ。
8）NAMLE, Media Literacy Defined. https://namle.net/resources/media-literacy-defined/

は，過去の学習成果の蓄積だけではなく，過去の学習の追体験を可能にするといえるだろう。

　さらに「広義のメディアリテラシー」についても触れておきたい。筆者は，東日本大震災以降のメディアに関わる実践や研究を概観しながら，多元的で循環的なメディアリテラシーの必要性を指摘した。東日本大震災以降，多様なメディアリテラシー教育実践がおこなわれたが，同時に今なお大きな課題として考えなければならない災害時の流言・デマに対抗する教育実践の必要性を指摘した。こうした問題は，2016年以降世界的な課題となった「フェイクニュース」や陰謀論をめぐる問題とも重なっている。

　本章で紹介した映像制作活動は創造的な学習活動だといえるが，その活動に参加した学習者は創造活動をおこなうだけではなく，同時に私たちが大量の偽情報やデマに囲まれて生活していることを理解し，そのような現実に対抗する能力を身につけなければならない。こうした能力も含んだ多元的で循環的なメディアリテラシー教育が今日求められているといえる。学生による地域の映像制作は，広義のメディアリテラシー育成を目標にしながら，グローバルな社会の課題に向き合うことが求められる。

注：本稿は以下の論文の一部をもとに加筆修正したものである。

坂本旬，井関愛美，鈴木真凛，中山賢吾，坂本萌々，ソウ・ギョウセン，高田結梨葉，
　　福山瑶子（2021）「東日本大震災10年と地域学習支援実習映像制作クロニクル」法政
　　大学キャリアデザイン学会『生涯学習とキャリアデザイン』第18巻第2号。

　また，坂本旬「東日本大震災10年と多元的で循環的なメディア・リテラシー」『メディア情報リテラシー研究』第2巻第2号，2021年，および同『メディアリテラシーを学ぶ——ポスト真実世界のディストピアを超えて』大月書店，2022年も参考にされたい。

第 Ⅲ 部

地域の記録と記憶の継承

第11章

地域におけるコミュニティアーカイブの構築に向けて

松本恭幸

　今日，全国各地で地域の記録と記憶を保存して将来に伝えるため，自治体や市民によるテキスト，写真，音声，映像等を活用したコミュニティアーカイブ構築に向けた取り組みがなされている。

　こうしたコミュニティアーカイブ構築の取り組みは，1996年にデジタルアーカイブ推進協議会が設立されて以降，アーカイブ構築に必要なデジタル技術の発展と連動して，2000（ゼロ）年代には各地に普及していった。当初は地域の文化資産をデジタル化してアーカイブを構築することで，地域の情報や魅力を広く発信して地域活性化をめざすといった文脈での取り組みが少なくなかったが，その後，地域に残されたかつての人々の日常生活を記録した8ミリフィルムの映像をデジタル化してアーカイブの構築をめざす活動が各地で生まれ，また2011年の東日本大震災をきっかけに，被災地を中心に地域の記録と記憶を将来に継承することを目的としたアーカイブの構築も，強く意識されるようになった。

　この章では，こうした近年の地域の記録と記憶を伝えるコミュニティアーカイブ構築の取り組みについて，いくつかの事例をもとに見ていきたい。

1　沖縄における地域映像のアーカイブ化

　沖縄県の本島南部の南風原町にある映像制作会社のシネマ沖縄では，公益財団法人沖縄県文化振興会の「沖縄文化芸術を支える環境形成推進事業」の

一環として，8ミリフィルムに収録された沖縄の記録映像を配信する，沖縄アーカイブ研究所のサイトを運営している。

シネマ沖縄ではもともと沖縄県文化振興会の「沖縄文化活性化・創造発信支援事業」に応募した「琉球と東アジア文化遺産プロジェ

沖縄アーカイブ研究所のサイトを立ち上げたシネマ沖縄の真喜屋力プロデューサー

クト映像集積，収益化による映像コンテンツアーカイブ事業及び琉球と東アジア失われた文化遺産映像祭普及啓発事業」が採択されて，沖縄および東アジア地域の歴史文化映像の調査・保護とそのデジタル化，アーカイブ構築に取り組んでおり，その一環で2014年に東アジア映像館のサイトを立ち上げ，沖縄を中心とした東アジア地域の歴史文化映像の配信をおこなっていた。だがシネマ沖縄プロデューサーの真喜屋力によると，「二次利用のための著作権・所有権の処理が難しく，自社作品中心の配信になってしまった」という。

そうしたなかで真喜屋は，過去に沖縄の市民が8ミリフィルムで記録した映像に注目する。そして2017年に沖縄県文化振興会の「沖縄文化芸術を支える環境形成推進事業」に応募した「8mm映画オープンデータ実証実験によるデジタルアーカイブ・ネットワーク支援事業」が採択されて，これ以降，沖縄の家庭に眠るかつて市民が撮影した8ミリフィルムを収集し，デジタル化して公開する取り組みがスタートした。

「最初，新聞や放送を通して8ミリフィルム提供の呼びかけをおこない，それに応じて提供いただくフィルムをデジタル化して多くの市民が利活用できる共有財産にすること，すなわち映像を必要に応じて部分的に編集すること，ウェブ上での公開，様々な場での上映，そして最終的に公的なアーカイブ機関への寄贈について書面で同意いただいた方から，フィルムを預かりデジタル化して保存するとともに，デジタル化した映像をディスクに収録してフィルムの提供をいただいた方に差し上げている」（真喜屋）

そして提供者を増やしていくためには，デジタル化した映像を単に沖縄アーカイブ研究所のサイトにアップするだけでは観る人の数が限られるので，テレビでの放送やできるかぎり様々な機会を活用して上映することで，多くの人の目に触れることが，フィルム所有者がこちらの活動を理解し，安心して提供してもらううえでも重要と考えた。

　放送に関しては沖縄テレビで毎月1回，ニュースのコーナーでデジタル化した映像を，真喜屋の解説つきで放送している。またこれまで沖縄各地で，自ら主催あるいは招待で上映会をし，映像をもとに写真にしたパネル展，アーティストのパフォーマンスとコラボしたインスタレーションもおこなってきた。上映会には，映像に記録された時代を知る高齢者を中心に多くの人が訪れ，映像をきっかけに参加者の間で過去を振り返り，様々な会話が活発になされている。

　現在，シネマ沖縄には延べ100時間以上の8ミリフィルムの映像が集まっており，そこには700以上のエピソードが含まれている。これを沖縄アーカイブ研究所のサイトで順次，クリエイティブ・コモンズ・ライセンス（原作者のクレジットを表示することを主な条件に，改変，営利目的での二次利用が許可される，最も自由度の高いCC BYの表示）をつけて配信している。なお現在，ダウンロードは不可だが，サイトへの埋め込みは自由で，アーカイブされた映像をいろいろな人に使ってもらうことで，それが文化資源として活かされ，将来に残していくことにつながっている。

　さらに積極的に様々な機会に上映することで，そこに集まった人たちから，映像に映っている場所等についての新たな情報を知らされることも多々あり，そうした情報が付加されることで，映像の価値がさらに高まることになる。

　そしてシネマ沖縄では，行政やマスコミからの依頼があればデジタル化した映像を提供しているが，予算のあるところに対しては，より高度なデジタル化の技術を使ってクオリティの高い映像にして残すための協力を依頼している。

　沖縄の地域映像アーカイブを構築する意味として真喜屋は，「世界中に沖縄の映像史料を配信することで，沖縄の歴史文化についての一次資料となる研究素材を提供し，内外の多くの人に沖縄に関心を持ってもらうとともに，

様々な形での利活用も含めて多くの地元の人がアーカイブの構築に関わることは，沖縄からの情報発信者を育てることにもつながる」という。

なお今後の課題として真喜屋は，8ミリフィルム以外の映像のデジタル化と，沖縄本島以外の人が撮った沖縄の8ミリフィルムの収集を挙げる。

すなわち「戦後の沖縄の映像は，70年代までテレビ局の報道カメラマンが16ミリフィルムで撮影してビデオに変換して放送に使われていたが，その多くは放送に使われた後，局で保存していない。ただ，撮影したフィルムの一部を，局のスタッフが（そのなかに子どもの映像が映っている等の理由で）撮影した相手にプレゼントして，それが家庭に眠っているケースがあるので，これからその発掘をおこなっていきたい」（真喜屋）とのことだ。

また，「戦前にハワイをはじめ海外に移民，あるいは本土に移り住んだ沖縄出身者が，戦後，観光等で沖縄を訪れた際に撮った8ミリフィルムや，復帰前に米軍関係者が撮った8ミリフィルムの収集は全く手つかずで，こちらもぜひ取り組みたい」（真喜屋）という。他にも真喜屋は，「本島以外の島の8ミリフィルムについてはほとんど収集ができておらず，特に復帰前に台湾との間で人や物資の行き来が活発だった与那国島は，当時，裕福な家庭も多く，8ミリフィルムで撮った映像が残っている可能性が高い。いずれ現地で上映会を開催して，新たなフィルムの提供につなげたい」と語り，沖縄アーカイブ研究所のサイトで公開される映像をめざしている。

2　3.11の被災地での震災アーカイブ構築

2-1　自治体による復興に向けた震災アーカイブ構築

東日本大震災で被災した多くの自治体では，震災から時間が経過してインフラの復旧が進むなか，地域の復興に向けて震災体験をどのように記録して保存していくのかが大きな課題となっていった。特に津波の被害を受けた地域では，各家庭で保管していた写真が流され，震災前の風景の記録の多くが失われた。人々の震災体験の記憶も，証言の形で将来に残す必要があった。

そのため被災地の一部の自治体では，自治体の広報部門等が中心となって，震災アーカイブを構築しようとする取り組みが生まれる。宮城県多賀城市では，東日本大震災のすぐ後に震災アーカイブを構想して2011年9月にアーカイブプロジェクト「みちのく震録伝」を立ち上げた東北大学災害科学国際研究所と，2013年2月に協力に関する協定を結び，同年7月から連携して多賀城市震災経験・記録伝承事業をスタートさせた。そして2014年3月に，「史都・多賀城防災・減災アーカイブス　たがじょう見聞憶」が公開された。

　当時，総務部地域コミュニティ課広報広聴係係長だった瀧口光江によると，「多賀城市では震災後間もない時期から，被災した市内の様子を写真に収め，2011年9月に市役所のロビーで震災当初から半年間の復興状況について写真を展示した。その際に広報誌で市民の方にも，写真の提供を呼びかけた」という。その後，2011年12月に発表された多賀城市震災復興計画のなかで，復興に向けた重点課題として「震災経験の伝承とまちの魅力度向上」を掲げ，震災経験を伝承して世界に向けて発信していくため，「みちのく震録伝」の立ち上げに携わった東北大学の今村文彦教授からのアドバイスを得て，多賀城市震災経験・記録伝承事業が構想された。そして2012年12月の多賀城市復興交付金事業計画で正式に決定し，「たがじょう見聞憶」の構築がスタートする。

　「たがじょう見聞憶」にある，行政の資料等を除いた市内の様子を記録した写真，映像のなかで最も多いのが，市の職員が復旧・復興作業に取り組むなかで撮ったものである。それに加えて，地元の市民や企業から提供されたもののうち，個人情報が掲載されているものを除いて，地図と連動して撮影した場所と時間がわかる形で公開している。また被災した方へのインタビューについては，東北大学災害科学国際研究所の柴山明寛准教授が作成したインタビューシートをもとに，市とつながりのある地区の区長や企業・団体・学校等の関係者を中心にインタビュー相手を人選して，主に専門のリサーチ会社に委託しておこない，文章に書き起こした。他に「たがじょう見聞憶」には，東日本大震災前の災害の記録や写真もデジタル化して収録している。

　こうして2014年3月に公開された「たがじょう見聞憶」は，その内容の

一部を広報誌で紹介したり，宮城県図書館の「東日本大震災アーカイブ宮城」にリンクされたりすることで，市の内外で徐々に知られるようになり，他の自治体等からの「たがじょう見聞憶」に関する講演依頼，マスコミからの写真提供依頼が来るようになった。当時，総務部副理事（地域コミュニティ課長）だった小野史典は，「震災アーカイブは構築して公開したらそれで終わりではなく，システムメンテナンスと併せて，復興のプロセスの記録を収集して蓄積していくとともに，それをどう有効に活用するのかが大きな課題となる」という。

多賀城市では震災アーカイブを市の広報広聴係が所管することにより，単にネットに公開するだけでなく，その情報を様々な形で広く発信するとともに，地元の企業の防災訓練や学校の防災教育のなかで役立ててもらうための働きかけに取り組んでいる。市内の小中学校で使われる防災教育の副読本の作成に際しては，「たがじょう見聞憶」の写真提供等で協力した。また地元の多賀城高校では2016年度，防災教育を専門におこなう学科として災害科学科が誕生し（阪神・淡路大震災の被災地である神戸市の舞子高校に続いて全国で2番目），こちらでおこなう授業のなかでも「たがじょう見聞憶」が様々な形で活用されている。

2-2 震災直後の調査記録活動の重要性

東日本大震災から10年を迎えた2021年3月，宮城県の震災復興に向けた震災伝承施設として，石巻市でみやぎ東日本大震災津波伝承館がオープンした。すでに同様の施設として，2019年9月には岩手県陸前高田市で東日本大震災津波伝承館（いわて TSUNAMI メモリアル）が，2020年9月には福島県双葉町で東日本大震災・原子力災害伝承館がそれぞれオープンしている。また被災地の各自治体でも独自に震災伝承施設を立ち上げているが，こうした施設の多くは，震災から何年かしてから設置に向けて具体的な検討がなされ，開館へと至っている。

一方，震災直後から震災の記録と記憶を伝承するため，震災後の被災地の姿や被災した人々の生活を，写真や映像で記録することに取り組んだ既存の

地域の博物館・図書館や市民団体もある。そして震災の記録と記憶の伝承という点では，震災後に新たに誕生した震災伝承施設と目的は同じだが，その取り組みや内容には大きな違いが見られる。

　宮城県気仙沼市に震災前からあるリアス・アーク美術館では，震災直後から独自に記録調査活動を実施し，それをもとに常設展「東日本大震災の記録と津波の災害史」をおこなっている。バブル期に計画されて1994年10月に開館した当時県立だったリアス・アーク美術館は，典型的な箱物行政の結果，開館時に美術品のコレクションに必要な予算がつかず，そのため地元の一般の家庭にある歴史・民俗系資料を集めて常設展をおこない，美術展については巡回展で対応していた。当初6400万円あった年間の事業費も，数年後には1000万円程度にまで減額されて美術館の存続が厳しくなるなか，2001年4月に常設展をリニューアルし，それまでに寄贈された100点余りの作品で常設の美術展をおこなうとともに，歴史・民俗系資料の展示については，「食」をキーワードに地域の歴史，民俗，生活文化を紐解く内容のものにして，「食」に関する地域の文化的な年中行事等を，手描きのイラストによる解説パネルで，美術館的な見せ方で紹介する常設展「方舟日記」をスタートした。

　副館長の山内宏泰によると，「新しいコンセプトで常設展を再構築したことで，地元を中心に来館者がかつての100倍近くになるとともに，その多くが長時間滞在するようになり，学校関係の利用やリピーターも大幅に増えた。またこれをきっかけに地域づくり活動との連携も出来て，地域文化を魅力的に伝えるリアス・アーク美術館は地元になくてはならない存在となった」という。

　その後，2004年5月にリアス・アーク美術館は宮城県から気仙沼・本吉地域広域行政事務組合に無償譲与され，広域行政組合の厳しい財政状況のなかで運営されることになる。2006年9月から10月にかけて山内は，後の東日本大震災のときの津波被害に匹敵する死者・行方不明者を出した明治三陸大津波をテーマにした「描かれた惨状——風俗画報に見る三陸大海嘯の実態」展を企画した。山内は，「三陸沿岸地域で津波は，不幸にして起きる偶然の自然災害ではない。歴史を振り返ると明治三陸大津波，昭和三陸大津波，

チリ地震大津波と，大規模な津波災害は40年ほどの間隔で起きている。これをきちんと文化的に位置づけて継承することが，次の津波災害の対策にもつながる」と考えて企画したものの，展示会場を訪れたのは1200人ほどだった。

2011年3月11日の東日本大震災で，リアス・アーク美術館は津波の被害を免れたものの，地震による建物の被害は大きかった。そうしたなかで当時主任学芸員だった山内は，当時の副館長兼学芸係長，学芸員，看視員の4人で，3月16日から独自の判断で津波の被災現場の記録調査活動を開始した。

記録調査活動を急いだのは，「津波の被害に遭ったまちの最後の姿を記録に残そうとしたから。これが記録に残ることで，被災者が被災する前のまちの文化的記憶を呼び覚ますことができる。復旧・復興作業でかつてのまちの痕跡が一掃された後ではそれができないため，記憶再生が可能な装置をつくるために必要だった」（山内）。

その後，3月23日に広域行政組合管理者（気仙沼市長），および教育委員会から正式に東日本大震災記録調査担当を任ぜられ，3月末で調査を補助していた看視員が退職した後は，3人の調査員で6月末まで被災地に通って記録調査活動をおこなった。ガソリンの入手ができた4月以降は，気仙沼市内だけでなく，隣接する南三陸町にも出かけた。7月からは当時の副館長が館の復旧や文化財レスキューの仕事に携わるようになったため，山内ともう一人の学芸員の2人で記録調査活動を継続することとなる。

記録調査活動当初は，「Googleのストリートビューのような形で，1人でも多くの被災者にまちの記憶再生のトリガーとなるような写真をできるだけ多く撮ることに努めた。撮影時の状況については，場所や日時以外に，調査員が音声や文章で撮影意図等のコメントを残し，また撮影現場を歩くなかで見えてきたことを活動日誌として残した」（山内）。

5月に入って被災現場の写真が撮り貯まるなか，山内たちは写真だけでは被災現場の様子を十分に伝えきれないという思いを強く持ち，並行して持

1）明治三陸大津波の後に当時の大衆雑誌『風俗画報』が現地を取材して，臨時増刊『大海嘯被害録』を3巻発行しており，そのなかで絵師が描いた図版70点を複写拡大してパネルにして展示した。

ち主の特定が不可能な津波の被害が伝わる遺物として「被災物」の収集を開始した。山内の考える「被災物」とは，「津波の破壊力，火災の激しさなど，物理的な破壊力等が一見してわかるもの」，「災害によって奪われた日常を象徴する生活用品や，震災以前の日常の記憶を呼び起こすようなもの」。こうした「被災物」が被災現場を埋め尽くしており，それは被災者が被災する前のまちの文化的記憶を再生するのに重要なモノだった。

　「被災物」の選別は山内によると，「被災現場を歩くなかで，目が合って離せなくなったものを収集した」という。すなわち津波で自宅を消失した山内をはじめとする被災経験を持った調査員が，被災現場で見て自らの記憶がよみがえって経験を共有できるモノを選んだ。たとえば被災現場で目にした津波で流された炊飯器は，津波以前の幸せな家庭の食卓や家族の風景といった，多くの人にとって普遍的な記憶を再生するスイッチとなる。リアス・アーク美術館でそれまでアートに関わってきた調査員は，自らの経験をふまえて「被災物」を選ぶ主観が，多くの相似する主観を持った被災者に共鳴して，コミュニケーションが取れることを信じて収集に取り組んだ。

　5月以降の記録調査活動では，写真を撮影する傍ら，とりあえず現場から人力で運べるものを持ち帰った。6月末で被災現場の写真撮影を中心とした初期の調査活動は一段落し，それ以降は撮影した写真を整理する傍ら，館の再開に向けた準備や講演依頼への対応等をおこない，その合間に復旧工事で風景が変わった地域があれば撮影に出かけた。「被災物」の収集については，10月から支援物資としてトラックがリースされたため，日用品以外の津波で破壊された建物の一部といった大型の「被災物」に関しては，当時まだ復旧作業が遅れている被災現場を訪れての収集となった。

　一方，館の再開に向けた修繕については，被災地で他に多くの復旧工事が進行していることもあり，地元業者に発注できたのが2012年2月末で，工事が終わって部分開館できたのが2012年7月だった。8月までの間，2006年におこなった明治三陸大津波をテーマにした『風俗画報』の図版の展示をあらためておこない，9月から翌2003年3月まで従来の常設展のみ無料でオープンした。そして山内たちは，2012年12月末まで記録調査活動を続けた後，それを展示するための準備をして，2013年4月3日に常設展「東日

リアス・アーク美術館の「東日本大震災の記録と津波の災害史」の展示

本大震災の記録と津波の災害史」がスタートした。

　このリアス・アーク美術館の常設展「東日本大震災の記録と津波の災害史」は，津波の被災現場の記録調査活動をおこなった山内ともう一人の学芸員ですべて自作したもので，記憶媒体・記憶再生スイッチとしての資料として，「被災現場写真」「被災物」「キーワードパネル」「歴史資料」の４つを展示している。

　「被災現場写真」は，調査員が撮影した３万点余りの写真のうち，分類するうえで同じタグがつけられる同一現場で撮られた写真のなかでベストのもの460点余りを選んでパネルにした。それに撮影時に現場にいた調査員が，何を考えて何を伝えるために撮影したのかについて書いたレポートを添付した。そのなかから203点が展示されている。

　阪神・淡路大震災の後に震災伝承施設として誕生した「人と未来防災センター」等では，震災後に写真をはじめとした資料を外部から収集したため，個々の資料の権利者にその活用について許諾を得る必要があった。それでは柔軟な資料展開が難しく，展示のリニューアルも簡単にできないことから，山内たちは著作権の帰属にこだわって自ら写真撮影した。

　通常，移動展等での写真の貸出については，博物館資料としてパネルにしたものを貸し出すのが一般的だが，それだと空調等の管理ができている博物

館相当施設等でないと貸せなくなる。だがリアス・アーク美術館では自ら著作権を持つため，デジタル化したデータを提供して貸出先でパネルを制作してもらうことも容易にできる。

「被災物」は，インスタレーションのような形で展示され，収集した場所や日時とともに，ハガキ状の用紙に山内が創作したフィクションの物語が書かれて添付されている。これは従来の博物館展示の考え方からするとタブーだが，「展示の目的が資料展示ではなく，被災した人のモノに宿る記憶，すなわちそのモノを通して浮かぶ感覚や感情を，被災経験のない人も含めて共有し，震災によって何が失われたのかを知ってもらうことにあるからで，またそれを可能にしたのが美術館の展示であるから」と山内は語る。そして「東日本大震災の記録と津波の災害史」が，いわゆる復興事業としておこなっている展示ではないため，「展示には震災からの復興という物語は一切入っておらず，震災後の最後のまちの姿から被災した人々の記憶を再生し，過去・現在・未来をつなぐことに特化している」（山内）という。

「キーワードパネル」は展示資料の解説ではなく，「震災発生からの2年間，被災地で生活する中で得られた様々な情報や，調査活動から見えて来た課題などを【東日本大震災を考えるためのキーワード】として文章化し，展示資料と並行する形で添える[2)]」といった内容のもので，108点が掲示されている。これは震災について語る際に使用される言葉の意味を，あらためて考えるための資料となっている。

「歴史資料」は，明治三陸大津波をテーマにした『風俗画報』の図版をはじめ，昭和三陸大津波，チリ地震大津波の資料，そして戦前，戦後の沿岸部の埋め立てに関する資料等が展示されている。大規模な津波災害がくりかえし発生することの文化的な位置づけがしっかりとなされなかったがゆえに，海で生計を立てていた人たちが，津波のことを忘れて高台から沿岸部に移転した歴史について伝えている。

ちなみに気仙沼市には，被災した旧気仙沼向洋高校の跡地に気仙沼市東日本大震災遺構・伝承館が2019年3月にオープンしたが，こちらは震災遺構

2）山内宏奏編『リアス・アーク美術館常設展示図録　東日本大震災の記録と津波の災害史』リアス・アーク美術館，2014年，3ページ。

として津波災害のリアリティを知るための施設である。一方，リアス・アーク美術館の「東日本大震災の記録と津波の災害史」展は，そうした人間の力ではコントロールできない津波に対して，どう自らの生き方や地域の文化を対応させていけばよいのかを考えるための資料を提供するという位置づけで，役割分担を図っている。

　震災前はリアス・アーク美術館を訪れる来館者のほとんどが地元のリピーターだったが，2013年4月に常設展「東日本大震災の記録と津波の災害史」がスタートしてからは，一時的に地元住民が多く訪れたものの，その後は9割以上が県外からの来館者となった。ただ教育利用は，2013年に地元の被災した学校から見学に来たのみである。

　その大きな理由として，「子どもたちに震災関連の資料を見せるのは，当時の悲しい記憶を思い出させてしまうためかわいそう」という大人の理屈がある。だが「こうした理屈は，震災から10年経った今，震災について小学生なら知らないかほぼ記憶になく，中学生でも薄らとしか記憶にないなか，もう通用しない」と山内は語る。「震災について知らない子どもたちが，未来を守るために震災について学習して伝えていかないと，三陸沿岸地域の文化はあの震災の経験を経てもなお何の進歩もしないということになりかねない」（山内）という。

　そのため山内は今，地元の学校に来てもらうのではなく，YouTubeの映像で地元の子どもたちも含む多くの人に，広く発信していこうとしている。すなわち「リアス・アーク美術館の展示をベースに，震災について学ぶための様々な映像を制作し，それに英語でテロップをつけて海外にも発信するとともに，館内での展示解説や地元の小・中・高校に提供してタブレット端末等で観てもらうことに取り組みたい」（山内）という。

　そしてリアス・アーク美術館としての最終目標として，「東日本大震災の記録と津波の災害史」展を見た人が，「自らの生き方や津波のような災害をもたらす自然と共存する三陸沿岸地域の文化について考えたことを，自分なりに創作を通して二次表現してもらい，次の津波が起きる将来に継承されていくことを期待したい」と山内は語る。そんな二次表現の作品として，鎌倉から訪れた小学生の女の子が被災物のくまのぬいぐるみを見て，それを題材

にして描いた絵本のようなものも生まれている。

2-3　震災の記憶を伝える資料の活用

　東日本大震災発生直後から被災地の姿を写真等で記録に残したのは，リアス・アーク美術館のような地域の博物館や図書館[3]以外に，市民団体によるコミュニティアーカイブ活動がある。そうした市民団体の一つに，2009年6月に宮城県仙台市で設立されたNPO法人20世紀アーカイブ仙台がある。

　NPO法人20世紀アーカイブ仙台副理事長で，その震災アーカイブ部門から誕生した3.11オモイデアーカイブ代表の佐藤正実によると，「20世紀アーカイブ仙台では，市民がアーキビストとして仙台市とその周辺地域を中心に写真等を収集する。これまで市民の記憶を記録する3千本余りの8ミリフィルムによる市民の映像と，1万点余りの写真を収集し，それを活用した上映会や展示館を開催して，参加した多くの市民が語り合って懐かしんでもらう活動をおこなってきた」という。

　2011年3月11日に東日本大震災が起きた後に佐藤は，20世紀アーカイブ仙台のTwitterのアカウントで，炊き出しや給水の行列の写真，停電した家庭での食事風景といった，いろいろな市民生活の現場の写真を中心に提供を呼びかけた。「1995年の阪神・淡路大震災の際には，震災後の写真等の資料収集が遅れ，更地化される前の被災した地域の様子を記録した写真が，必要な情報をタグづけした形で十分に残されていない」ためだという。そして4月に，「3.11市民が撮った震災記録」のサイトを立ち上げて，そこで提供を受けた震災後の市民生活がわかる写真を，エリアと時間軸で分けて掲載する形で，市民による震災記録プロジェクトがスタートした。この取り組みが地方紙の「河北新報」で紹介されたことで，さらに多くの市民から写真が提供された。

　その後，9月から11月にかけて20世紀アーカイブ仙台では，写真を提供した市民が，いつどんな想いでその写真を撮ったのかについて，45名の提

3）図書館による取り組みとしては，宮城県東松島市の東松島図書館による「ICT地域の絆保存プロジェクト」での震災アーカイブの構築が有名である。

供者にヒアリングをおこなった。ヒアリングした人の年齢は10代から60代まで，男女比はほぼ同数で，そのほとんどが趣味で写真を撮っていたのではなく，SNSにアップして身近な人に震災の様子を伝えるため，身のまわりの様子を撮ったものだった。

　佐藤がこうしたヒアリングをおこなったのは，「過去に先人が残した津波関連の碑文が伝わらずに大きな被害を招いたのと同様，単に写真を集めて見せるだけでは将来に伝わらない。写真を撮った人が伝えたい生の言葉や綴られた文章，場所を示す地図，時間軸となる年表，そして定点撮影の形で変化を記録しつづけることが合わさって，過去のことを将来に伝えることができる」と考えたことによる。

　こうした取り組みを経て2012年３月，震災発生当時の写真，写真提供者の証言，震災から１年間の年表，津波被災現場の地図が掲載された写真集『「3.11キヲクのキロク」市民が撮った3.11大震災　記憶の記録』が発行される。ただこの時点ではまだ定点撮影の写真は含まれておらず，翌2013年３月に同じ場所で撮った写真を加えて編集した写真集『3.11キヲクのキロク、そしてイマ。』が発行された。

　20世紀アーカイブ仙台（および2016年４月に震災アーカイブ部門が独立した3.11オモイデアーカイブ）では，これまで３万点余りの震災後の写真を収集しており，写真集にまとめる以外にも，様々な写真展をおこなっている。特に大きな話題となったのは，仙台市の複合文化施設であるせんだいメディアテークが2011年５月にメディアを活用した震災の復旧・復興を支援するために立ち上げた「３がつ11にちをわすれないためにセンター」と共働で企画した，「３月12日はじまりのごはん」である。これは震災の後に最初に食べたごはんはどんなものだったのかをテーマに，炊き出しや食事の風景を写真で紹介したもので，来場者は自らの当時の生活について思い出したことや感想を，自由に写真の周りに付箋で添付することができる。

　20世紀アーカイブ仙台による収集した震災後の写真のユニークな使い方として，「3.11オモイデツアー」がある。震災以前の沿岸部の写真を見た参加者を，その風景が消失した震災後の沿岸部に案内し，喪失したかつてのまちの姿を想像したり，（かつて訪れたことのある人に）思い出したりしてもらう。

3.11オモイデアーカイブのウェブサイト

　それとともに，震災以前から沿岸部に住んでいた語り部となる地元の人に，つらい震災体験の記憶を語ってもらうのではなく，写真から想起される震災以前の豊かな暮らしの思い出について語ってもらうというツアーである。

　3.11オモイデツアーが誕生した経緯として，20世紀アーカイブ仙台では「３がつ11にちをわすれないためにセンター」と共働で2012年５月から「みつづける，あの日からの風景」という公開サロンを定期的に開催しており，被災した沿岸部の写真を撮影した人から話を聞いていた。そしてこの公開サロンのなかで県外から来た参加者から，沿岸部を訪問するツアーがないという話が出て，そうした要望に応えるために企画したのが3.11オモイデツアーだった。

　最初に2013年に行ったときは，「もういちど見てみよう3.11ツアー」という名前で，被災した沿岸部の蒲生，荒浜，閖上の各地区をルートで案内して，各地区の成り立ちや生業について説明するものだったが，県外から参加して初めて訪れる人にとっては，震災後の風景を見るだけではなかなかイメージが湧かなかった。そのため翌2014年にやり方を変えて，３地区をルートで案内するのではなく，各地区を個々に訪問して滞在する形にして，地元の人と交流を深め，リピーターになってもらうことをめざす3.11オモイデツアーにした。

　現在，3.11オモイデアーカイブが持つ300人余りの市民が撮影した３万点

余りの写真は，3.11オモイデアーカイブ，および3.11オモイデアーカイブが許可した組織で使用することができる取り決めとなっている。このうち，将来，デジタルアーカイブ化するうえで必要なタグづけがされたものは1千点ほどである。これはタグづけにかなりのマンパワーが必要なのと，佐藤自身，「手間をかけてタグづけ作業をしてデジタルアーカイブ化しても，それによってどれだけ利活用されるのかが不透明で，現時点でそうした作業に注力することができない」と考えているためである。

　震災翌日，停電したなかでローソクの灯りをともして食事している写真は，単に「3月12日」「停電」「ローソク」といったタグをつけても意味がなく，「3月12日はじまりのごはん」のような文脈を提供することで，いろいろな人のいろいろな体験の記憶がその写真とリンクして再生される。タグづけを通して，ある意味で写真の情報を絞り込むのではなく，リアス・アーク美術館の山内が取り組むように，被災した人々の多様な記憶を再生することを，佐藤もまた重視している。

　以上，見てきたように，リアス・アーク美術館，3.11オモイデアーカイブは，震災時に博物館や市民団体として存在し，地域の文化を伝える活動に取り組んでいたことで，その当事者が自ら震災直後から被災したまちの最後の姿や震災後の市民の日常生活を記録する写真の撮影や収集と，撮影者の想いを文章で記録に残す作業，さらに被災者が被災する前のまちの文化的記憶を再生するためのモノとしての「被災物」の収集といったことをおこなうことができた。そして両者とも，撮影や収集した写真をもとにアーカイブを構築することが目的ではなく，その写真をもとに被災者が被災する前のまちの文化的記憶や被災後の日常生活の記憶を再生し，また被災経験のない人にもその記憶を共有してもらうことで，震災の記憶を正しく将来に伝えるといった利活用に重点を置いて，展示や被災地ツアーに取り組んできた。

　こうした取り組みは，震災後に新たに誕生した公的な震災伝承施設では困難なことである。今後，東日本大震災に続く南海トラフ地震等の大規模災害の発生が予想されるなか，各地域では過去の大規模災害の記録と記憶をもとにそれに備えた災害対応の仕組みを準備するとともに，地域の博物館・図書

館や市民団体等による，新たに発生する大規模災害の記録と記憶を正しく残して伝える仕組みを構築することが重要である。

第12章

地域のアーカイブコンテンツの持つ潜在的可能性——沖縄を主題に

宮本聖二

　マスメディアを含む地域のアーカイブ機関が保有するコンテンツ活用の可能性と課題について考える。

　筆者は，放送局の報道番組制作者，ネットニュースプラットフォームのプロデューサーとして，地域のアーカイブ資料を活用してニュースや報道番組，ウェブ配信のコンテンツを長年制作してきた。特に，近年は地域の新聞社，放送局との共同取材・制作に取り組んでおり，メディアの保有するアーカイブの有用性と可能性を強く感じている。これらアーカイブのコンテンツは，過去を知り，現代の課題を掘り下げ，未来のありようを考えることには欠かせないものである。そして，デジタル化によって容易に社会で共有できる環境が整えば，そうしたアーカイブコンテンツが人々の記憶と地域の記録として力をさらに発揮しうる。デジタル化が実現すれば，地域を超えて多くの人がアクセスできるし，そしてアーカイブコンテンツが積極的に利用されれば，そこから新たな知を数多く生み出せるはずだ。

　ただ，現時点ではデジタル化の進展，アーカイブコンテンツの保管や公開，活用に関しては課題も多く，考えなければならないことは山積みといえる。

1　地方メディアの現在地

　1981年に日本放送協会（NHK）に入社した筆者は，鹿児島放送局に赴任，その後鳥取放送局，沖縄放送局，東京・報道局を経て北九州放送局と，計

16年余りにわたって地方で報道の仕事に携わった。その経験から，災害や選挙などはもちろん，地域の社会課題から人々の日々の暮らし，民俗文化・芸能を伝え，記録するために，放送局や新聞社が地域にとって最も重要な存在であることを感じてきた。

　ただ，地域のマスメディアを取り巻く状況は大きく変化している。

　まず，紙媒体としての新聞は売れなくなっている。今世紀に入ってから，ニュースを見るメディアとしてインターネットの利用が増えていることが直撃している。新聞の発行部数は，2000年の5370万部から2020年には3509万部と，3分の2にまで落ち込んだ（日本新聞協会）。一県に複数あった新聞のうち「第二県紙」と呼ばれていた規模の小さい新聞の多くはすでに廃刊となり，残っている地方紙も夕刊の発行をやめはじめており，夕刊発行を続けているのは信濃毎日新聞や静岡新聞など数社しかない（2022年1月現在）。

　地域の民間放送局の多くは，地域経済の落ち込みや広告出稿のネットへの移行などで収益が悪化している。かつてバブル期に郵政省（現・総務省）主導で「情報格差をなくす」という名目で一県4局化が進められたことが，広告収入のパイを奪い合うことになり，収益の悪化につながっているといえる。

　しかし，地域の人々にとって地方紙やローカル民放の存在は依然重要である。全国紙やキー局とは異なる，地域のきめ細かい情報の発信や，身近な人々の登場する番組制作が支持されている。地域の民放に対する意識調査でも，「親しみを感じる，役にたつ」という評価がなされている。[1]

2　高まるアーカイブの価値

　新聞社も放送局も，記事や番組，ニュース映像を社内で保管している。そのデジタル化に関しては，各社対応はまちまちである。地方新聞は歴史の長いところで，創刊から140年を超える（信濃毎日新聞：1881年創刊）。過去の紙面そのもの，個別の記事，写真といったアーカイブの価値は，時間が経過し

1）総務省　https://www.soumu.go.jp/main_content/000632530.pdf

てコンテンツが増えれば増えるほど指数的に高まるといってよい。地域放送局も、ラジオ局は古いところで開局70年（中部日本放送・現 CBC ラジオなど：1951年開局）、テレビ局は60年を超えるところがある。テレビ局のアーカイブに関しては、開局当初しばらくはビデオテープが高価だったことから何度も上書き収録され、番組が消却されてしまった時期が続いたが、1980年代から体系的に保管されるようになった。放送コンテンツも新聞と同じく、コンテンツが多くなればその価値は高まる。ある事象について継続して取材・撮影を続ければ、その変遷が途切れることなく記録されつづけることになる。地域のメディアは、常にその地に取材・制作者がいるからだ。

3　地域メディアとプラットフォーム

　2015年に放送局からネットプラットフォームに移った筆者が取り組んだのは、地域のメディア各社のアーカイブ（新聞なら、過去の紙面、記事、写真、またテレビなら、番組や映像素材）を共同取材・制作によって活用することであった。そもそもネットメディアにはほとんどアーカイブコンテンツはないからである。ネットのプラットフォームは、コンテンツプロバイダー（新聞社、通信社、テレビ局、出版社など）から配信される記事やコンテンツを、洗練させたインターフェースを用いてユーザーに届けるのがミッションである。

　新聞社との協働では、地域の取材ネットワークをプラットフォームにつなぐことで、広く全国に伝える効果を発揮することができる。地域メディアのなかでも地方紙（県紙）の取材力とそのネットワークは群を抜いている。記者の数も多く、支局や支社も域内各地に配置され、新聞によっては離島やかなりの過疎地にも契約した通信員などがいるからだ。そして、きめ細かい情報と地域に根差した人間関係が日々の記事に反映される。

　同時に、ネットポータルでも地域のニュースが求められるようになってきた。地方紙の記事を、その県域に住んでいない人（出身者のほか関係人口や観光リピーターなど）も求めるようになっている。また、ある地域の出来事も、別の地域で同様の課題を抱えていれば需要がある。離れた地方紙がインターロ

ーカルで共同取材するケースも増えてきた。2010年には，米軍基地を抱える県の沖縄タイムス，神奈川新聞，長崎新聞が「安保改定50年　米軍基地の現場から」というテーマを合同企画として長期連載をおこなっている。地方紙もネットポータルに記事を送る際，配信のタイミングや見出しなどで，全国で読まれるための工夫を様々に凝らすようになった。

　また，スマホで動画を視聴する習慣が出てきたこともあって，新聞は自社サイトで動画を使ってニュースを報じるようになってきた。プラットフォーム側も，デバイスやブラウザの特性とユーザーの視聴傾向に合わせた映像制作スキルを積み上げてきた。新聞とプラットフォームで互いに記事と動画を共有することが，デジタル時代に求められる手法だと考えられるようになった[2]。

　ウェブ時代のプラットフォームと地方紙の協働に関して，筆者が関わった主に沖縄の新聞社との共同取材の事例で見てみる。

4　新聞とプラットフォームによる動画共同制作

4-1　沖縄戦と基地拡大

　2017年6月，琉球新報社とウェブ用コンテンツの共同制作をおこなった。沖縄では2012年，沖縄・宜野湾市普天間飛行場への軍用輸送機・オスプレイの配備をめぐって反対運動が広がると同時に，沖縄ヘイト，フェイクといえるような誹謗中傷が，そうした基地の撤去や整理縮小を叫ぶ人々に向けて投げかけられるようになった。2015年，自民党の若手議員の勉強会で，講師になったある作家が「普天間飛行場は，何もない田んぼだったところにでき，そこに金目当てで人々が集まった」と，沖縄戦後米軍が役場や国民学校，住民の住まいや巨大な松の並木道をつぶしてつくったという歴史的経緯を否定する発言をおこなった。地元沖縄は一斉に反発，琉球新報や沖縄タイムス

2）関谷道雄「越境するローカル　交錯するメディア──プラットフォーム展開で放送はどう変わるか」
　　https://www.nhk.or.jp/bunken/research/domestic/pdf/20180501_8.pdf

琉球新報紙面　2015年6月（提供：琉球新報社）

などメディアも歴史的事実をもとにこのデマ言説を否定，沸き起こった反発と抗議について報じた。そのなかで，琉球新報社は自社の紙面やウェブサイトでの配信にとどまって，本土にはなかなか届かないことに課題を感じたという。

　共同制作に当たった琉球新報の玉城江梨子記者は，「基地拡大の歴史は沖縄の人間なら知っている。私たちは紙面で何度も書いてきた。しかし，"琉球新報だけでは全国に伝わらず限界がある"と感じた。今のままの伝え方ではいけないという思いもあった」と語って，プラットフォーム（Yahoo! ニュース）と連携することにした。

　そこで，「3分で知る沖縄戦」「5分で学ぶ戦後基地拡大」という2本の映像コンテンツを共同制作してそれぞれのウェブサイトで公開し，そのウェブサイトに誘導するためにFacebookでも配信した。スマホの画面に最適化したスクエアの画像で編集したこともあって，短期間で10万を超える再生数があった。[3]

　素材は，沖縄県公文書館が所有する沖縄戦のフィルムと，琉球新報社がこれまで動画撮影したインタビュー映像のアーカイブコンテンツを活用。さら

に，そこに新たに普天間飛行場や嘉手納基地に故郷のある人々を取材した映像を加えた。そこでは，沖縄戦によって生きる術を土地ごと奪われ苦難の道を歩んだ人々の体験を紹介した。

特に普天間飛行場に生家のあった玉那覇祐正さんは，インタビューで「こっちも（基地を）早く移設したいけど，辺野古の海も埋め

琉球新報×Yahoo! ニュース「沖縄戦，その後」

立てて汚したくないというのがみんなの気持ちではないでしょうか」と語り，戦争が今も故郷に大きな傷を残していることを想起させた。今起きていること，これから起きることは，過去の沖縄戦と分かちがたく結びついているのだ。これらの動画コンテンツはデジタルアーカイブとしていつまでも視聴できるようにして，沖縄に修学旅行に行く事前学習などで，本土の教育現場で活用されている。過去と現在のコンテンツを織り交ぜて新たなコンテンツを制作する，それをさらに公開用のデジタルアーカイブとして活用する「循環」が生まれる。

4-2　今と過去を結ぶアーカイブ

2017年12月，宜野湾市の普天間飛行場に近い緑ヶ丘保育園と普天間第二小学校の敷地内に米軍のヘリコプターの部品が相次いで落下するという事故が起き，子どもたちや保護者，教育関係者に大きな衝撃を与えた。

実は，その58年前の1959年に，実際に沖縄の小学校に米軍ジェット機が墜落する事故が起きていた。沖縄本島中部，当時の石川市（現・うるま市）の

3）Yahoo! ニュース「未来に残す戦争の記憶～沖縄戦，その後～」2017年6月公開
　　https://wararchive.yahoo.co.jp/wararchive/ryukyu.html
4）「琉球新報」玉那覇祐正さんインタビュー，2017年6月公開
　　https://ryukyushimpo.jp/news/entry-517558.html

宮森小学校米軍機墜落事故である。児童12人を含む18人が死亡，210人が重軽傷を負った大惨事だった。この事故では，新聞社は数多くの写真を残していた。また，事件そのものとその後の負傷した児童やその家族の苦しみ，米軍統治下でのあまりに少額だった補償問題も詳報していた。

宜野湾市・普天間第二小学校校庭に落下した米軍ヘリの部品

写真からは，大火傷を負った子らがタンカで運ばれ，包帯に包まれた遺体に涙する家族が映っている。あまりに少額の補償金に怒りと不満を募らせる家族と，それに対して米軍との対応にあたる琉球政府の苦悩も紙面に記録されている。

宮森小学校米軍機墜落事故をめぐる賠償金問題の記事（1959年7月，提供：琉球新報社）

2018年，60年近くが経過してこの宮森小事故そのものが風化しつつあるなかで，あらためて体験者の言葉を琉球新報社との協働で集め，人々に確認してもらおうというコンテンツ（記事と映像）を制作し，記事とウェブサイトで配信することにした。うるま市（当時の石川市を含む）を担当する記者とデジタル担当記者，写真部の記者とチームを組んだ。事故を同じ学校の児童として体験した方々と，家族を失った方，救助に当たった方に体験を語ってい

琉球新報社の宮森小学校米軍機墜落事故の特集記事　2018年6月30日（提供：琉球新報社）

ただいた。さらに，2017年の部品落下事故のあった保育園の保護者の方のインタビューもおこなった。また，アメリカから入手した，怪我を詳細に記録した写真などを，その収集に当たったNPO法人石川・宮森630会から提供を受けコンテンツを制作したのだった。「奪われた幼い命　沖縄・宮森小学校米軍機墜落事故」と題した記事と動画（ドキュメンタリーと証言）である。[5]

　上述したように，米軍機による事故が相次いでいる，そして占領下から施政権が日本に復帰して以降も基地負担の減らない沖縄では，半世紀以上前に起きた事故と現在が交錯している。

4-3　絶えない米軍由来の事故

　嘉手納基地，普天間飛行場といった規模の大きい米軍施設を抱える沖縄で

5）「琉球新報」「奪われた幼い命──宮森小学校　米軍ジェット機墜落事故」2018年6月公開
　　https://ryukyushimpo.jp/special/miyamori630.html

は，軍用機による事故が絶えない。沖縄県で1981年から2019年末までに起きた米軍機の事故は，墜落49件を含む811件に上る。それはなぜなのか。米軍が即応力を維持するために，激しい訓練・演習を途切れることなくおこなっているからである。3700メートル滑走路2本を持つ嘉手納飛行場は，常駐する軍用機が200機にもなる。

宜野湾市の普天間基地を離陸した米軍ヘリの編隊が，普天間第二小学校の校庭に迫る

那覇防衛施設局の調査では，2017年4月〜7月の4ヵ月間で離発着は1万9千回に及んでいた。普天間飛行場でも，ヘリコプターやオスプレイの飛行訓練や給油機のタッチ・アンド・ゴーと呼ばれる離発着が，4ヵ月間で5千回を超えている。

　普天間飛行場は，沖縄の中核都市である宜野湾市の真ん中に広がり，市域を大きく分断しており，基地が市街地にドーナツ状に穴を開けている。学校や住宅の真横で離発着がくりかえされる，"世界一危険な"基地といわれるゆえんである。

　アーカイブされた記事や映像，写真を活用して新たなコンテンツをつくることで，過去と今を結びつけることができる。アーカイブの重要な役割は，記憶と記録を現在と未来につなぐことだ。

4-4　取材の蓄積──地域メディアの重要な資産

　取材者そのものの経験とスキル。これも組織として継承されていくべき重要な資産である。新聞社は長年にわたって記者たちの取材手法を継承している。これは目には見えない重要なアーカイブであろう。同時に，膨大な取材メモも蓄積されている。そこには，取材相手が語ったこと，記者が調べたことを中心に，記者がそこから感じ取った事実への道と思考の痕跡が記されている。後輩記者は，そうした取材メモを読み，その事象がまだ解決していな

いならば，継続して取材をしつづける。そして新たに記した取材メモも蓄積されていく。メディアによるこうした営みは，少しでも地域社会をより良くするためには欠かせない。さらに，記者たちと地域の間に構築された信頼関係もある。

こうした蓄積と取材ネットワークを，デジタルの時代にどう維持発展させるのか，私たちに突きつけられた課題だ。

4-5　ネット空間にあふれる沖縄ヘイトとフェイク

2017年12月，保育園に米軍ヘリの部品が落下した事故では，バイラルメディアと呼ばれるまとめサイトに，米軍が部品を落としたのではなく保育園の自作自演，つまり入手した部品を園舎の屋根に置いて米軍が事故を起こしたと保育園が虚偽の申告をしたという記事が出され，その言説がネット上で拡散した。そのため保育園に罵（ののし）るような電話が寄せられるなどして，保育園関係者や保護者を苦しめる事態になった[6]。同じく普天間第二小学校の事故では「基地のそばにあるのが悪い，なぜ移転しない？」などの言葉が投げつけられた。2012年のオスプレイの配備が大きな問題になって以降，辺野古での新基地建設反対をはっきりと打ち出した故翁長雄志（おながたけし）知事や，基地の縮小や平和を求める人々に対して，憎しみの言説がネット上で急増するようになっている。

そのことは，沖縄と本土を分断することにもつながりかねない。実際にNHK放送文化研究所の本土と沖縄でおこなった調査でもそれが明らかになっている。「米軍基地における沖縄の扱い」という問いに対して，沖縄の人々の70%が「差別的」もしくは「どちらかというと差別的」と感じていると答えている。さらに，57%の人がここ5年ほどの間に（普天間基地へのオスプレイ配備表明以降）「沖縄への誹謗中傷」が増えていると感じていると答えている。この分断は深刻であり，ネットが私たちの社会にとって主要な言論空間になっている今，信頼性の高い，事実確認がしっかりなされたコンテン

6）Yahoo! ニュース個人「爆音に空を見上げる日々が続く　沖縄米軍機部品落下事故から1年」2018年12月公開　https://news.yahoo.co.jp/byline/miyamotoseiji/20181217-00107863

ツの流通を進めていく必要があろう。沖縄の米軍基地の問題は安全保障と関わるだけに，地域だけで解決できるものではなく，本土の人々も当事者として議論に参加しなければならないはずだ。そのときには，沖縄戦を起点にした歴史をふまえて向き合う必要がある。そのためにこそ種々のアーカイブコンテンツが生かされなければならない。

5　映像のアーカイブの共有

　地域の放送局が長年制作してきた番組やニュースは，その地域の近現代史を伝えるのに非常に重要な映像になる。それらコンテンツは当然，その事業者の著作物であり，資産である。ただ，その一方で，時間が経過していけば社会で共有できるようになるという考え方はできないだろうか。映像は，撮影の主題や対象物にとどまらず，映し出されるすべてが様々な情報を持つ。語る人の表情や服装の他，その背後の部屋や景色，その景色のなかの建物など，あらゆる被写体が情報なのである，だからこそ映像のアーカイブは，独自の価値を持つ。

　放送事業者は，取材手段や機材が整っているうえに，通常は個人が入れない場所での撮影や取材が優先されることも少なくなく，これまでも幅広く取材と撮影を繰り広げてきた。

　それらの映像を社会共有することで，地域の歴史として情報量の多い映像で皆が確認することは重要である。ここでも特異な近現代を歩んだ沖縄について見ていき，歴史を伝える映像の力を確認してみる。

5-1　なぜ人々は暴発したのか——コザ騒動

　1970年12月，米軍占領下の沖縄・コザ市（現・沖縄市）で，民衆蜂起による米軍車両の焼き討ち事件「コザ騒動（暴動とも）」が起きた。コザは，嘉手納基地のメインゲートに面した基地の街で，街の経済は米軍関係者の消費によって成り立っていた。12月20日未明，コザ市の軍道24号線（現・国道330号

コザ騒動　群衆に襲われて炎上する米軍関係者の自動車（1970年12月，提供：琉球新報社）

線）で米軍兵士が起こした交通事故をきっかけに，事故現場に集まった地元の住民が，事故処理にやってきた米軍警察に投石を始め，その後米軍関係者の車両（ナンバープレートで見分けが容易だった）を数十台転覆させて火をつけるという大事件が起きた。すでに沖縄の施政権の返還が決まっていたにもかかわらず起きたもので，それまでの米軍施政下での人権侵害や軍関係者による犯罪や事故への，積もりに積もった不満が爆発したといわれている。この事件を，半世紀経ったときに映像やテキストで再確認することは，米軍基地の負担を負いつづける沖縄を考えるとき，大きな意味があると考え，筆者は琉球新報社と共に記事と映像コンテンツを制作することにした。2020年12月のことである[7]。

　この事件については，新聞社は数多くの写真を記録している。ただ，まさに暴動の最中を撮影した映像は，当時の東京キー局の支局員だけが撮影して

7）「琉球新報」「コザ騒動から50年　爆発した基地の街の怒り」2020年12月公開
　　https://ryukyushimpo.jp/special/kozariot1970.html

いた。また，音声は，地元のラジオ局が収録をしていた。

　コンテンツを制作するにあたっては，その映像や音声は，見るだけで聴く
だけで，長年にわたって積み上げられてきた沖縄の人々の怒りや不満が伝わ
る重要な要素である。音声を取材した記者の話では，20代の若者がマイク
を取り上げて叫び，そして去って行ったという。

　音声をよく聞くと，その若者はこう声を枯らして叫んでいる。

　「沖縄のこの25年間の犠牲。何万という人が死んでいいて。沖縄はどうし
たらいいのか。沖縄人は人間じゃないのか，バカやろう。この沖縄人の涙を
わかるのか」

　米軍に向かっての怒りなのか，あるいはヤマト（日本本土）に向けてのよ
うにも感じられる。

　まず，筆者はこの映像と音声の使用を考えた。暴動の参加者が車を横転さ
せ火をつける映像と当事者の叫びは，何ら説明を付加せずとも，当時の沖縄
の人々の直面していた厚い壁への閉塞感と，そこに対する怒りや公平・公正
への強い希求を，見る人に一瞬で感得させることができるからだ。

　しかし，この映像と音声の借用をそれぞれのメディアのアーカイブ担当に
申し入れたが，いずれも実現しなかった。

　映像については，同じ系列の放送局にしか貸せない，音声については，デ
ジタルでの使用は拡散の恐れがあるので提供できないということであった。

　これら映像や音声が共有されれば，50年の時を経てあのときに何が起き
たのかを知って，今の基地負担という問題を考えて未来を語ることになる。

　過去に何が起きたのかを，情報量の多い訴求力のある「映像と音声」で，
皆で確認する。そのためにも，時間経過にともなって放送事業者が持つアー
カイブが公共性を帯びることを，社会全体で考えてほしいと思う。

　一方で，沖縄には保有する映像の共有化を積極的に進めている機関がある。
「沖縄県公文書館」である。

5-2　地域の機関が保有するアーカイブ

　沖縄の近現代史はきわめて特異である。琉球処分によって沖縄県が設置されたが，その沖縄県という行政機構は沖縄戦によって公文書や種々の記録とともに消し飛んだ。米軍は上陸後すぐに軍政を敷く。そして，米国軍政府〜琉球列島米国民政府（USCAR）の下に，沖縄民政府〜群島政府〜琉球政府などの沖縄住民による行政組織ができた。占領軍による独裁的な権力行使に対しては，島ぐるみ闘争や復帰運動などを通して粘り強く自治権を拡大，1968年には初の琉球政府主席の公選を実現した。

　沖縄県公文書館は，そうした行政の記録と米国側の琉球列島の統治に関わる文書も収集して保管，公開している。いわば，今は存在しない行政機関の公文書をアーカイブの柱としているともいってよい。その意味で他の都道府県公文書館とは大きく異なる特徴を持つ。米軍政府，民政府の文書，映像，写真など沖縄に関連する種々の資料を米国国立公文書館（NARA）から収集するプロジェクトも展開してきた。1997年から2005年までの8年間，ワシントンに職員一人を駐在させて沖縄関連資料の調査，収集に当たった。その間に沖縄戦を記録した152タイトルの映像を入手している。

　現地駐在での作業が終了してからも資料収集は継続していて，沖縄県公文書館が所蔵する映像の総数は4936タイトルに上る。そのうち沖縄戦関連は1020タイトル，いずれももともとNARA所蔵のものである。1983年に始まった「沖縄戦記録フィルム1フィート運動の会」が取り寄せたもの，NHK沖縄放送局と琉球朝日放送がニュース・番組のために収集したフィルムも含む。したがって，重複する映像もあるが，沖縄戦の映像に関しては日本最大のコレクションである。そして1020タイトルの沖縄戦の映像資料についてはすべてが公開されて，さらに利用者が手に入れて新たなコンテンツを制作するための素材として利用できるようオープンソース化されている。デジタルアーカイブとして整備されてもいて，ネットを通してサンプル映像を視聴することができる。この沖縄戦の映像については，米軍カメラマンによるキャプションがついているものもあり，日付や場所が確認できる。

　1945年8月29日に撮影された映像で見てみる。撮影された場所は「Yontan Airfield」とキャプションにある。

　終戦から2週間後，一機の飛行機が着陸し，タラップを降りてくるのはダグラス・マッカーサー連合国軍最高司令官である。マッカーサーが8月30日に厚木飛行場に降り立つ映像は当時のニュース映画「日本ニュース」で見ることができる。[8] コーンパイプを手に，タラップ上でいったん立ち止まって辺りを睥睨（へいげい）する姿はよく知られている。この沖縄で撮られた映像で，マッカーサーが日本に赴く直前に「Yontan Airfield」，ということは沖縄・読谷村（よみたん）にあった旧日本陸軍の北飛行場に，厚木に向かう前日に降り立ったことがわかる。

沖縄に降り立つマッカーサー　フィルムのキャプションに Yontan Airfield（読谷飛行場）の文字がある

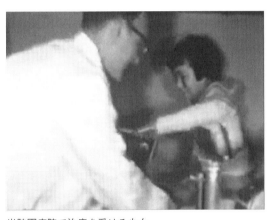

米陸軍病院で治療を受ける少女

　沖縄県公文書館は，戦後の映像（テレビ放送開始以前）も豊富に保有している。琉球列島米国民政府（US-CAR）が，沖縄の復興や振興，福祉に貢献していることをアピールする映像である。プロパガンダの要素はあるものの，そこには戦後沖縄の実相が記録されている。上述した1959年の宮森小学校米軍戦闘機墜落事故後，負傷して米陸軍病院で治療を受ける子どもたちの姿を捉えた映像がある。アメリカ側としては治療を親身におこなっていることをアピールしたいとの意図があるが，腕にギプスをはめたり，頭が包帯で覆われたりした子どもたちの姿は，事故の苛烈（かれつ）さを伝えている。私たちは，沖縄戦から戦後の占領下に至る様々

8）「日本ニュース」第256号「マ元帥主力部隊と厚木へ」NHK戦争証言アーカイブス
　　https://www2.nhk.or.jp/archives/shogenarchives/jpnews/list.cgi?value=1945

な映像を入手して，素材として使い，新たなコンテンツをつくることができる。

6　地域のテレビ局による映像アーカイブの活用

　地域の民放テレビ局も，歴史の古いところは開局から50年を経過している。いずれも保管するニュースや番組はかなりの量が積み上がりつつある。しかし，その利活用が進んでいるとはいえない。新たに制作する番組に過去の映像を活かすか，ごく一部が再放送されるなどにとどまっている。地域の視聴者のために過去のアーカイブコンテンツをどのように見せて，使ってもらうのかの検討を進めるにしても，ビジネスモデルがすぐには見えないだけに，権利処理をはじめデジタル化などにどれだけコストをかけられるのか，判断が難しい状況だからだ。権利処理も含めた実験的な取り組みをまずスタートさせて，コストをどれだけ抑えて実現できるのかという視点からエコシステムを確立させたいところである。

6-1　放送事業者と映像アーカイブ

　ここでは，沖縄で最初に開局した「沖縄テレビ放送」の取り組みを見てみる。沖縄テレビは，米軍占領下の1959年に開局した。当初は，マイクロ回線もNHKも存在していなかったので，本土の番組はテープの移送による放送だった。復帰前の一時期，NHKの番組は沖縄テレビと琉球放送でスポンサーつきで放送されていた。

　開局翌年の1960年には沖縄の芸能（沖縄芝居，琉球古典音楽，民謡，琉球舞踊など）の番組「郷土劇場」の放送を始めている。開局から60年以上が経ち，地域を伝える報道，番組アーカイブは莫大な量になっている。そのなかで沖縄テレビはアーカイブコンテンツの利活用を積極的に進めている。ここでは，沖縄テレビの山里孫存放送制作局次長へのヒアリングをもとに報告する。

6-2　映像アーカイブの力

　2014年に沖縄全体の1964年生まれの50歳を祝う大規模な"同窓会"の催しがおこなわれることになり，その実行委員会から沖縄テレビに映像の提供依頼があった。そこで沖縄テレビでは，保有する1964年以降のニュース映像で，沖縄の半世紀50年間の出来事を綴ったコンテンツを編集して提供，その同窓会場で上映された。そのとき，同世代が体験してきた出来事が映像で再現されたことで，会場の一体感が大きく高まったという。アーカイブ映像の持つ力が最大限発揮されたと山里は感じたと語る。

6-3　沖縄戦映像が記憶を呼び覚ます

沖縄・慶留間（げるま）島での上映会（提供：沖縄テレビ放送）

　沖縄テレビでは，戦後60年の2005年に，沖縄戦の映像を独自に米国国立公文書館から入手して，その映像をもとに報道番組を制作する取り組みを，1年半にわたっておこなった。特に，フィルムに映し出された場所が特定できると，その土地にその映像を持ち込んで人々に集まって見てもらう上映会をくりかえした。

　そのとき，フィルムのなかに自らの幼いときの姿を発見したり，亡くなった妻の子ども時代の姿を見つけたりという人もいて，上映会に参加した人々が涙を流したり歓声を上げたりした。山里はこの取り組みを進めるとき，戦場の映

1945年3月に米軍が撮影した慶留間島住民

像は地域に持ち込んでも暗い思い出を喚起（かんき）して嫌がられるのではないかと考えていたが，思いもよらず多くの人から喜ばれ，「ありがとう」と感謝されたという。「沖縄戦時の映像はもともと米軍が自らの作戦を記録するために撮影したものだが，時間の経過によって映像の持つ価値が変容していくのを体感した。その意味で，開局から60年を迎える沖縄テレビとして，これからアーカイブの映像，番組をいろいろな形で人々に届けるべきではないかと思うようになった」と語っている。視聴者と向き合うことでしかつかむことのできない，アーカイブ映像の持つポテンシャルが明らかになったといえる。

6-4　デジタルアーカイブと新たなメディア空間

　2018年10月，ドキュメンタリー映画『岡本太郎の沖縄』に行列ができていた。那覇市内の映画館でのことだ。芸術家の岡本太郎は，1959年に沖縄を訪ね，本島各地と石垣島で撮影をおこなっていた。1966年には本島に近い久高島（くだか）を訪れている。この映画は，2度の沖縄訪問時に岡本自身が撮影した写真と，1966年に沖縄テレビが記録した久高島の秘祭「イザイホー」が核となっている。

　イザイホーは琉球最高の聖域とされる久高島で12年に一度，島の30歳以上の女性が神女になるための4日間にわたる祭祀（さいし）。1978年を最後におこなわれなくなり，今では幻の祭となっている。1966年，岡本はこのイザイホーを見るために来沖。沖縄テレビの取材チームは当時の琉球政府の公的な記録班として一部始終を撮影し，後に35分のドキュメンタリーを製作した。そしてこのアーカイブされていたドキュメンタリーをデジタルリマスターして，映画に生かしたのである。

　山里は，この映画のプロデューサーでもあり，沖縄の多くの観客がイザイホーを見てみたいと映画館に駆けつけたのではないかと考えている。もともとこのイザイホーのドキュメンタリー番組のデジタルリマスターについては，多額の費用がかかることが見込まれ，躊躇（ちゅうちょ）する声も社内にあったという。周囲を説得して，1966年だけでなく1978年（最後のイザイホーで，カラー撮影）のフィルムのデジタルリマスターも実現させて，いずれも映画に使われている。

こうした営みによって，アーカイブ映像がマネタイズにつながること，アーカイブ整備と公開のエコシステムにつながっていくことが期待される。

7　まとめに

7-1　デジタルアーカイブによる知の再生産

　世界でいま何が起きているのかを，インターネットによって瞬時に知る時代になった。そのなかで，過去から現在に至るまで何が起きたのかという映像記録については，様々なメディアや機関が保有しているが，インターネットを通してもアクセスや入手に制限がある。

　事実としての歴史を軽視する，Post Truth や Alternative Fact の風潮に対して，映像や一次資料，オーラルヒストリーの活用によって，ギリギリまでつきつめて何が起きたのかを再現することで，歴史修正主義的な言説をただしていくことは大切な営みだ。いま私たちを取り巻く問題に対して，分断の溝のなかで立ちすくみ，解決の起点にも立てないことが少なくない。

　では，そうしたアーカイブをどう整備すればよいのか。マスメディアや研究者は，どこに何があるのかはある程度把握しているし，取材，調査の過程で資料などを求めたり借用したりすることに長けているが，一方で，デジタルの時代だからこそ，経験の浅い学生や一般の人々も同様の営みができるようになることが求められている。

　もう一度，「沖縄」で考えてみる。沖縄戦や戦後の占領下の映像は，沖縄県公文書館が保管をして，著作権の保護期間が切れたパブリックドメインの映像などは多くを公開し，さらに提供をする仕組みがある。また，琉球政府の公文書なども整備が進んでいる。占領下初めての公選主席で復帰後初の県知事になった屋良 朝苗の備忘録群などもデジタル化された。新聞社の記事はどうだろうか，デジタルアーカイブの整備や公開はまだ進んでおらず，図

9）沖縄県公文書館「屋良朝苗日誌」
　　https://www.archives.pref.okinawa.jp/okinawa_related/5426

書館での閲覧に限られている。放送局の映像は，各放送事業が独自につくった仕組みでアーカイブしており，今のところ一般の人がアクセスできる仕組みはない。

7-2　放送事業者の映像の社会共有

　放送事業者の映像は，著作権は当然放送局が保有しているが，その映像のなかには種々の著作物や肖像権，音楽・出演者などの著作隣接権が含まれている。放送番組が「著作権の塊」と呼ばれるゆえんである。したがって，放送事業者だけの判断では，過去の番組の一般公開やオープンソース化はできない。著作権者などの許諾を得る作業が欠かせないが，放送から時間が経過すると加速度的に難しくなる。俳優などの著作隣接権を含む権利者に連絡が取れない孤児著作物（オーファンワークス）が多くなるからである。また，ニュース映像になると人権や肖像権の問題も出てくる。

　収集した資料や映像を使ってできるかぎり歴史を再現するには，制度の変更や法の整備，意識の変化が必要であろう。

　新聞記事や放送局の番組やニュース映像は，その事業者にとって大切な資産だ。しかし，時間が経過したらどうだろうか。今のように日々膨大なボーンデジタルの映像が一般ユーザーの撮影によって生み出される時代と違って，貴重な撮影機材を使って，数多くの取材者によって，放送事業者や新聞は地域に起きた出来事を誰よりも取材，記録しつづけることができた。一般人の入れない場所などに優先的に入って撮影できることもあった。公共放送のNHK ならば，視聴者（受信料負担者）に代わって時代を記録してきたともいえる。また，メディアの映像には，事実がしっかり確認された情報が，メタデータとしてついている，信頼性の高いコンテンツだ。

　だとすると，そのなかから生まれた時代を記録したコンテンツや映像は，時の経過とともに公共性を帯びていき，社会共有される文化資料に変容すると考えられないだろうか。

7-3　最後に

　ここまで記してきたのは，デジタルアーカイブの整備・普及の必要性を皆さんと考えるためでもある。先にも記したように，ネットが主要なメディア空間になりつつある。そこに流れる言説が，それが憎しみを帯びていたり，誤ったものであったりしても流通し，時にそれが共感を呼び拡散するのが今のネット空間でもある。さらに，ディープフェイクと呼ばれる巧みにつくられた偽映像も急激に増えている。フェイクニュースの時代といわれるのがまさにネット空間の現在地ともいえる。そのなかで筆者はデジタルアーカイブを，できるかぎり事実が確認され，その情報が紐づいたコンテンツが収納され，利活用されやすい形で，隔たりなく人々に提供されるものとして定義する。ネット空間を健全なものにしていくためには，そうしたデジタルアーカイブが大きな役割を果たすようになっていくと考えている。特に，長年私たちの社会への向き合い方に影響を与えていたメディアに，デジタルアーカイブを整備しつつ加わることで，より良い新たな「公共メディア空間」を生み出すことになるはずだ。

　もう一度，沖縄という地域で考えてみよう。

　当然のことだが，過去の出来事の上に今がある。現在の沖縄の抱える問題は，沖縄戦を起点にしている。だからこそ沖縄戦から占領下，そして復帰前後の様々な資料・文書，映像，取材記事などをデジタル化によって社会で共有していくことで，時間軸と同時に立体的に，何が起き，そしてそれがどのように現在地を形づくっているのかを，誰もがつかみとれるようになる。

　2022年，沖縄戦から77年，本土復帰から50年を迎えた。しかし，沖縄県民の願いとは異なる形で，名護市辺野古沖に新たな巨大な米軍基地の建設が進みつつある。沖縄では「戦後」の終わりはまだ見えない。ところが，沖縄に押しつけられつづける負担の解消，基地問題の解決の道筋が不透明なまま，沖縄戦も米軍統治も，復帰後ですら歴史になろうとしている。その時にこそ，「デジタルアーカイブを日常にする」[10]ことが求められている。

10）ジャパンサーチ戦略方針2021-2025。

参考文献

豊見山和美・吉嶺昭「沖縄県公文書館所蔵映像資料の保存と活用を考える」『沖縄県公文
　書館研究紀要』第20号，2018年

宮本聖二「沖縄の映像アーカイブの公開と活用」『デジタルアーカイブ学会誌』第3巻第
　1号，2019年

福井健策監修・数藤雅彦責任編集『デジタルアーカイブ・ベーシックス　1　権利処理
　と法の実務』勉誠出版，2019年

リレー型デジタルストーリーテリングと記憶の共有——大学生がヒロシマを語り継ぐ

土屋祐子

　伝統的な祭事や風習，戦争や災害の記憶など，地域独自の文化や歴史の次世代への継承が問題となって久しい。デジタルアーカイブの整備や語り部の育成など「残す」側の取り組みが進む一方で，それをどう受けとめ，どのように活かしていくのか，「受け継ぐ」側に焦点を当てた試みも重要さを増している。

　記憶の風化が危惧される一方で，若い世代が実際に体験していない戦争や災害を継承することは容易ではない。一つには，自分事として受けとめることの難しさが指摘できよう。当時の話を聞いたり，映像を見たりしても，遠くのどこかで起きた出来事のように感じられ，リアリティを持ちづらい，自分に関係するという実感が湧かないという学生の声をくりかえし聞いてきた。また，そもそも過ぎ去った古い出来事には関心が持てなかったり，特に戦争のような負の歴史には近寄りがたい恐さや苦しさを感じて避けてしまったり，ということもあるだろう。筆者は広島市の私立大学で13年間教員として勤めたが，広島出身の学生の何人もから，子どもの頃聞いた原爆に関する話はあまりに恐ろしくつらかった，と告げられた。

　また，受け継ごうという気持ちを持てたとしても，それを具体的にどういう言動で表せばよいのかが曖昧であることも指摘できるだろう。広島では子どもたちを対象とした調査結果として，原爆投下日時の正答率の低下が，記憶の風化の問題とともにマスメディアで時折報じられるが，数値で示されるような無機質な過去の「事実」を記憶していれば継承したことになるとはいいがたい。また，原爆関連の施設を訪れ，「原爆の悲惨さをあらためて学び

ました」，「私たち若い世代が継承していきたい」，「平和の大切さを忘れないようにしたい」などのステレオタイプな感想をくりかえすことが受け継ぐということではないだろう。経験学習の祖であるジョン・デューイは『経験と教育』において次のように述べている。「われわれはいつでも自分たちが生活しているその時に生きているのであって，ある別の時点で生きているのではない。また，われわれはそれぞれの現時において，それぞれ現在の経験の十分な意味を引き出すことによって，未来において同じことをするための準備をしているのである[1]」。大切なのは過去の出来事を知るだけではなく，現在の自分の日常とどう結びつくのかを考え，今後に対して自分なりの考えを持てるか，ということではないだろうか。

　本章では「リレー型デジタルストーリーテリング」というメディアワークショップを取り上げ，若い世代が主体となる語り継ぎがどのように可能かについて検討していきたい。

1　リレー型デジタルストーリーテリングとは

　リレー型デジタルストーリーテリングは，デジタルストーリーテリング（英語で Digital Storytelling。以下，DST）という自己語りの動画制作の取り組みを応用したもので，他者の語りや外の世界の経験を起点として自分の内面を表していくメディア表現実践の試みである[2]。元の DST は，1990年代初頭に米国カリフォルニアでメディア・アーティストのディナ・アチリーらによって始められ，世界中で実践されている[3]。専門的なクリエイターなどではない一般の人たちが，家族の歴史や自身の思い出，暮らしのなかの出来事などを題材に，自分で吹き込んだナレーションと写真，時に動画を組み合わせて

1）J. デューイ著，市村尚久訳『経験と教育』講談社学術文庫，2004年，74〜75ページ。
2）土屋祐子『「メディウムフレーム」からの表現──創造的なメディアリテラシーのために』広島経済大学出版会，2019年。
3）J. Hartley and K. McWilliam (eds.), *Story Circle: Digital Storytelling Around the Worlds*, Wiley-Blackwell, 2009. J. Lambert and B. Hessler, *Digital Storytelling: Capturing Lives, Creating, Community*, 5th ed., Routeledge, 2018. 小川明子『デジタル・ストーリーテリング──声なき想いに物語を』リベルタ出版，2016年。

2〜3分のスライドムービーをワークショップ形式で制作する。DSTは，マスメディアのニュースのような客観的に伝えられる情報ではなく，「私」を主語とした語り手の内面の思いや考えを表す表現である。学校や企業，福祉施設，放送局，博物館，地域のコミュニティセンターといった多様な場の担い手が人々の声を拾い上げ，それぞれの関心やニーズによってプログラムに工夫が加えながら，草の根的に展開してきた[4]。

　リレー型DSTは，こうした自己語りの様式を取り入れつつ，主にストーリー生成のプロセスについてプログラムを再検討したメディアワークショップである[5]。カメラやレコーダーを手に「他者や外の世界と出会うフィールドワーク」をプログラムに取り入れ，そこでの経験を起点として，語りを生み出していく。語り手たちは，他者と自分との接点を探り，自分なりに発見したつながりや意味を言葉と写真で表し作品化する。単純な自己の物語ではなく，他者や地域社会と接続する共同的な物語を生み出していくことに特徴がある。

2　なぜリレー型なのか

　リレー型のプログラムの原型となったのは，2013年に筆者が当時勤務していた大学の4年ゼミ生3名と広島県の大崎上島町を訪れ，「コミュニティ・メモリー・リンク」と題しておこなったDSTワークショップである。地元出身の学生の思い出を聞きながら町をめぐり，写真を撮り，そこで見聞きしたこと，味わったことなどの経験に基づき，ストーリーを立ち上げた。完成した3作品は，島の日常のあたたかさをテーマとした「変わらないから，良さがある！」，自分の地元と比較した「上島でみつけた！　違うけど同じもの」，地元への愛情と友人との大切な時間について語る「抱えきれな

4）土屋祐子「デジタルストーリーテリングのグローカル展開──転換的・共創的に広がる市民メディア実践」『広島経済大学研究論集』第35巻第4号，2013年，191〜199ページ。
5）基本となる実践プログラムや進め方，ワークシート例については，土屋，前掲『「メディウムフレーム」からの表現』に詳しく記載している。

いほどの思い出」という，それぞれの「私」が発見した地域性や人々の暮らしを取り上げたものとなった。

　それ以前も 2，3 年生の演習で従来型の自分自身の来歴などについて語る DST には取り組んでいたが，部活動や趣味などの個人的な経験に基づいた作品づくりとなっていた。人生経験が豊富なお年寄りや社会人と異なり，必ずしも経験が多くはない若い大学生では，ストーリーのテーマや展開が限定されやすいという課題を感じていた。誰かの生まれ育った場所をその思い出を聞きながらめぐることで，これまでとは異なる気づきや発想が生まれるかもしれない，と試みた。結果は DST の展開の可能性を強く認識させるものとなった。よく知らない土地も，そこに愛着を持って住んでいる人たちの思い出を聞きながら見ると，特別な場所としての意味を帯びてくる。その地域への尊重を持ちつつ，共通点を見出したり，違いを感じたりできる。他方，出身者にとっても，見慣れている土地を訪問者という他者に語ることで，自分なりにどういう意味があるのかを再発見していくことができる。さらに，同じ場所で同じ時間を過ごしても，そこから立ち上がるストーリーは一人ひとりの生きてきた経験に基づくので，十人十色の作品が生まれる。参加者の多様な解釈に基づく，多面的かつ多声的な地域表象の可能性も開けるように思われた。

　実践をするなかで見出されたのは，自分の思いや考えは，他者の語りや外の世界への応答という様式において明確になりやすいということである。他者に出会うことで，自身のアイデンティティが鮮明になり，語るための土台となる「私」が生まれる。DST は「私」を主語として自己の内面を語る実践であるが，その「私」が他者に対峙することで明確に立ち上がるのである。また，複数のメンバーが参加する実践では，それぞれのアイデンティティを持った「私」の物語が複数生まれ，互いの作品を見せ合うなかで，多様な〈世界〉を理解することとなる。「私」と同様の「私」である他者を知り，他者への理解，他者への尊重が育まれていく。

　こうした手ごたえをもとに，大学では演習授業においてフィールドワークをともなう DST に取り組みはじめ，思い出に限らず誰かの語りからストーリーを生み出すプログラムとして実施するようになっていった。2015年に

は災害の語り継ぎをテーマとして，インタビュー映像を作品のなかに埋め込み，「他者の語りの応答としての自己語り」を明示的にプログラム化したリレー型 DST を実施した。大学の周辺で起きた大規模な土砂災害をトピックにしたワークショップで，まず被災しなかった学生たちが，被災した学生や，被災者支援に取り組んだ学生や教員にインタビューをおこない，その模様をビデオカメラで撮影した。次にインタビュー映像から自分が最も大切だと考えた場面を切り出し，そのシーンを起点に，土砂災害と自分との関わりについて振り返る作品を制作した。

　完成した9作品のうち，「何もしなかった」という作品を制作した学生は，ボランティアの人たちの笑顔が被災した人たちの力になるという，予想していなかった話を聞いたことからストーリーを立ち上げた。そこで語られたことは，自分は躊躇して取り組まなかったボランティア活動の意味や，被災者の気持ちへの慮り，さらに災害復興の当事者になっていくような意識の変化である。心理学者のやまだようこは，物語を「2つ以上の出来事をむすびつけて筋立てる行為」とし，物語は「経験を有機的に組織し，意味づける行為」であると説明している。このように物語生成を経験の意味づけ行為と捉えるのは，ナラティブ学習も同様である。成人教育の一つのアプローチとして取り組まれているナラティブ学習では，経験は前言語的で漠然としているが，ストーリー化の過程で一貫性を持つように整理されると捉えている。ここでは被災者の友人の話と，非被災者の自分自身を接続させるストーリーを考えるなかで，ボランティアや支援活動に消極的だったことを振り返り「何もしなかった」自分を自覚した。そのうえで，なぜ何もしなかったのか，被災者だった友人の話から何を学んで，自分はどうしていこうと考えるのかを筋立てて語ることで，自分自身を内省し，異なる立場の他者への理解を深めていった。この語り継ぎの実践は，他者理解を深め，自己パースペクティブを広げる学習として機能し，被災者と非被災者という異なる立場の者同士のコミュニケーションの接点となったといえよう。

6）やまだようこ『人生を物語る――生成のライフストーリー』ミネルヴァ書房，2000年，1～5ページ。
7）ロシター・M，クラーク・M. C.『成人のナラティブ学習――人生の可能性を開くアプローチ』福村出版，2012年。

その後もゼミ生とは被災地や広島の地域をフィールドとするリレー型実践を重ね，さらに他地域の大学生と協働的に作品づくりをしたり，音や写真の記録を活動に組み込んだりするなどプログラムを発展させていった。また，広島城や平和記念公園，大和ミュージアムなど，広島の歴史的な場所へとフィールドワーク先を広げ，記憶の継承としてのリレー型 DST に取り組んでいった。[8]

2018年，2019年には，平和記念公園周辺でフィールドワークをおこない，広島の平和への思いや原爆の記憶を継承するリレー型 DST に取り組んだ。第3節，第4節ではその実践プログラムを振り返りつつ，学生たちがいかに「ヒロシマ」を語ることができたのかを具体的に見ていきたい。現在の広島市は100万都市で中四国経済圏の中心地の一つだが，特にヒロシマとカタカナで表記する際には，原爆の記憶や平和活動に関連する広島という意味合いを持つ。世界的に有名なヒロシマの存在だが，本章の冒頭でも述べたように，凄惨なヒロシマの歴史を若い世代が能動的に語ることは容易ではない。

3　ヒロシマを語り継ぐ実践 (1)
　　自分なりのストーリーを見出す

　2018年5〜7月，3年ゼミ生向けの演習授業のなかで，ヒロシマの語り継ぎについてのリレー型実践に取り組んだ。フィールドワークは2回おこない，1回目は原爆ドームや平和記念資料館のある平和記念公園近くで，被爆者と話をする会など平和に関するイベントを開催しているブックカフェを訪れ，立ち上げの経緯や活動への思いなどを聞いた。2回目は聴覚からの気づきに着目したワークショップをおこない，気になった音を器材で録音しながら平和記念公園とその周辺をめぐった。[9] また，録音した場所や，作品

8）これまでの取り組みはウェブサイト https://narrative.relay.media-literacy.net/ 「地域を語り継ぐ自己メディア表現とコミュニケーション〜リレー型デジタルストーリーテリング〜」の「研究概要」のなかの「これまでのデジタルストーリーテリング（DST）実践リスト」に掲載している。他大学との協働実践や奄美大島の高校生との実践などもおこなってきた。

平和記念公園でのフィールドワーク

づくりに使用できそうな光景の写真も撮影した。

　フィールドワーク後の授業では振り返りの活動として，撮影した写真を見せながらどういう気づきがあったのかをグループで話し合ったり，ワークシートに記入したりした。特に音の振り返りには時間をかけ，収録した音を流し，どの場所のどのような場面・状況の音を録音したのか，そのとき何を思い，何を考えたのかを発表し，共感したり，疑問に思ったりしたことなどを相互にコメントした。このようにフィールドワークでの経験を掘り下げ，ストーリーのアイディアを出していった。ストーリーの構成を組み立てるにあたっては，下記のように，「ストーリー・フレーム」と呼ぶ話のまとまりを３つ設定し，基本フォーマットとして活用してもらった。音を起点としたのは，ふだんあまり気にとめていない聴覚からの気づきを生かすことで，ステレオタイプを揺さぶり，多様な発想を得られるよう促すためである。

　　フィールドワークで録音したり，授業で聴き合ったりしたなかから，

9）こうした「音を聴き合う」実践は，録音機材を活用したメディウムフレーム・ワークショップの一つとして位置づけている。メディウムとは英語でメディアの単数形を表すが，メディウム（＝各メディア）は独自の様式を持ち，その特性によって世界の知覚の仕方など私たちのコミュニケーションを枠づける。そうした各メディアの枠づけ作用のことをメディウムフレームと呼ぶ（土屋，前掲『「メディウムフレーム」からの表現』）。このメディウムフレーム概念を，自分たちを取り巻いている環境に気づく実践として，ワークショップに取り入れている。

一番，心に響いた，印象に残った音を取り上げたうえで，自分の気づきや考えを 2 〜 3 分で語ること。
〈ストーリー構成の基本の 3 フレーム〉
①　自分が最も印象に残った音
②　①の説明，取り上げた理由
③　自分が考えたこと，変容があったこと（過去の経験など振り返って）

　学生たちはワークシートを用いて，フレームごとにナレーション台本を作成し，台詞と組み合わせて使用する写真や音声を選んでいった。制作過程においてフレームの順番を入れ替えたり，フレームにこだわらずに語ったりは，柔軟におこなってもらった。また，「原爆の恐ろしさ」や「平和の大切さ」などの，実践に取り組む前から述べられるような抽象的でステレオタイプな言葉を用いず，フィールドでの経験を基本に具体的なエピソードで語ることをくりかえし伝えた。
　完成した 9 作品のタイトルは下記の通りである。いずれも 2 〜 3 分の動画であり，ウェブサイト「地域を語り継ぐ自己メディア表現とコミュニケーション〜リレー型デジタルストーリーテリング〜」で見ることができる[10]。作品は自分の声で吹き込んだナレーションと写真を基本に，作品によっては音や短い動画を挿入してつくられている。各自個別に作成したが，ストーリーのテーマは大きく 3 つに分かれ，(1) 8 月 6 日の記憶を呼び起こす，(2)自分にとっての平和とは，(3)継承のあり方について，語るものとなった。

「賑やかであってほしい場所」「日常と非日常」「650 形のキセキ」「復興の証」……(1) 8 月 6 日の記憶を呼び起こす
「水を求めて」「証拠としてのハト」「身近な平和」……(2)自分にとっての平和とは
「心に届くことば」「平和の感じ方」……(3)継承のあり方について

10）脚注 8 と同じ https://narrative.relay.media-literacy.net/ のなかの「作品アーカイブ」の「2018平和記念公園の音から」に掲載。

学生たちは具体的に何をどのように語ったのか。太字で表した2つの作品の台詞と制作後の学生のコメントを見ていこう。

「賑やかであってほしい場所」

爆心地ってどこにあるか知ってる

そうガイドの人から聞かれて私は答えられなかった
そんなこと考えたこともなかったから
もしかしたら小学生の頃学んでいたのかもしれないがあまり興味がなかった
ガイドの人は公園内に爆心地を示す案内があまりなくて
原爆ドームの上で爆発したと思い込んでいる人が多いんだよと言っていた

爆心地へ行ってみると静かな平和公園とは違い
聞き慣れたいつも通りの車や人の声で賑やかだった

説明板を読んでみると約3000から4000度の熱線で
ほとんどの人々が瞬時に生命を奪われたと書かれてあった
私の勝手なイメージでうめき声や鳴き声を想像していたが
実際は誰もいなくて静かだったのかもしれない

今の爆心地とは真逆だと思った
今は日常的な音が流れていて笑い声もある
静かな風景を想像できない

しかし原爆が投下される前のこの場所は広島一番の繁華街だった
今の広島で聞こえる賑やかで日常的な音が同じように流れていた

原爆はその音を一瞬で消した
当時の人々は一瞬で消えてしまうなんて考えていたのだろうか

そう考えると今も同じ
毎日，日常的な音が流れてとても平和に暮らしている
しかしこの先いつ同じことが起きてもおかしくはない

また静かになる日が来るのかもしれないと思うととても怖くなる

○なぜこのテーマにしたのか

　いつも当たり前に聞く日常的な音が73年前の広島では当たり前ではなかった。爆心地は想像していた音とは違い，賑やかだった。なぜ平和記念公園は静かで少し日常とは離れているのに爆心地はこんなにも賑やかなのだろう。そんな疑問と違和感からこのDSTを制作した。

○作成するうえでの苦労，こだわり

　73年前の広島の街をどう写真で表現するか悩んだ。その結果，今の広島の街の写真をビンテージに加工したり，平和記念公園のボランティアガイドさんから絵をもらったり，試行錯誤が難しかった。

○作品制作をしたうえでの気づき

　制作しながらいつも聞いている日常的な音は当たり前ではなく，ありがたい音なのだと気づいた。この音があるから平和に過ごせている。しかし，いつまた音がなくなるかわからない。必ずしもありえないことはない。そう考えると怖くなる，いつも隣に平和があるわけではないのだと思った。

　制作した学生は，爆心地が平和記念公園の外にあることに着目し，またその地点が賑やかな町中にあることに驚きを覚えたことからストーリーを立ち上げていった。1945年8月6日にそこで何が起きたのか，そのときどのような音がしたのかを想像しながら，原爆の実相に自分なりに迫った作品である。爆心地である平和公園近くの場所は原爆前も現在も賑やかだという共通点から，当たり前のように思っている人々の賑わいを一瞬に消し去るような原爆のリアリティを認識していった。原爆の恐ろしさと平和の尊さを表層的ではなく自分の問題として受けとめて言葉を紡いだ。

「証拠としてのハト」

平和記念公園

自分にとっては地元にある大きな公園といったイメージが強い

大学のゼミでここに訪れた時
公園内の至る所に多くのハトがいることに気がついた
鳥が好きな自分は思わずハトたちに近づいてしまう

普段街を歩いていてもハトを見ることができる
その時は特に何も思うことなく通り過ぎる

しかし公園内で見たハトたちからは
いつもと違う考えが思い浮かんだ

ハト
特に白いハトといえば多くの人が平和の象徴と言うだろう
しかし自分はそう思わない

約70年前この場所はとてもハトが住めるような場所ではなかった
しかしそれから何年もの月日が流れ
今ではこうして多くの自然を人とそしてハトたちが住めるようになった

自分にとってハトとは平和の象徴ではなく
平和の証拠だと思っている

街にある公園に行けばそこで簡単にハトを見ることができる
それこそ今この時にこの場所が平和な証拠なのではないだろうか

もっといろいろな場所でハトが見られるようになればいいな
そう思うからこそ自分はハトがとても好きなのだ

○なぜこのテーマにしたのか

　平和の象徴といえば鳩を思い浮かべる人が多いだろう。しかし，なぜ平和＝鳩なのだろうか？　その思いをもとに，平和＝鳩ではなく鳩などが当たり前に生息でき，気軽に見かけることができる環境こそがその場所が平和な証拠なのではという考えをDSTのテーマにしました。

○作成するうえでの苦労，こだわり

　作品内で73年前の写真を使用しているシーンがあり，そのシーンへの場面転換がわかりやすく，なおかつ印象深くなるようにエフェクトを組み込みました。

○作品制作をしたうえでの気づき

　自分は鳥が好きなので，原爆投下後から現在に至るまでの間で広島に鳥たちが戻ってきてくれて今では当たり前に見ることができるようになったのがとても嬉しいです。音の録音や写真撮影で平和公園を訪れたとき，鳥たちに注目することであらためてそう感じました。

　1回目のフィールドワークでブックカフェを訪れた際，お店の方から，若者たちは自分の頭で平和のことを考えていないのではないかとの指摘があり，なぜ平和というと画一的に白い鳩ばかりがイメージされるのかと問いかけられた。本作品はその問いに対する応答となっているともいえよう。制作した学生によれば，平和記念公園を歩くなかで多くの鳩を目にしたが，白い鳩は全くおらず，灰色の鳩しかいなかった。また，録音を試みたところ鳩は鳴かず，録れたのは雀の声だった。そうした目の前の，イメージ通りではない今を生きる多くの鳥たちの様子から，象徴ではなく「証拠としてのハト」という作品のテーマが立ち上がった。平和のステレオタイプなイメージを壊し，独自に平和の意味を見出し表現した。鳥たちが公園にいる情景を嬉しいという，平和のありがたみを実感する制作者の気づきがよく伝わる作品である。

　また，⑶継承のあり方についてというテーマでは，平和学習について自分たちの経験をふまえてストーリーがつくられた。「心に届くことば」という作品は，公園で聞いた子どもたちの定型句のような「平和宣言」の読み上げ

ガイドの方との被爆建物めぐり

に対する違和感から生まれた。制作した学生は，原爆投下後に広島市内に入って被爆者になった祖父の経験を思い起こし，家族や周囲の人に話を聞いたら多くを学ぶことができ，「誰かの言葉より目の前の人の言葉を聞くこと」のほうが「ずっと心に届くだろう」と述べ，形式的な教育に疑問を投げかけた。他方，「平和の感じ方」という作品は，折り鶴や鳩からは平和を連想するが，それは自分が受けてきた平和学習によって平和と結びつく意味を知っているからであると述べ，教育を再評価した。実際に取り組んできて様々な意見を持っている広島出身の学生だからこそ，これからの平和学習のあり方について，批判的かつ建設的に考えていけるだろうと，実践の発展の可能性が感じられた。

4　ヒロシマを語り継ぐ実践 (2)
　　思いを重ねる

　2019年も 3 年ゼミ生の演習授業でリレー型 DST に取り組んだ。フィールドワークでは「観光アシスタントひろしま」のボランティアガイドの方に協力をいただき説明を聞きながら，カメラを手に袋町小学校平和資料館や旧日

本銀行広島支店，本川小学校平和資料館という，広島市中心部の被爆建物を
めぐった。

フィールドワーク後の授業では，撮影した写真を見返し，振り返りの作業
をおこなうなかで気づいたことを書き出し，グループで発表し合った。その
うえで学生たちは，何に着目し作品のテーマとするのか，どのようにストー
リーを展開し，それを自分のナレーションや写真，音でどのように表すのか
を考えてもらった。下記の5つのストーリー・フレームを基本の構成とし
た。ストーリー構成のワークシートを準備し，絵コンテのようにシートの左
側に使用する写真，右側に読み上げる台詞を記入してもらう要領で進めた。

---

① 一番伝えたいと考えるフィールドワークで見聞きしたコト，モノ，
　　言葉，エピソードなど（動画をキャプチャーしてもOK）
② ①の説明
③ ①を選んだ理由（自分の経験などとつなげて）
④ ①による自分の変容（学び）
⑤ 最後の言葉

---

①〜⑤の順番を入れ替えてストーリーを構成してもかまわないことや，前
年同様，フィールドワークの経験に基づきなるべく具体的に自分だけが語れ
ることのみで構成するよう伝えた。

完成した9作品のタイトルは下記の通りであり，ウェブサイトから見る
ことができる。(1)「自分をふり返って」，(2)「フィールドワークで見つけたリ
アル」，(3)「伝えていく決意」の3つのテーマに分かれた。

「広島人だからこそ」「シンボルを写す」「8:15にできること。」……(1)自
　　分をふり返って
「語れない思い出」「私の知らなかった広島」「気づいた痛みと平和への
　　想い」……(2)フィールドワークで見つけたリアル

11）脚注8と同じ https://narrative.relay.media-literacy.net/ のなかの「作品アーカイブ」の「2019被爆建
物をめぐって」に掲載。

「伝えるつながり」「語り継ぐ使命」「熱い日」……(3)伝えていく決意

　学生たちは，被爆を体験したおばあ様の話を思い起こしたり，観光地で写真を撮る行為を反省したり，多様な観点から制作した。例として太字で示した作品の台詞と制作後の学生のコメントを載せる。

「語れない思い出」

僕が初めて原爆ドームを見たのは
今から13年前小学校１年生の時である

壁がはがれむき出しになった鉄筋の建物を見て
悲しい気持ちになったのを覚えている

広島で生まれ広島で育った僕
小さい頃から折り鶴を作ったり８月６日に毎年黙とうすることがあっても
平和や歴史にあまり関心がなく
実際に原爆ドームなど被爆建物に訪れることは少ない

僕のお爺ちゃんお婆ちゃんは今年で80歳を迎える
広島に原子爆弾が落とされた頃山口県に住んでいたため
全く当時の状況を知らないと言う

そのためなのか僕はおじいちゃんおばあちゃんから
一度も戦争の話を聞かされたり聞いたこともない

大学のゼミで広島の被爆した建物を回る機会が訪れた
今回ボランティアガイドの為末さんとともに
袋町小学校や旧日本銀行といった場所を訪れた

建物の存在は知っているものの中に入るのは初めてだった
中でも最後に訪れた本川小学校での為末さんの話は
かなり衝撃的で印象に残っている

それは本川小学校の地下にあるジオラマの前に来た時である
そこでは今まで語らなかった
自分自身の家族について為末さんは話してくださった
それは為末さんのお母さんが学校の校庭で父親の骨を焼いたという悲しい話である

それを為末さんはお母さんからではなく
親戚から聞かされた

為末さんのお母さんはこの話を聞かせたくなかったのではなく
話せなかったのだろうと言った

広島の被爆者の方々には悲しい思い出や
未だに語れない思い出が
たくさんあるのだと感じた

もしかすると僕のおじいちゃんおばあちゃんにも本当は
語れない何かがあるのではないだろうか

○なぜこのテーマにしたのか
　（ガイドの方の）話のなかで母が校庭で父親の骨を焼いた話があった。その話は私にとって一番重く自分なりにDSTとして表現しやすかったからである。
○作成するうえでの苦労，こだわり
　文章を構成するうえで，戦争や平和の意味を言葉に表現することは，日頃の言葉より気をつかった。
○作品制作をしたうえでの気づき

今回原稿や動画を何度もつくりなおした。（自分の）本当の想いや（考えたことの）中身まで作品に盛り込む難しさを感じた。

　この作品をつくった学生は，最初何を語っていいかわからないと，ストーリーの立ち上げに苦労していた。親族に被爆した経験のある者もおらず，歴史にあまり関心もなく，伝えたいことを見つけられないとのことだった。そのためフィールドワークでの出来事を一緒に振り返りつつ，一番印象に残っていることは何かを聞いたところ，ガイドの方がご家族のことを話してくれたときだったという。実際，ガイドの方がその話をしはじめたとき，場の空気が変わったように筆者自身も感じた。話をしてくれた場所である本川小学校は，著名な漫画の「はだしのゲン」の舞台になったところである。被爆した建物が資料館としてそのまま残っており，当時の熱線により溶けたガラス瓶や火災により焼けただれた衣服などが保管され，茶色く変色したコンクリートの壁を直に目にすることができる。地下に置かれた被爆後のヒロシマのジオラマ前でお母様の経験が語られたのである。目の前にいる方の個人的な記憶についての語りは，過去の歴史として資料と向き合っているわれわれに，それらが現実に起きた出来事として実感させてくれるものであった。コンクリートの冷たい壁に囲まれた空間が，われわれが生きている今と接続していると思わせる瞬間でもあった。そのことを話し合っているうちに学生は，自分の祖父母に重ねて，当時を生きた人々に思いを寄せるストーリーをつくるアイディアをふくらませていった。
　完成した作品はすべて，ガイドの方に見てもらったが，この作品に対しては下記のようなコメントをいただいた。

　「『語れなかった思い出』が，私の母のことを言ってくれたんだと思うんですけれど，そこのところで，何か滅多に話さないけれど，話したことによって，やっぱりそういうことが一番気づくんだな，心を打つんだな，事実と何かをくっつけてあげるいうことは大切だから，私ができることは，ここをしてあげないといけないな，ガイドに生かさないといけないないうのを，すごく気づきました。」

ガイドの方の語りから学生の DST 作品が生まれ，さらにそれがガイドの方の今後の語りに生かされていく。語りの循環を実感させられる作品づくりとなった。

5　つながる他者と集合的な学び

見てきたようにリレー型 DST では参加者たちが，他者と自己，もしくは外の世界と自分の内側の世界とを共通点で結び，思いを重ねてストーリーを生み出していく。学生たちはストーリーづくりのなかで，懸命に想像力を働かせ，他者の言葉や過去の出来事に自分の経験を重ねて意味を見出し，それを語り，表せるよう工夫して作品化した。そのプロセスを通じて，他者の理解を深め，自分の言葉を紡ぐ経験を積み，語る主体としての「私」を確立していった。

また，研究室で展開してきたリレー型 DST は他の地域に住む他者との取り組みから始め，被災した他者，そして戦争を記憶する他者へと，「私」のつながる相手を広げて展開してきた。つまり本実践が手がけてきた意味生成による他者とのつながりは，空間だけでなく時間的な越境のなかで生み出されてきたといえる。ヒロシマの能動的な語り継ぎは，自分と他者の過去の記憶との接点を見出すことによって可能になったと説明できよう。

最後に，記憶の継承には，集合的な学習のデザインが重要であることを指摘しておきたい。「集合的記憶」の概念を著した M. アルヴァックスは，個人の思い出は単独ではなく人々が所属する団体の存在があるから想起されると述べるとともに，集合的記憶は集団の内側から形成され，それを参照する個人によって支えられていることを指摘した[12]。彼の集合的記憶の議論から喚起されることに，集団に所属する人によって再構成されつづける記憶の存在がある。再構成されなくなったとき，記憶は形骸化するし，また集合的に共有されないと個人の記憶は存在しないことになってしまう。

---

12) M. アルヴァックス著，小関藤一郎訳『集合的記憶』行路社，1989年。

本実践は，個人の作品制作ではあるが，制作プロセスにおいても完成後の作品発表においても，気づきの共有を大切にしてきた。作品完成後，学生たちはまずゼミのなかで発表会をおこない，互いの作品を評価したうえで，活動全体についての振り返りをシートに記入した。「他の人の発表を聞いて」という項目について下記のようなコメントが寄せられた。

〈2018年度の振り返りシートから〉
○全員で同じ時間に同じ場所へ行ったのに，それぞれが全く思いもしなかったようなテーマを探しているので驚いた。人によって物の見方が全く違うのがよくわかった。
○同じテーマでも考えが違ったり一人ひとりの観点が違うと思った。他の人の発表から私自身の作品を見ると発展すべき点が多く直したくなる。
○それぞれ音の生かし方が違うということが一番印象的だ。自分に引きつけるDSTや過去に思いを馳せるものなど表現がたくさんあると気づいた。
○一人ひとり工夫をしていて，白黒にしたり，声と音を一緒に流したり，写真で表現を強調していたり，動画を使っていたので見ていて伝わりやすかった。
〈2019年度の振り返りシートから〉
○それぞれに，自身の体験，視点からDSTを制作しており，思いを伝えていた。話し方や話すスピード，声色でストーリーのイメージがすごく変わるなと感じた。考えていたよりも内容，写真がかぶっていなかった。
○皆の着眼点のほとんどが「当たり前」だと思い，気にもとめなかったことばっかりでとてもおもしろいと思った。自分は当たり前だと思って本当の意味を知ろうとしなくて自分の視野を狭くしていたのだと感じた。画像がないところとあるところの使い分けがとても上手くて次の作品づくりの参考になった。

　多くの学生が，同じフィールドワークを経験しながらそれぞれの観点から多様なストーリーが生まれることに驚くとともに，表現の仕方も様々にあることに気づいた。リレー型DSTでは，自分で作品をつくって終わりではな

く，作品を皆で共有し，さらに多くの視点や考え，表し方があることに気づくことを重視している。作品づくりを通して明示化された自身のパースペクティブがさらに広がるためである。ワークショップならではの集合的な学びとしてのダイナミズムがそこにある。さらに，参加者の多様な気づきから，たとえば平和学習についてのディスカッションをおこなうなど発展的な学習も可能であろう。

　「私」による語りを生み出す集合的な学習は，地域社会へと開かれることによって，より多くの「私」が参加する集合的な記憶の形成に寄与するだろう。2018年は鳥取の米子で開かれた第16回市民メディア全国交流集会で，2019年は京都と福岡の大学とのゼミ合同発表会で，それぞれ完成作品を上映し，制作にあたっての思いを述べた。学生たちの語りは，見ていただいた方たちの考えを何かしら揺さぶったり，発想の刺激になったりしたかもしれない。DST 実践による語りのリレーは，物語を生み出すためだけに生かされるのではなく，完成した後にも継続していく。

持続可能な地域社会の
デザインに向けて

松本恭幸

　第 1 章から第13章まで，「地域の情報環境整備」「地域からの情報発信と交流の場づくり」「地域の記録と記憶の継承」の 3 部に分け，持続可能な地域社会のデザインに向けて地域のメディアやアーカイブが果たす役割について，多くの事例を取り上げて考察した。

　この章では，あらためて地域の情報環境整備，地域からの情報発信と交流の場づくり，地域の記録と記憶の継承について，それぞれの課題を整理したい。

1　地域の情報環境整備に向けた課題

　第 1 章で述べたように，自治体による情報発信は，近年では地域情報化の潮流のなかで，従来の広報部門が中心となって担ってきた範囲を大きく超えて，様々な部門が地域の住民と協働で，地域づくりのためのコミュニケーションデザインをめざす方向へと変わってきた。

　ICT を活用した地域社会への住民参画として，2000（ゼロ）年代前半には電子会議室，後半には地域 SNS のオンラインコミュニティがそれぞれ流行ったが，いずれも数年で下火になっている。

　そうしたなかで地域内でのオンラインコミュニティを立ち上げようとする発想から，地域づくりのため地域の様々な情報を地域コミュニティ内で共有する仕組みを情報ポータルサイトの形で立ち上げようとして誕生したのが，

地域の情報環境整備に向けて

■地域のコミュニケーションデザイン（官民連携による取り組み）

以前は、電子会議室や地域SNSによるオンラインコミュニティの構築が中心だったが…

○学校区等の単位で地域の情報を共有するハイパーローカルなサイト構築
○移住・定住者、地域おこし協力隊と協働でのシティプロモーションを目的としたサイト構築
○自治体シンクタンク、民間シンクタンクや大学の協力を得て、全国各地の地域課題解決の先駆的取り組みの情報収集
○地域づくりの担い手となる市民の人材育成とそのネットワーク構築
○シビックテックコミュニティの支援（公共データのオープンデータ化、普及啓発活動の推進等）

■地域の読書環境整備（地方と大都市圏の教育・文化環境の格差を埋める取り組み）

以前は、公共図書館、学校図書館での読書機会の提供、郷土資料や地方行政資料の収集・保存が中心だったが…

○公共図書館、学校図書館の図書更新による蔵書の最新の質の確保
○地域課題解決に役立つ情報拠点としての公共図書館の新たな役割の確立（デジタルアーカイブ構築、リトルプレスの制作、災害時の情報発信、ビジネスから子育てに至る課題解決サービス等）
○まちライブラリー、棚貸し書店による本を媒介とした地域の交流拠点の拡充

熊本県天草市の「A-map」である。これは天草市内の広域合併前の旧自治体を単位とした「まちづくり協議会」，学校区を単位とした「地区振興会」が，それぞれの地域活動の情報を自治体が立ち上げた「A-map」のサイトで発信することで，市民が相互に情報共有してそれぞれの地域づくりの取り組みに役立てるとともに，情報を蓄積して地域づくりデータベース（アーカイブ）として活用しようとするものである。

　天草市ではこれとは別に，天草市の魅力を広く地域の外に発信するため，「天草 Web の駅」を運営しており，こちらは天草市民に限らず天草に様々な縁のある人が会員登録し，マイページを立ち上げて情報発信することも可能である。地域内でのオンラインコミュニティは既存の SNS による市民独自の取り組みに任せ，自治体の役割として，シティプロモーションを目的とした市民参加型の地域情報サイトと，地域づくりを目的に地域情報の共有に特化したサイトとを分けて運営する天草市のやり方は，他の多くの自治体にとっても参考になろう。

　広域合併前の旧自治体や学校区を単位として情報を伝える「A-map」は，ある意味でハイパーローカルなメディアだが，佐賀県佐賀市が運営する「つながるさがし」も，学校区ごとに市民ライターを育成し，市民が自ら地域の情報をアップして，それをアーカイブ化して地域で役立てていこうとする点

で共通するものがある。

　なおシティプロモーションを目的としたサイトによる情報発信について，近年では移住・定住につながる関係人口の創出・拡大が，多くの自治体にとって重要な課題だが，こちらは地域に他所から移り住んだ地域おこし協力隊員や移住・定住者と協働での情報発信が不可欠で，第1章では愛媛県のえひめ地域政策研究センター（ECPR），佐賀県有田町とローカルメディアラボによるそうした取り組みについて紹介した。

　また自治体が地域の住民と協働で，地域づくりのためのコミュニケーションデザインをめざすうえで重要なのが，全国各地の様々な課題を抱える地域での先駆的な取り組みについて情報収集し，その事例をもとに自らの地域でどのように活かすことができるのかについてヒントを得る（自治体の政策立案の参考にする）こと，地域づくりの担い手となる市民の人材育成とそのネットワーク構築である。第1章では自治体シンクタンクによる地域の課題解決に向けた調査研究と地域づくり人材育成について取り上げたが，これは自らシンクタンク機能を持つことのできない中小規模の自治体でも，民間シンクタンク，大学等の研究機関の協力を得ておこなうことは可能である。

　また近年ではシビックテックコミュニティとして，オープンデータを活用して市民が協働で地域の課題解決に取り組む「Code for コミュニティ」が全国各地に誕生しているが，オープンデータの活用を促進するためには，単に自治体が公共データをオープンデータとして公開するだけでなく，普及啓発活動を通して多くの市民が関心を持ってシビックテックコミュニティの活動に参加する仕組みをつくることが課題となる。

　以上，第1章で主に自治体による地域情報化の取り組みに関する課題について整理したが，地域の情報環境整備は，地域情報化の取り組みだけでなく，第2章で取り上げた読書環境の整備も非常に重要である。北海道で読書環境の整備支援活動をおこなう北海道ブックシェアリングは，自治体において子どもたちが読書習慣を育むのに必要な読書環境の充実には，地域に公共図書館，学校図書館が整備されて図書の更新による蔵書の質が確保されていること，地域に書店が存在して本を手に取る環境があることが不可欠であると述べている。

そのため北海道ブックシェアリングでは，家庭等で読み終えた図書の再活用，無書店自治体への移動書店車の運行，学校図書館の魅力づくりのサポート等の事業をおこなっているが，自治体の側でも持続可能な地域社会のデザインに向けて，地域で暮らす市民に格差のない読書機会を提供するのに，NPO による取り組みに依拠するだけでなく，自らも公共図書館，学校図書館の整備に力を入れることが課題である。

　また地域の公共図書館では，単に読書機会を提供したり，あるいは郷土資料や地方行政資料を収集・保存したりするだけでなく，第 3 章で述べているように，今日では地域で暮らす市民の課題解決に役立つ情報拠点となることが期待されている。具体的には，様々な地域関連の資料をデジタルアーカイブの形で二次利用できるようにしたり，図書館と市民が協働でウィキペディアタウンのイベントの開催や地域資料としてのリトルプレスの制作をおこなったりする取り組みが，新たに各地で生まれている。さらに大規模災害時の災害関連情報の発信や，地方と大都市圏の教育・文化環境の格差を埋めて地域の市民のビジネスから子育てに至る様々な課題解決を支援するサービス（情報提供，イベントの開催等）といった機能も求められている。

　公共図書館はこうした地域の魅力化につながる新たな役割を，まちライブラリーのような地域の市民による私設図書館とも連携して，今後，どのように担っていくかが課題となっている。

　なお図書館とともに地域の読書環境の維持に必要な書店は，近年，全国でその数を減らしているものの，その一方では第 4 章で紹介したように，市民が棚主となって運営する棚貸し書店が各地で新たに誕生している。棚貸し書店はまちライブラリー同様，本を媒介としてその場に集まる人と人をつなぐ役割を果たしており，コワーキングスペース等に併設されて，地域の交流拠点となっているところも多い。

　こうした人と人をつなぐ機能を持った，市民が担い手の棚貸し書店やまちライブラリーを，今後，各地域でどのように誕生させていくかということも，持続可能な地域社会のデザインに向けた課題だろう。

2　地域からの情報発信と交流の場づくりに向けた課題

　第1章から第4章にかけて見てきた地域の情報環境整備は，主に自治体，あるいは官民協働による取り組みだが，第5章から第10章にかけて取り上げた地域からの情報発信と交流の場づくりは，民間独自の取り組みである。

　今日，多くの地域でインバウンドをはじめとする交流人口の拡大，将来の移住・定住につながる関係人口の拡大が，重要な課題となっている。そうしたなか，自治体による取り組みとは別に，インバウンドメディアとしての役割を担う民間の地域情報サイトも登場するようになった。またタウン情報誌に代わって地域の魅力を地域に伝えるだけでなく，宮崎県の「宮崎てげてげ通信」のように，ユーザーの半分が県外の宮崎ファンといった地域情報サイトが，関係人口の拡大に向けて大きな役割を担っている。ただ地域の内と外をつないで関係人口の拡大につながるようなサイトは，一朝一夕にできるものではなく，地域の魅力を広く地域の外に発信したいという意思を持った地域のキーパーソンを核に集まった市民グループが，自治体や地元企業の協力を得て，試行錯誤しながら時間をかけて構築する必要がある。

　一方，地域のなかで経済・文化等の生活に関わる情報を伝える地域情報サイトは，タウン情報誌やフリーペーパーが冬の時代を迎えるなか，それと入れ替わる形で「みんなの経済新聞ネットワーク」のようなサイトが全国各地に展開するようになった。ただその多くは，広告ベースのビジネスモデル単独で採算を確保できておらず，マネタイズ面でどのように維持するかが課題となっている。

　こうした「経済新聞」のような地域情報サイトは一定規模の都市，あるいは大都市圏の市区町村単位の地域を対象にしているが，それよりもさらに人口の少ない周辺部の過疎地域では，広告ベースのビジネスモデルが成立せず，志のある個人がボランティアで運営するしかない状態である。新潟県上越市吉川区で，10年余りそうしたハイパーローカルな地域情報サイトとして地域のニュースを伝え，自治体からの助成で紙媒体の発行にまでこぎつけた「吉川タイムズ」は，元フリージャーナリストとしての経験を持つ運営者が

地域からの情報発信と交流の場づくりに向けて

■地域情報サイトによる地域の内外への情報発信

以前は、タウン情報誌、フリーペーパーが地域の中に向けて地域の生活情報を伝え、また地域紙が自治体行政の監視等の地域ジャーナリズムの役割を担っていたが…

○交流人口拡大につながるインバウンドメディアの役割を担うサイト構築
○関係人口創出につながる地域の魅力を地域の外に伝えるサイト構築
○市区町村単位のエリアで地域の経済・文化等の生活情報を伝えるサイト構築（「みんなの経済新聞」等）
○周辺の過疎地でのハイパーローカルなサイト構築
○地域紙が廃刊となった地域での地域ジャーナリズムの役割を担う新たなサイト構築
〔いずれもマネタイズと運営の担い手確保の面で課題を抱える〕

■地域の情報発信を支える交流の場

○地域の情報発信の担い手となる市民をリアルに繋ぐ市民メディア全国交流集会（メディフェス）
○多様な地域づくり活動に携わる市民の交流と情報交換のオンラインコミュニティとしての「みらクルTV」
○各地域でNPO／NGO、コミュニティビジネスに関わる企業による、地域づくり活動に携わる市民が集まるシェアオフィスやフリースペース等の場の運営
○メディアやアートを媒介とした地域の市民と他所から訪れる市民の交流と情報交換の場としての地域映像祭、アートフェスティバル
○メディアリテラシー教育を通してメディア制作について学び、地域学習に取り組む大学のゼミの学生の地域での受け入れ（学生にとって創造的な学習活動の場として、取材を受ける地域にとって地域の人のメッセージを学生に託して地域の外に伝える場として）

地元にUターンしたことで誕生したが，こうした人材が確保できない地域では，ハイパーローカルなメディアの立ち上げはきわめて困難である。

　また，地方で冬の時代を迎えているのはタウン情報誌やフリーペーパーだけでなく，これまで自治体行政の監視等の地域ジャーナリズムの機能を持った地域紙も同様で，近年では多くの地域紙が廃刊に追い込まれている。地域紙が廃刊になると，その地域で地域ジャーナリズムの機能を持つメディアが他に存在しなくなるなか，茨城県の県南地域で発行されていた「常陽新聞」が廃刊になった後，その発行に携わっていたメンバーが中心となって立ち上げたNPOが運営するニュースサイト「NEWSつくば」は，かつての地域紙と同じ地域ジャーナリズムの役割を担う地域情報サイトとして，貴重な存在である。

　以上，第5章で主に地域の情報を伝える地域情報サイトを分類してその課題について整理したが，地域情報サイト以外にも，コミュニティFMやCATV等の地域メディアがあり，そこには多くの市民が情報発信の担い手として関わっている。そんな市民の担い手をつなぐ場として，第6章で取り上げた市民メディア全国交流集会（メディフェス）があり，2004年の第1回から今日に至るまで計17回のメディフェスが，全国各地で持ち回り開催

されている。メディフェスは全国各地でメディアを活用して地域づくり活動に取り組んでいる市民の交流と情報交換の場として機能しており，参加者は自らが直面する地域からの情報発信の課題解決に向けて，メディフェスを通して他の地域の事例から学ぶことが可能である。

　ただメディフェスは2019年を最後に，新型コロナウイルス感染拡大の影響で開催されていない。メディフェスに代わって，コロナ禍のもとで新たに地域づくり活動に取り組む様々な市民の交流と情報交換の場として広がったのが，第7章で取り上げた「みらクルTV」のようなZoom等のウェブ会議システムを活用したオンラインミーティングである。特に「みらクルTV」の場合，誰でも自由に参加して発言できるトークライブのような形で運営されており，また録画した映像はYouTubeでアーカイブ配信され，リアルな市民の交流と情報交換の場をオンライン上で代替することに成功している。なおメディフェスも「みらクルTV」もボランティアでの運営のため，活動の継続性を今後どのように担保していくかが課題となる可能性がある。

　また全国の市民メディア関係者が集うメディフェスや，地域づくりをはじめとする様々な市民活動関係者が集う「みらクルTV」のようなネットの公共圏以外にも，各地域で地域づくり活動に取り組む市民がリアルに集まり，交流と情報交換ができる場として，第8章で取り上げたファイブブリッジのような存在は貴重である。ファイブブリッジは仙台でシェアオフィスやフリースペースをコミュニティビジネスの形で運営し，そこで地域づくりに関わるセミナーイベント等も開催している。

　また，地域からの情報発信の取り組みとして重要なのが，第9章で取り上げた江古田映画祭のような地域映像祭や，江古田のまちの芸術祭のようなアートフェスティバルである。実行委員会を立ち上げてそこが運営母体となり，商業映画館では上映する機会の少ない社会問題をテーマにしたドキュメンタリー作品等を上映して，その場に制作者を招いてトークライブをおこなう江古田映画祭は，映像を媒介に地元の市民と他所から訪れた人たちの交流と情報交換の場となり，また江古田のまちの芸術祭は，アートを活用した集客で地域の活性化や魅力づくりに貢献している。

　ちなみに江古田映画祭，江古田のまちの芸術祭とも，学生を含む地元の大

学の関係者が様々な形で協力しているが，今後，地域からの情報発信において，大学の協力を得ることは大きな意味を持つ。今日，学生がキャンパスを出て地域での様々な実践活動を通して学ぶ地域学習に取り組む大学は増えており，第10章で取り上げた学生による地域の映像制作も，メディアリテラシー教育を通して映像制作について学んだ学生によるそうした活動の一つである。特に一般の市民にとって，地域からの情報発信のための映像制作は技術面等でのハードルが高く，これを地域との関わりを持って訪れる学生が取材を通しておこなう（あるいは地域の人と協働制作の形でおこなう）ことは，学生にとっての創造的な学習活動であるとともに，取材される側にとっては自らのメッセージを若い世代の学生に託して地域の外の多くの人に伝えてもらうという点で大きな意味を持つ。こうした取り組みをおこなう大学との関係構築と学生の受け入れをどのように進めていくのかは，今後，多くの地域にとって課題となろう。

3　地域の記録と記憶の継承に向けた課題

　これまで見てきた地域の情報環境整備，地域からの情報発信と交流の場づくり以外に，もう一つ持続可能な地域社会のデザインに向けて必要なのが，地域の記録と記憶の継承である。地域の記録と記憶を地域で保存して将来に伝えるコミュニティアーカイブが存在し，それを多くの市民が利用することは，持続可能な地域社会のデザインに必要なシビックプライドの醸成につながる。

　コミュニティアーカイブの構築がスタートした当初は，地域の文化資産をデジタル化してアーカイブを構築することで，地域の魅力を発信して交流人口の拡大等による地域活性化に役立てようとする取り組みが多かった。しかし近年では，地域のかつての人々の日常生活の記録と記憶を，残された8ミリフィルムの映像や写真を収集してデジタル化したり，上映会や展示会を開催して訪れた地域の人々の記憶の再生につなげたりする取り組みが，各地で見られるようになった。こうしたコミュニティアーカイブの構築をおこな

地域の記録と記憶の継承に向けて

■コミュニティアーカイブの構築（シビックプライドの醸成に向けた取り組み）

以前は、地域の文化資産をデジタル化してアーカイブを構築することで、地域の魅力発信による観光振興等に役立てようとする取り組みが多かったが…

○地域の人々の日常の暮らしの記録と記憶を、残された８ミリフィルムの映像や写真を収集してアーカイブを構築し、上映会や展示会を開催する取り組みが増えている
○東日本大震災をきっかけに、震災前の被災地の痕跡を記録し、被災者の記憶の再生と災害の伝承につなげる震災アーカイブの持つ意味や、その活用の仕方が注目される
○大規模災害発生時に、災害情報関連の市民への伝達とともに、記録活動に取り組むことが可能な仕組みが必要

■地方紙や地方局の持つアーカイブコンテンツを公共財として二次利用可能にする仕組みづくり

○地方メディアのアーカイブコンテンツは、プラットフォーム事業者との共同制作のような取り組みを別にすると、一般の市民への公開と二次利用可能な仕組み作りは進んでおらず、今後の大きな課題

■語り部の話やアーカイブ資料をもとに若い世代は地域の記録と記憶をどう継承していくか

○リレー型デジタルストーリーテリングの可能性

うのは，地域の図書館・博物館に限らず，第11章で紹介したシネマ沖縄のような地域の映像制作会社が助成金を得ておこなうケースから，NPO法人20世紀アーカイブ仙台のような地域の市民団体がおこなうケースまで様々である。

　そして東日本大震災をきっかけに，被災した多くの自治体では震災の記録と記憶を伝える震災アーカイブ構築がおこなわれたが，震災後，比較的早い時期に，被災した地域の様子を写真に収める記録活動をおこない，また地域の市民に呼びかけてそうした資料を必要な情報がタグづけされた形で提供を受けることができた多賀城市のような自治体と，そのような取り組みが遅れた自治体とでは，更地化される前の被災した地域の様子を伝えるという点で大きな差が生じた。なお多賀城市では震災アーカイブを広報広聴係が所管し，防災訓練や学校の防災教育等に広く役立てようとしている。今後，東南海地震等の大規模災害の発生が予想される地域の自治体では，大規模災害発生時に広報部門が地域の市民への情報伝達と併せて，記録活動に取り組むことが可能な体制を準備しておくことが望まれる。

　なお東日本大震災の直後，被災した地域が復興に向けて更地化される前の最後の姿を記録することに意識して取り組んだのは，リアス・アーク美術館や20世紀アーカイブ仙台のように，以前から地域資料の保存やコミュニテ

ィアーカイブの構築に関わってきたところであった。震災前の地域の痕跡が復旧作業によって失われると，被災者にとって地域の記憶の再生が困難になる。そのためリアス・アーク美術館では，写真での記録以外に「被災物」の収集にも取り組んだ。

　写真だけでは被災者の記憶の再生や災害の伝承に十分でなく，リアス・アーク美術館では，「被災現場写真」「被災物」「キーワードパネル」「歴史資料」を組み合わせた展示として，20世紀アーカイブ仙台では，「写真を撮った人が伝えたい生の言葉や綴られた文章」「場所を示す地図」「時間軸となる年表」「定点撮影の形での変化の記録」を組み合わせた写真展や写真集として，アーカイブを活用した発信をおこなっている。また20世紀アーカイブ仙台では，震災前の被災地の写真を見た参加者を，その風景が消失した現在の被災地に案内し，喪失したかつての被災地の様子を想像する（かつて訪れた人には思い出してもらう）とともに，そこで震災前から暮らす語り部の人に，震災前の豊かな暮らしの思い出について語ってもらい，地域の記録と記憶の継承を通した交流による関係人口の確保をめざした「3.11オモイデツアー」という取り組みをおこなっており，新たなアーカイブの活用の仕方として注目される。

　以上，第11章で地域におけるコミュニティアーカイブの課題について見てきたが，地域の記録と記憶の継承は，自治体や地域の図書館・博物館や市民が立ち上げたコミュニティアーカイブだけでなく，新聞社や放送局が持つ記事や写真や映像等のアーカイブコンテンツを二次利用することができれば，それを活用して様々な取り組みをおこなうことが可能になる。

　第12章で取り上げているように，プラットフォーム事業者のYahoo!は，沖縄の地方紙の琉球新報と共同で，アーカイブコンテンツを二次利用して，沖縄戦や米軍基地問題に関する新たなコンテンツを制作し，デジタルアーカイブの形で公開している。また沖縄の地方局の沖縄テレビでは，過去に放送されたニュース映像や番組の社外からの提供依頼について，その使用目的を検討したうえで，許諾可能なものについては提供している。

　こうした地域メディアの持つアーカイブコンテンツを，今後，コミュニティアーカイブと同様に公共財として一般の市民に公開し，二次利用可能とす

る仕組みをどのようにつくっていくかは大きな課題である。

　地域の記録と記憶を継承するために，アーカイブを構築したり語り部を育成するだけでなく，それを二次利用による新たなコンテンツ制作も含めて，どのように活用していくのかという課題もある。そうした意味で，第13章で紹介したリレー型デジタルストーリーテリングのメディアワークショップは，若い世代が実際に体験していない戦争や災害の記録と記憶を，語り部の話やアーカイブ資料を通して継承し，能動的に語り継いでいくための手法として貴重である。

あとがき

　この本では11名の執筆者が，持続可能な地域社会のデザインに向けて，地域のメディアやアーカイブが果たす役割や課題について，「地域の情報環境整備」「地域からの情報発信と交流の場づくり」「地域の記録と記憶の継承」の 3 部構成で，それぞれ全国各地の様々な事例をもとに論じている。しかし今回，残念ながら紹介できなかったテーマがいくつかある。

　第Ⅰ部の地域の情報環境整備では，学校区等の単位で地域の情報を共有するハイパーローカルなサイトについて取り上げたものの，同様にハイパーローカルなメディアとして，地域の自治会でグループウェアを活用した電子自治会による住民参画の取り組みについては取り上げることができなかった。また地方議員によるウェブメディアを活用した有権者への情報発信とフィードバックについても，横須賀市でのオープンデータの普及啓発の取り組みのなかで簡単に触れただけで，細かく考察することができなかった。

　第Ⅱ部の地域からの情報発信と交流の場づくりでは，中間支援組織も含めた地域づくり活動に取り組む地域の NPO のウェブメディアを活用した情報発信や，新たな移住・定住者の獲得に大きな影響力を持つ地域おこし協力隊員によるウェブメディアを活用した情報発信の動向，そして関係人口の創出につながる SNS 等を活用した姉妹都市や学校等の市民グループや学生の地域間交流の取り組みについて，取り上げることができなかった。

　第Ⅲ部の地域の記録と記憶の継承では，第Ⅱ部で取り上げた学生による地域の映像制作の取り組みと同様に，学生による地域のコミュニティアーカイブ制作のユニークな取り組みが各地で見られるが，これも紹介することができなかった。

　このように，持続可能な地域社会のデザインに向けて，この本で取り上げた以外にも地域のメディアやアーカイブが果たす役割や課題はまだ数多くあ

るが，いずれまた稿を改めて考察したい。

　最後にこの本は，取材で貴重なお話をうかがわせていただいた多くの方の協力のもとに成り立っている。あらためて感謝の気持ちをお伝えしたい。そしてこの本がメディアやアーカイブを活用した地域社会のデザインに関心のある，あるいは様々な現場での個々の取り組みに関わっておられる方々に，少しでも参考になれば幸いである。
　また辛抱強く本書の原稿を待って編集していただいた大月書店の編集者の木村亮さんに，お礼を申し上げたい。

2022年 1 月23日
松本恭幸

執筆者（執筆順）

松本恭幸（まつもと　やすゆき）第1章，第5章，第11章，終章
奥付の編者紹介を参照。

荒井宏明（あらい　ひろあき）第2章
1963年生まれ。一般社団法人北海道ブックシェアリング代表理事，札幌大谷大学社会学部非常勤講師。著書『なぜなに　札幌の不思議100』（北海道新聞社，2011年），『全国　旅をしてでも行きたい街の本屋さん』（共著，ジービー，2018年）。

嶋田　学（しまだ　まなぶ）第3章
1963年生まれ。京都橘大学文学部歴史遺産学科教授，日本図書館研究会理事，デジタルアーカイブ学会会員。著書『図書館・まち育て・デモクラシー──瀬戸内市民図書館で考えたこと』（青弓社，2019年），『市民とつくる図書館──参加と協働の視点から』（共著，勉誠出版，2021年）。

鈴木賀津彦（すずき　かつひこ）第4章
1956年生まれ。昭和女子大学現代ビジネス研究所研究員，日本ジャーナリスト会議運営委員。横浜市立大学商学部卒。2021年3月まで東京新聞（中日新聞東京本社）編集委員。「つたえびと書店」店主。

関本英太郎（せきもと　えいたろう）第6章
1949年生まれ。東北大学名誉教授，せんだい市民メディアネット代表。研究室に「メディア・リテラシー・プロジェクト」を立ち上げ，メディア・リテラシーの普及と啓蒙に取り組む。

兼古勝史（かねこ　かつし）第7章
1962年生まれ。放送大学千葉学習センター客員准教授。著書『日本人はロバの耳──身近な拡声器騒音を考える』（共著，青峰社，1991年）。千葉大学大学院教育学研究科（音楽教育）修了。St.GIGA ディレクター，「旅チャンネル」番組プロデューサー等を経て現職。

畠山茂陽（はたけやま　しげあき）第8章
1969年生まれ。河北新報社勤務，NPO法人ファイブブリッジ理事長。著書『オトナの部室のツヅケカタ』（共著，ファイブブリッジ出版，2009年），『東北には楽しく働く仲間がいる』（共著，ONE TO-HOKU出版，2020年）。2009年から7巻発行の「つたえびと」。2022年「つたえびと8」再発刊。

田島和夫（たじま　かずお）第9章
1950年生まれ。古美術＆ギャラリー古藤（ふるとう）店主。早稲田大学第一文学部フランス文学専攻卒業。練馬区で青少年課長などを歴任。定年退職後，ギャラリーを地域文化活動の拠点として建設し，江古田映画祭，江古田のまちの芸術祭などを立ち上げ，活動の中心を担っている。

坂本　旬（さかもと　じゅん）第10章
1959年生まれ。法政大学キャリアデザイン学部教授。著書『メディアリテラシーを学ぶ──ポスト真実世界のディストピアを超えて』（大月書店，2022年），『デジタル・シティズンシップ──コンピュータ1人1台時代の善き使い手をめざす学び』（共著，2020年，大月書店）。東京都立大学大学院教育学専攻博士課程中退。編集者を経て雑誌執筆者として活躍。1996年より法政大学教員。

宮本聖二（みやもと　せいじ）第12章
1958年生まれ。立教大学大学院21世紀社会デザイン研究科特任教授，ヤフー株式会社ニュースプロデューサー。著書『デジタルアーカイブ・ベーシックス1　権利処理と法の実務』（共著，勉誠出版，2019年），『デジタルアーカイブ・ベーシックス2　災害記録を未来に活かす』（共著，勉誠出版，2019年）。1981年NHK入社，沖縄局，報道局などを経てYahoo!ニュースプロデューサー。

土屋祐子（つちや　ゆうこ）第13章
桃山学院大学国際教養学部准教授。著書『「メディウムフレーム」からの表現——創造的なメディアリテラシーのために』（広島経済大学出版会，2019年），『メディア・リテラシーの教育論——知の継承と探究への誘い』（共著，北大路書房，2021年）。

編者

松本恭幸（まつもと　やすゆき）
武蔵大学社会学部メディア社会学科教授，一般社団法人メディア研代
表理事。著書『コミュニティメディアの新展開──東日本大震災で果
たした役割をめぐって』（学文社，2016年），『令和のローカルメディ
ア──防災・関係人口拡大に向けた課題』（共著，あけび書房，2021
年）ほか。早稲田大学大学院経済学研究科修士課程修了。情報通信系
企業等の勤務を経て，2003年より武蔵大学教員。

装幀　森デザイン室

地域でつくる・地域をつくる　メディアとアーカイブ

2022年4月18日　第1刷発行　　　　　定価はカバーに
　　　　　　　　　　　　　　　　　　表示してあります

編　者　松本　恭幸

発行者　中川　進

〒113-0033　東京都文京区本郷2-27-16

発行所　株式会社　大　月　書　店　　印刷　太平印刷社
　　　　　　　　　　　　　　　　　　製本　中永製本

電話（代表）03-3813-4651　FAX 03-3813-4656
振替 00130-7-16387
http://www.otsukishoten.co.jp/

ISBN978-4-272-33105-5　C0036　Printed in Japan

メディアリテラシーを学ぶ
ポスト真実世界のディストピアを超えて

坂本　旬　著

A5判 二六四頁
本体二二〇〇円

日本のSDGs
それってほんとにサステナブル？

高橋　真樹　著

四六判 二三四頁
本体一六〇〇円

放送レポート　隔月刊

メディア総合研究所編

B5判 七二頁
本体五〇〇円

自治と分権　季刊

自治労連・地方自治
問題研究機構　編

A5判 一二八頁
本体一〇〇〇円

──大月書店刊──
価格税別